DIE REIHE
Archivbilder

EDEWECHT

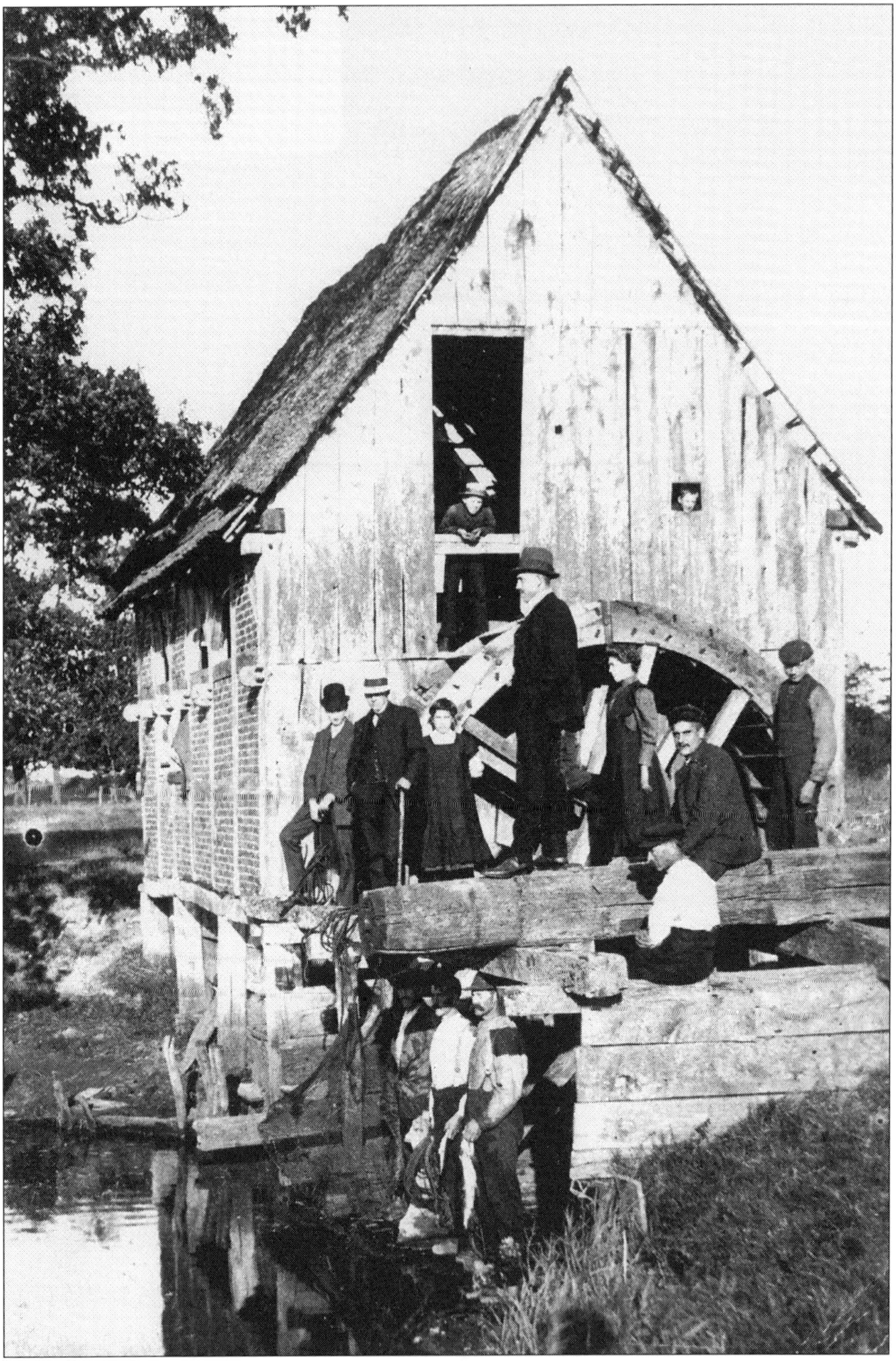

Die einstige Wassermühle an der Vehne in Süd Edewecht.

DIE REIHE

Archivbilder

EDEWECHT

Almuth Suntay

SUTTON VERLAG

Sutton Verlag GmbH
Hochheimer Straße 59
99094 Erfurt
www.suttonverlag.de

ISBN: 978-3-89702-206-5

Druck: Books on Demand GmbH, Norderstedt, Deutschland

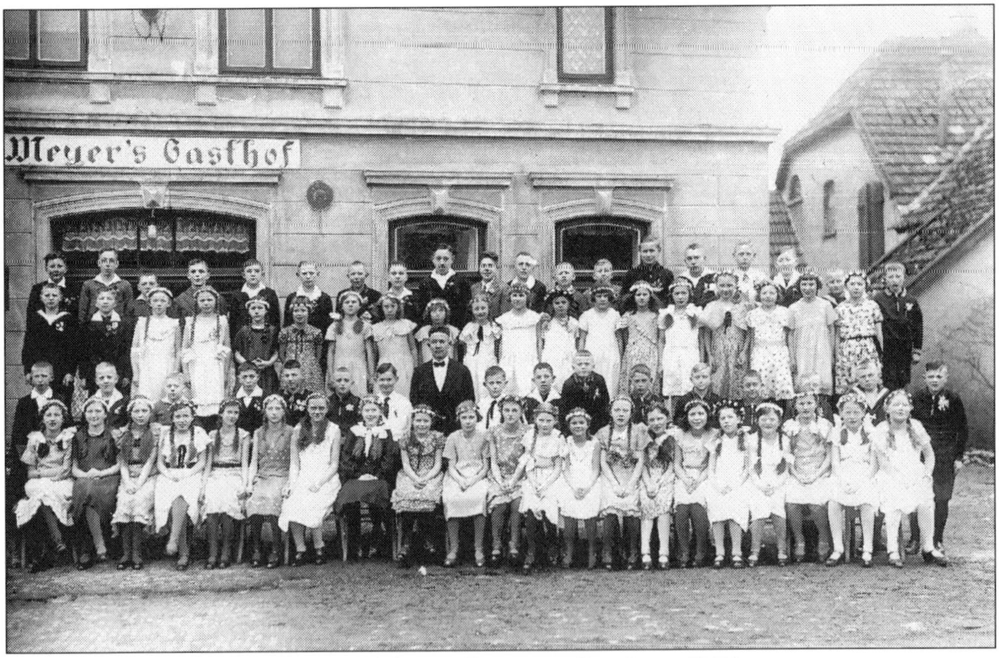

Titelbild: Abtanzball mit dem Tanzlehrer Behrens aus Portsloge, 1935.

Inhaltsverzeichnis

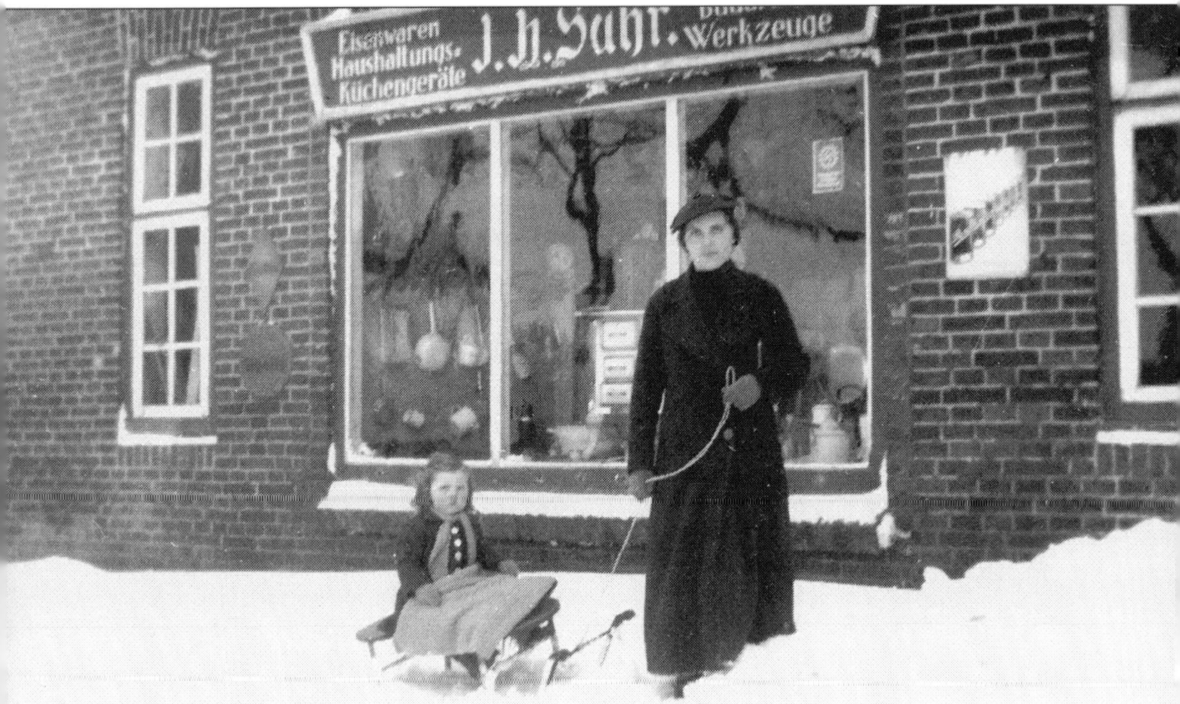

Die Autorin Almuth Suntay auf dem Schlitten vor dem Geschäft der Familie Suhr in Süd Edewecht im Jahre 1936.

Einleitung

Das alte Edewecht war ursprünglich eines der ältesten Dörfer des Ammerlandes. Es gilt zudem als das längste Reihendorf alter Art auf der nordwestdeutschen Geest und liegt als ehemaliger Grenzort zum Münsterland im südlichen Teil des Ammerlandes.

Der Name Edewecht, früher Adewacht genannt, wird von „Aueniederung" hergeleitet. Im Mittelalter war unser Dorf Stammsitz von sieben Adelsgeschlechtern und im Ammerland das einwohnerstärkste Dorf.

Weit vor der Zeit seiner ersten geschichtlichen Erwähnung (1150) ist der Raum des Edewechter Gebietes besiedelt gewesen und damit als uraltes Kulturland anzusehen. Dieses belegen archäologische Funde in der Umgebung.

Nicht immer waren die Zeiten friedlich für die Edewechter Bevölkerung. Während der Münsterschen Fehden im Mittelalter wurde in Edewecht mehrmals gebranntschatzt.

1457 ließen die Edewechter die erste Windmühle im Dorf errichten. Durch einen Kaufvertrag mit den Oldenburger Grafen Moritz und Gerd erhielten die Kirchengeschworenen von Edewecht das Mühlenrecht im Jahre 1456. 1499 ließ einer der alteingesessenen Edewechter Vollbauern (Tatje) auf seinen im Süd Edewecht an der Vehne gelegenden Grundstück eine Wassermühle erbauen. Wenn der Wind ausblieb, half die Wassermühle den Edewechter Bauern aus der Not. Früher wurde vorwiegend Buchweizen und später Roggen gemahlen.

Edewecht ist ebenfalls ein Ort des Schiffsbaus gewesen. Hier liefen hochseetaugliche Schiffe vom Stapel, die weltweit die Meere durchkreuzten. Der Edewechter Schiffsbau begann um 1730.

Am Rande der höchsten Escherhebung, dort, wo einmal der erste Dorfkern entstand, befindet sich auch Edewechts ältestes Mauerwerk, die St.-Nikolai-Kirche. Der genaue Zeitpunkt der Kirchengründung ist nicht bekannt, auch nicht, wie die Kirche früher ausgesehen hat. Man nimmt an, daß sie ursprünglich eine Kapelle war. Die heutige Gestalt unserer Kirche entstand während des Mittelalters. Der dazugehörige Glockenturm wurde vor 400 Jahren neben der Kirche errichtet und brannte 1945 durch Kriegseinwirkungen ab. 1950 wurde der neu errichtete Glockenturm zur 800-Jahr-Feier eingeweiht.

Viele der in diesem Bildband enthaltenen Fotos zeigen die 800-Jahr-Feier vor 50 Jahren. Hauptorganisator war der Hauptlehrer Georg Piening, den noch viele Edewechter aus ihrer Schulzeit kennen.

Dieser Bildband will kein Geschichtsbuch und auch keine Dokumentation sein, sondern Land und Leute vor etwa 50 bis 100 Jahren zeigen. Daher mag die Bildauswahl vielleicht ein bißchen willkürlich erscheinen. Aber eines ist allen Bildern gemeinsam: ihre persönliche Note.

Danksagung

Viele Fotografen und Bildbesitzer müßten genannt werden, bedauerlicherweise leben viele nicht mehr. Das Bildmaterial hätte sicherlich gereicht, um ein zweites Buch zu füllen. Leider war der Platz begrenzt, so daß nicht jede Aufnahme veröffentlicht werden konnte, die es „verdient gehabt hätte". Ein herzliches Dankeschön gilt allen Edewechterinnen und Edewechtern, die in zahlreichen Stunden ihre Archive durchforstet und Fotos sowie Informationen geliefert haben, um mich bei diesem Bildband zu unterstützen.

Besonders bedanke ich mich auch bei Heike Hohnholt und Rolf Torkel, die mir bei der Herstellung dieses Buches tatkräftig geholfen haben.

Almuth Suntay, Edewecht 2000

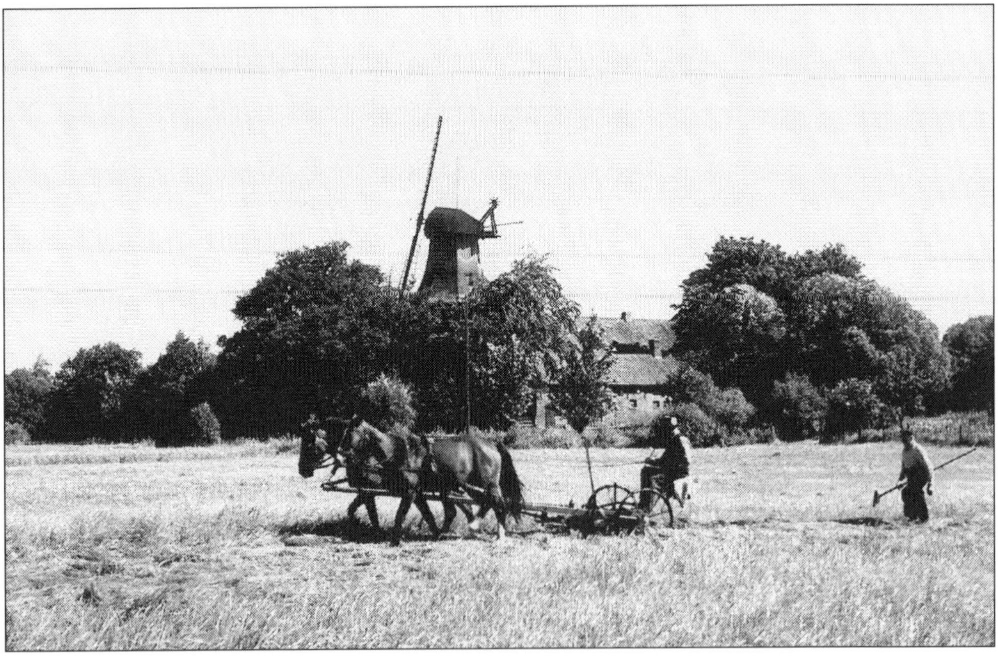

Erntezeit auf dem Esch. Im Hintergrund die Mühle Joosten.

1

800-Jahr-Feier und andere Feste

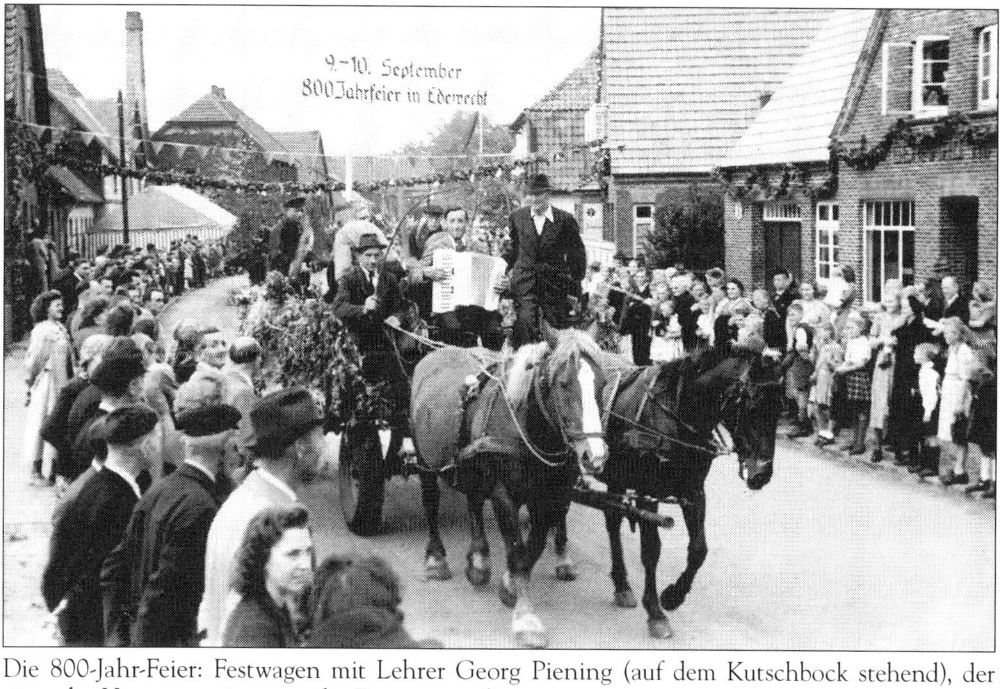

Die 800-Jahr-Feier: Festwagen mit Lehrer Georg Piening (auf dem Kutschbock stehend), der einer der Hauptorganisatoren der Festveranstaltungen war.

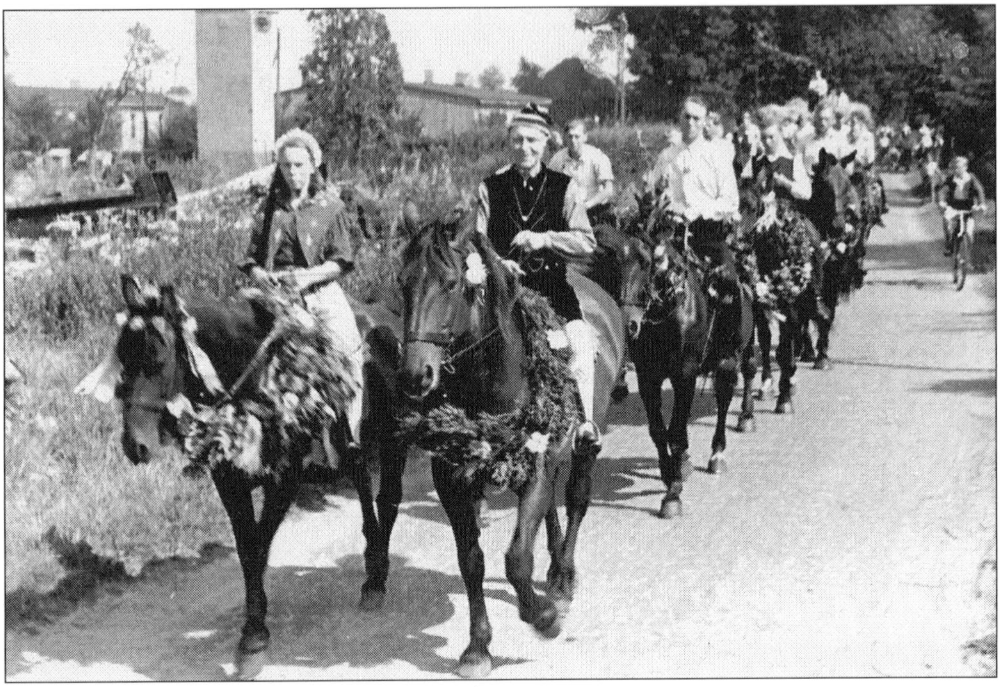

Der Schepser Umzug auf dem Weg zur 800-Jahr-Feier.

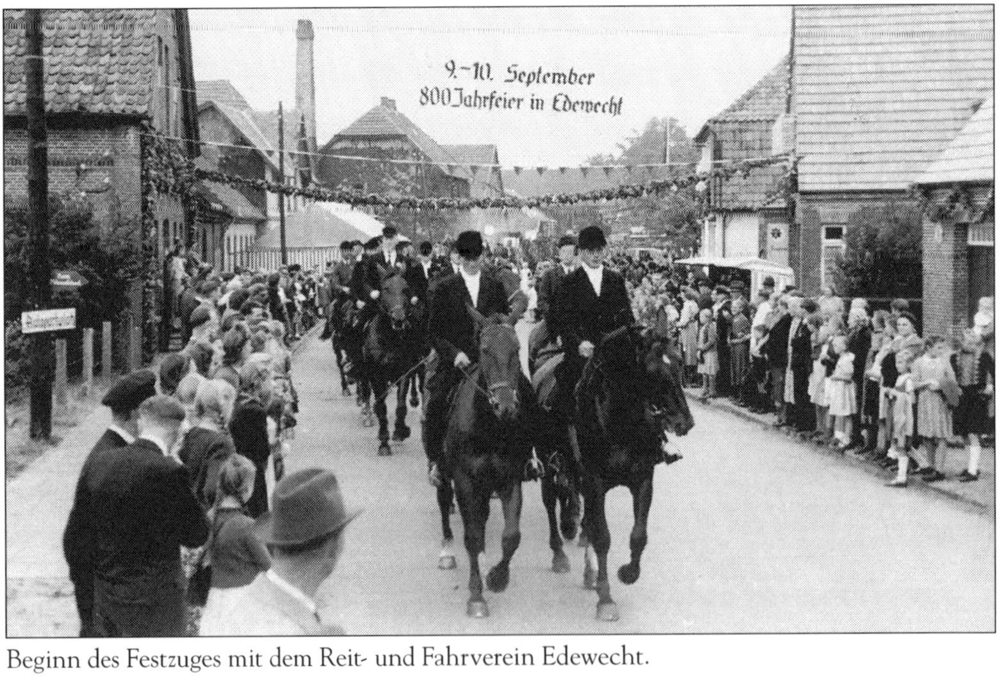

Beginn des Festzuges mit dem Reit- und Fahrverein Edewecht.

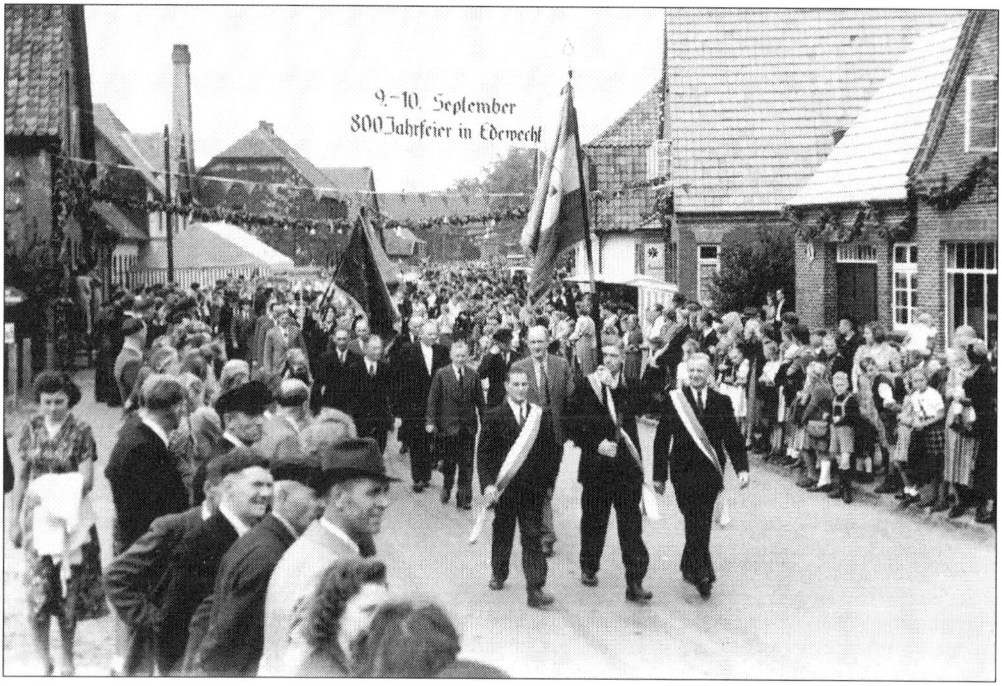

Auch der Männergesangverein nahm am Festzug teil. Der Verein wurde seinerzeit von Adolf Joosten geleitet, der in der zweiten Reihe hinter dem Fahnenträger im grauen Antzug zu sehen ist.

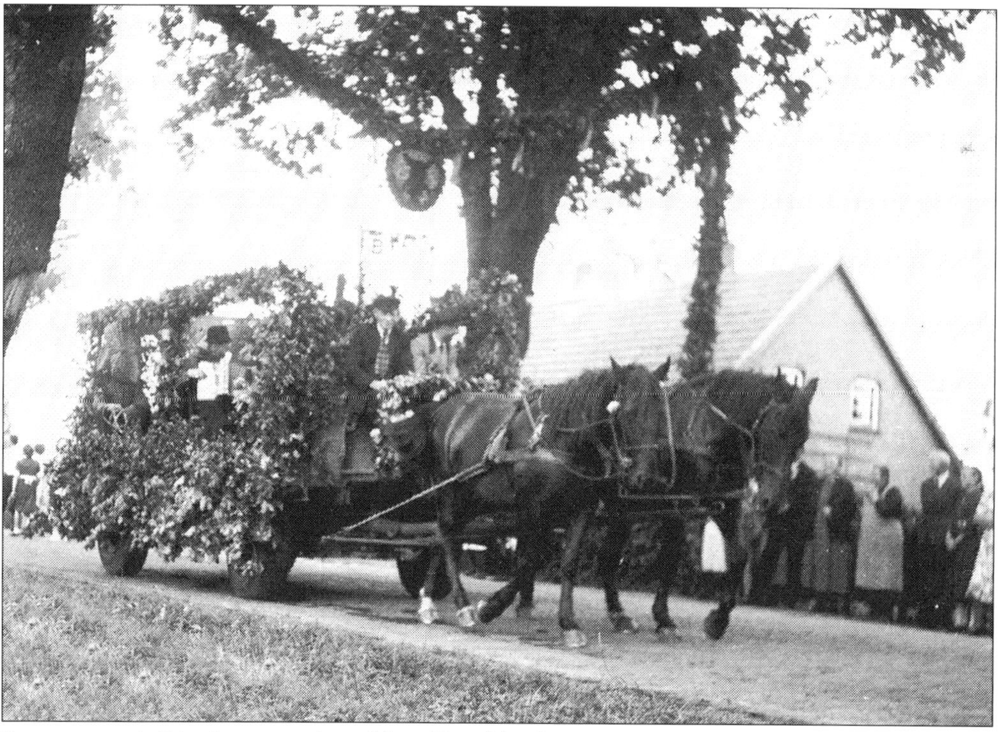
Festwagen mit Fritz Jürgenstatje auf dem Kutschbock.

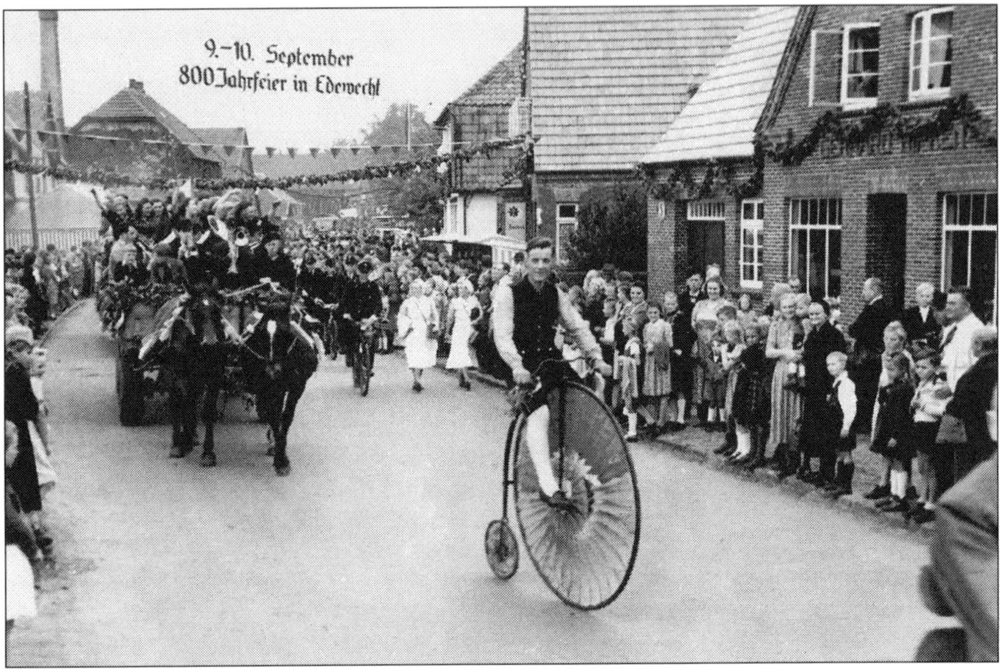

Hanko Park auf dem Hochrad.

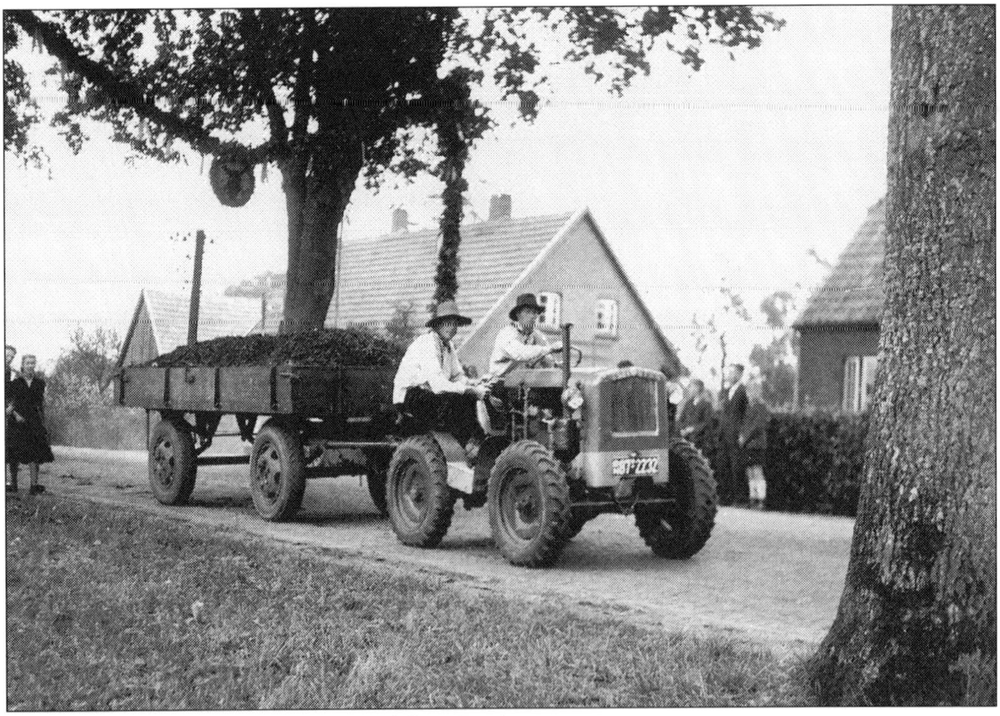

Georg Kruse und Johann Behrens auf dem Trecker.

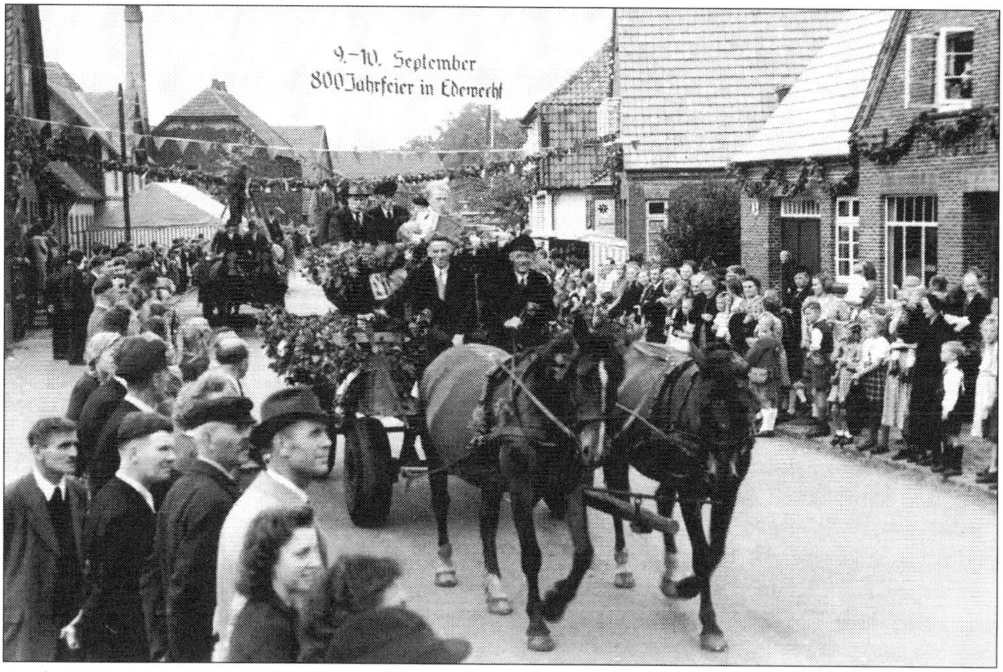

Arthur Springer auf dem Festwagen, links auf dem Kutschbock sitzend.

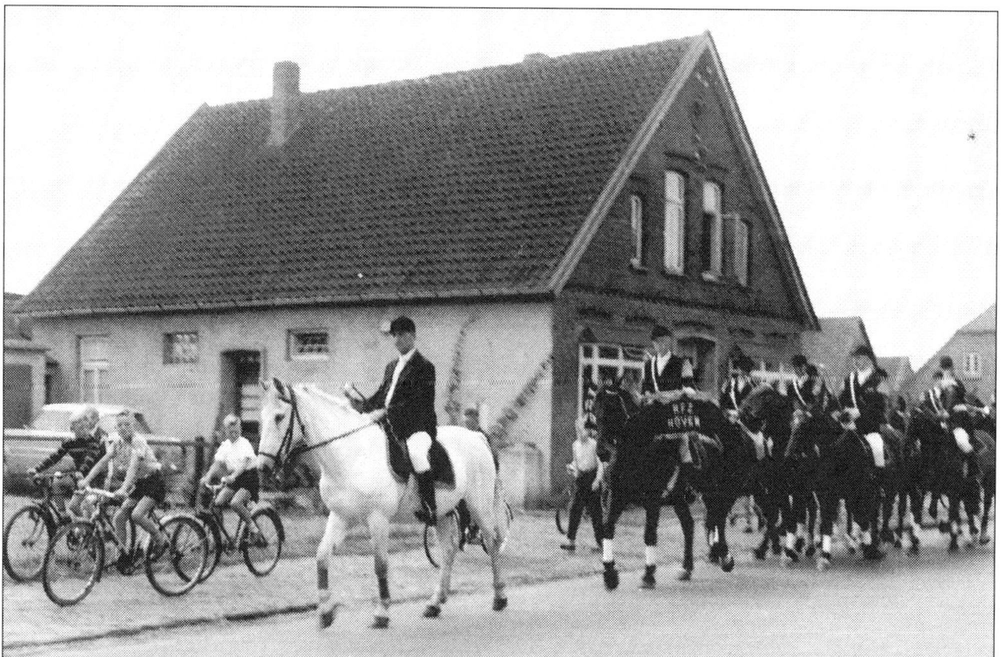
Der Reiterverein Höven.

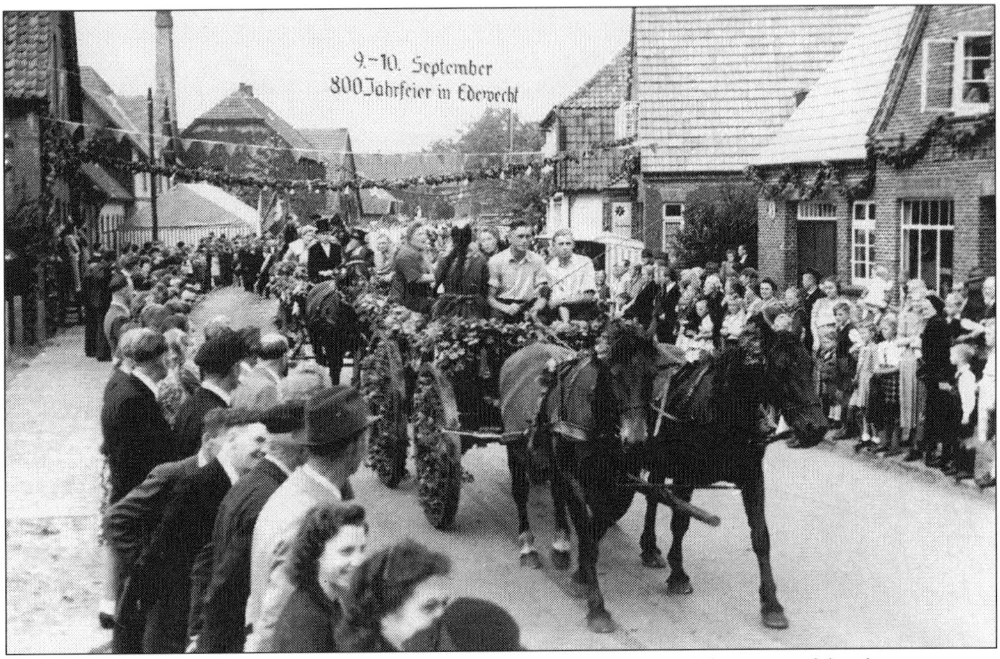

Friedrich Röben – genannt „Röbenartsen“ – und Heinz Hoppe auf dem Kutschbock.

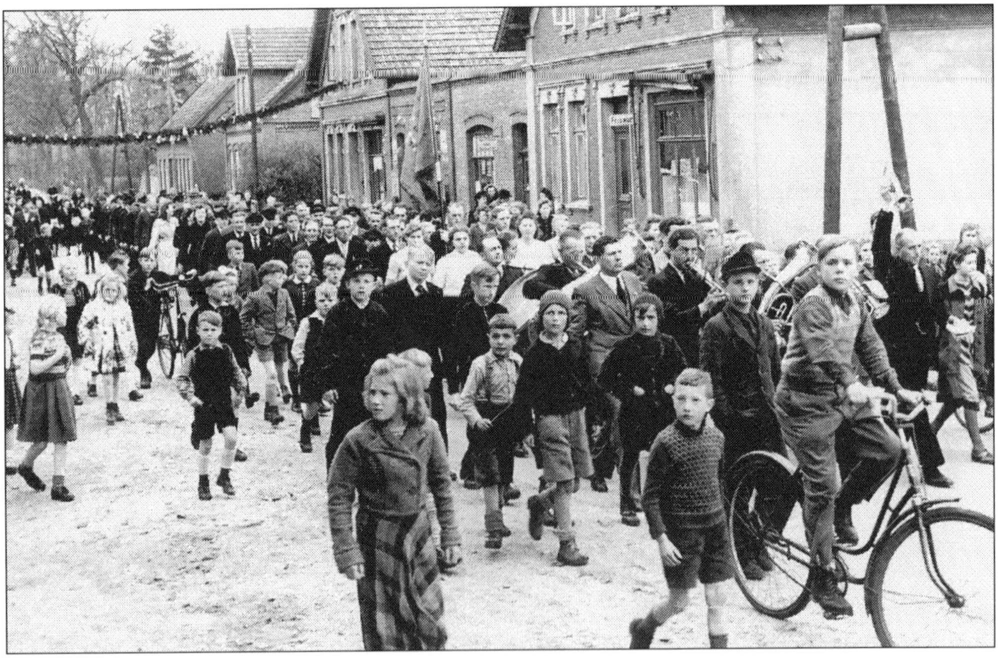

Der Bläserchor.

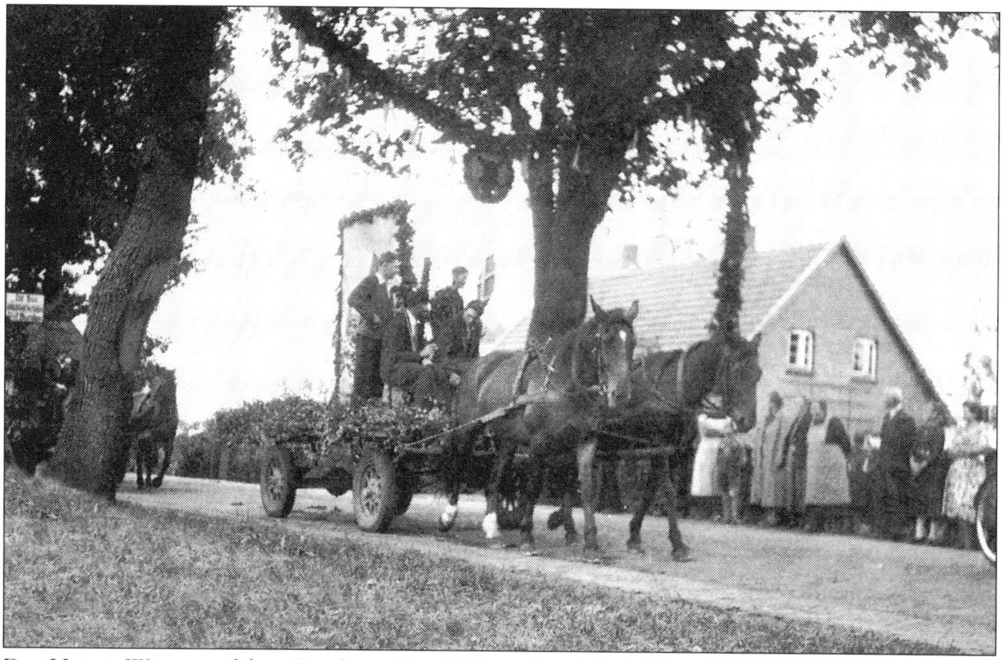

Der Heinje-Wagen auf dem Brink, in Nord Edewecht I.

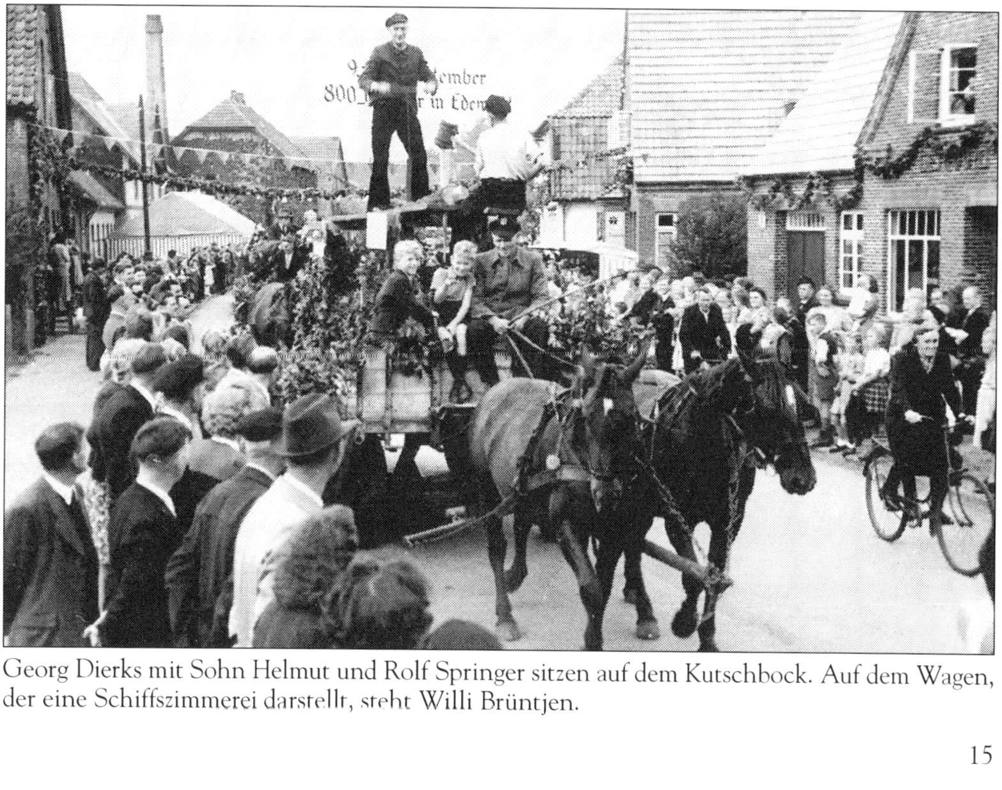

Georg Dierks mit Sohn Helmut und Rolf Springer sitzen auf dem Kutschbock. Auf dem Wagen, der eine Schiffszimmerei darstellt, steht Willi Brüntjen.

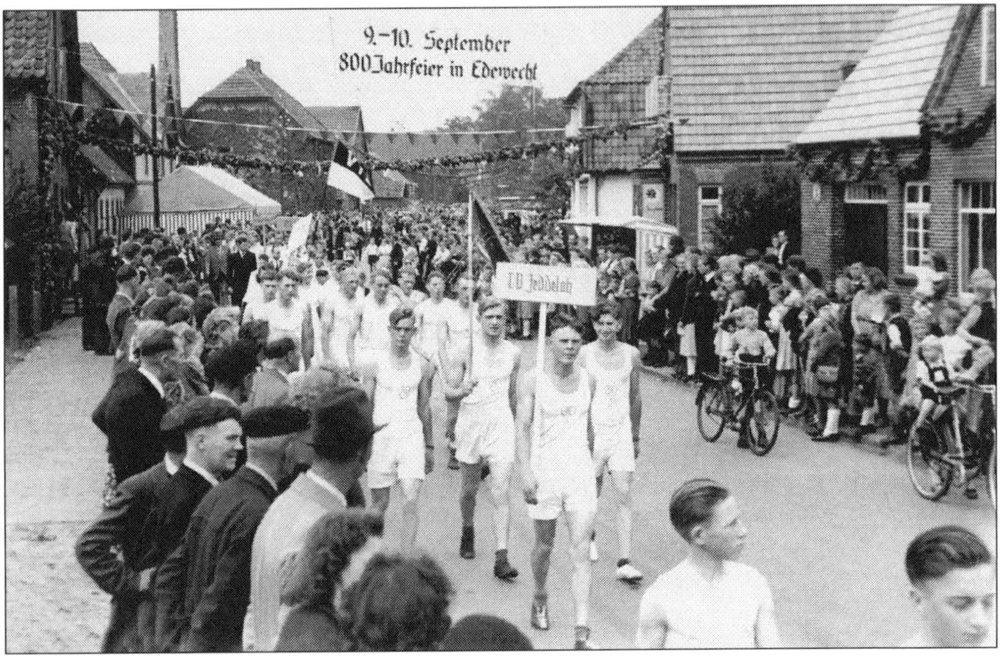

Der Turnverein Jeddeloh.

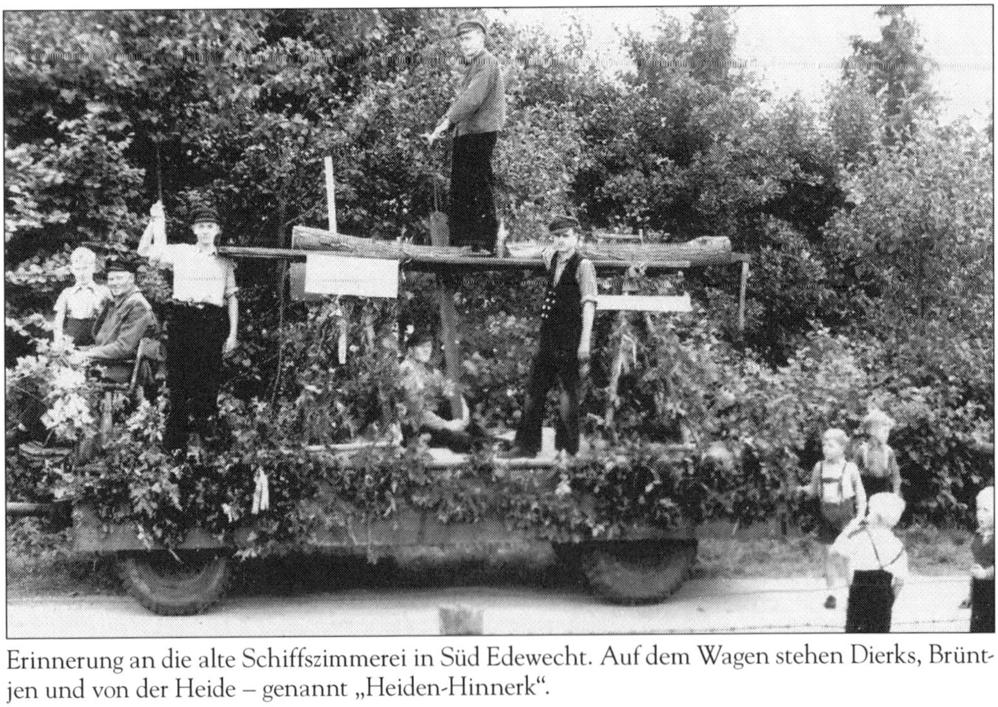
Erinnerung an die alte Schiffszimmerei in Süd Edewecht. Auf dem Wagen stehen Dierks, Brüntjen und von der Heide – genannt „Heiden-Hinnerk“.

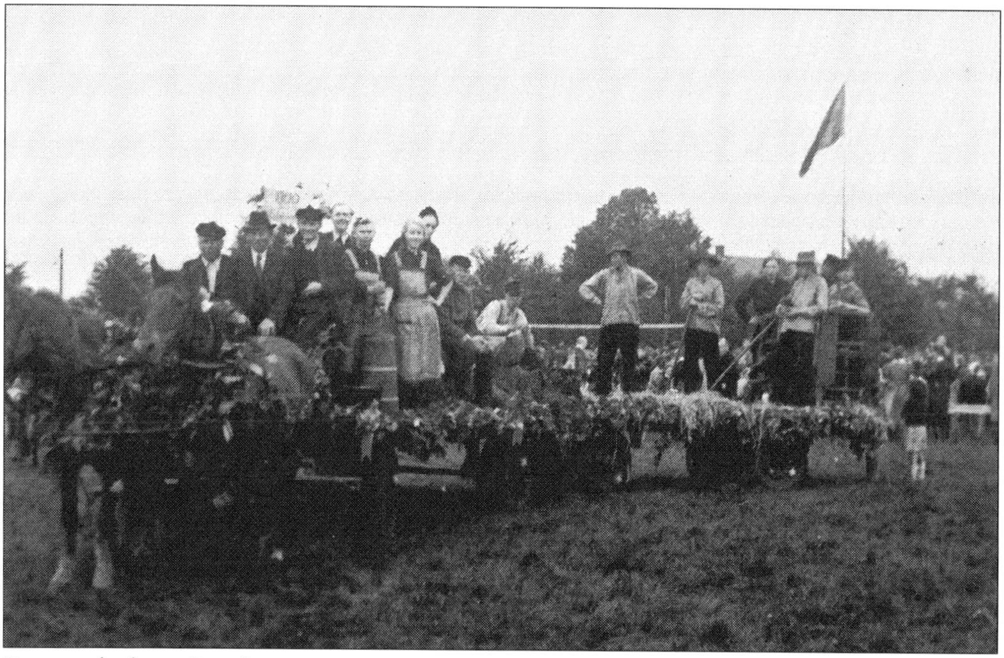

Bauernschaft aus Portsloge.

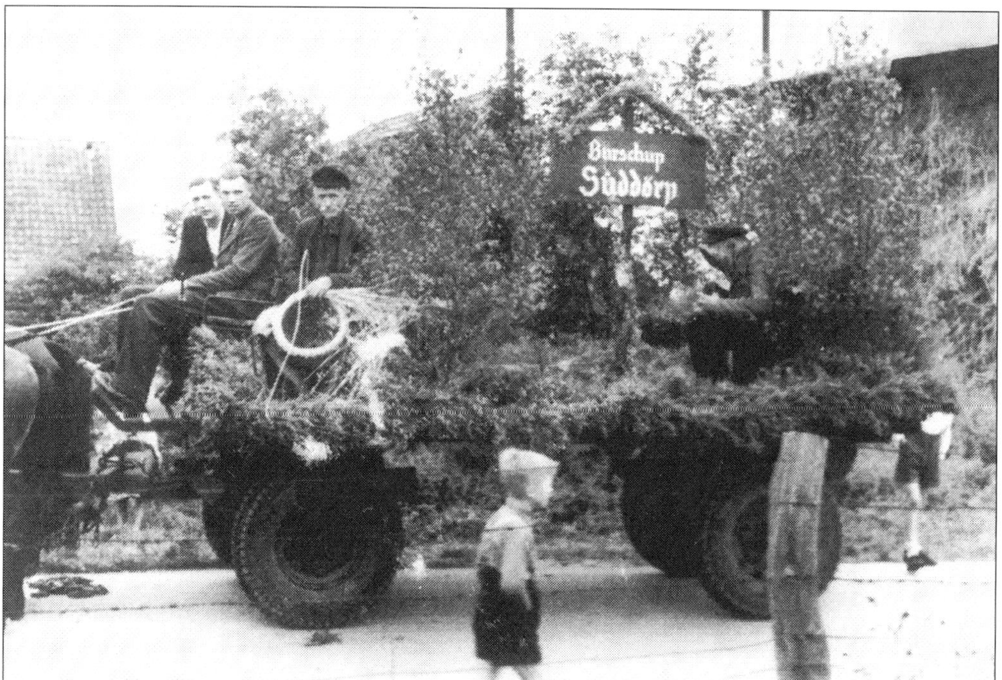

Bauernschaft aus Süddorf.

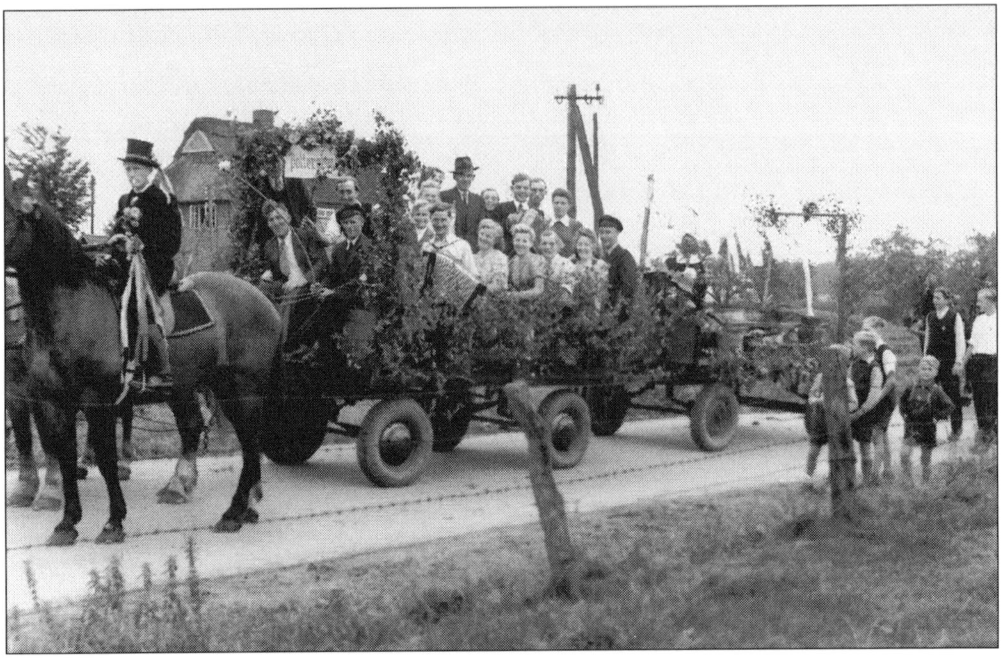

Polterabend auf dem Festwagen in der Janstraße.

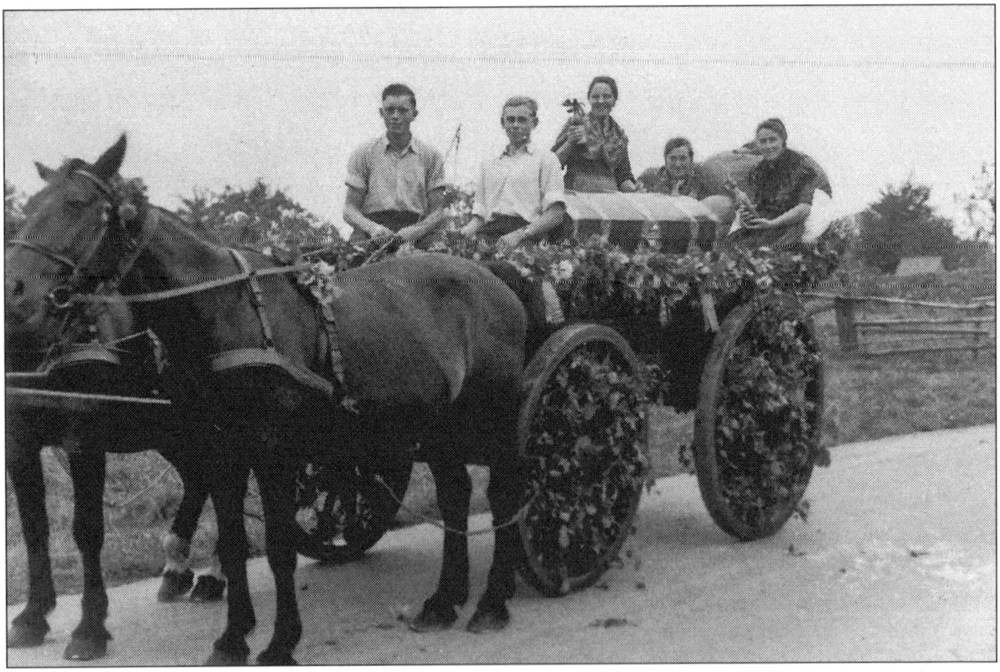

Aussteuerwagen mit Röben, Hoppe, Toni Hemmje, Martha Kramer und Emma von Aschwege.

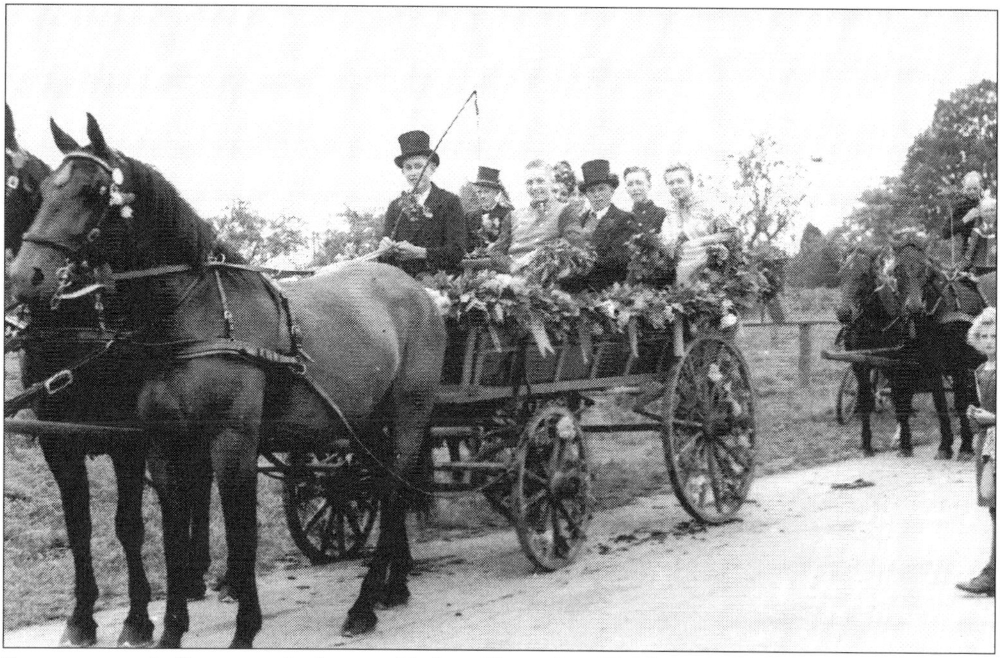

Brautwagen mit Otto von Aschwege, Herbert Kruse, Jan Wordtmann, der Braut Elfriede Freers, dem Bräutigam Hans-Georg Meinen, Jan-Dieter Grönefeld und Elfriede Lohmüller.

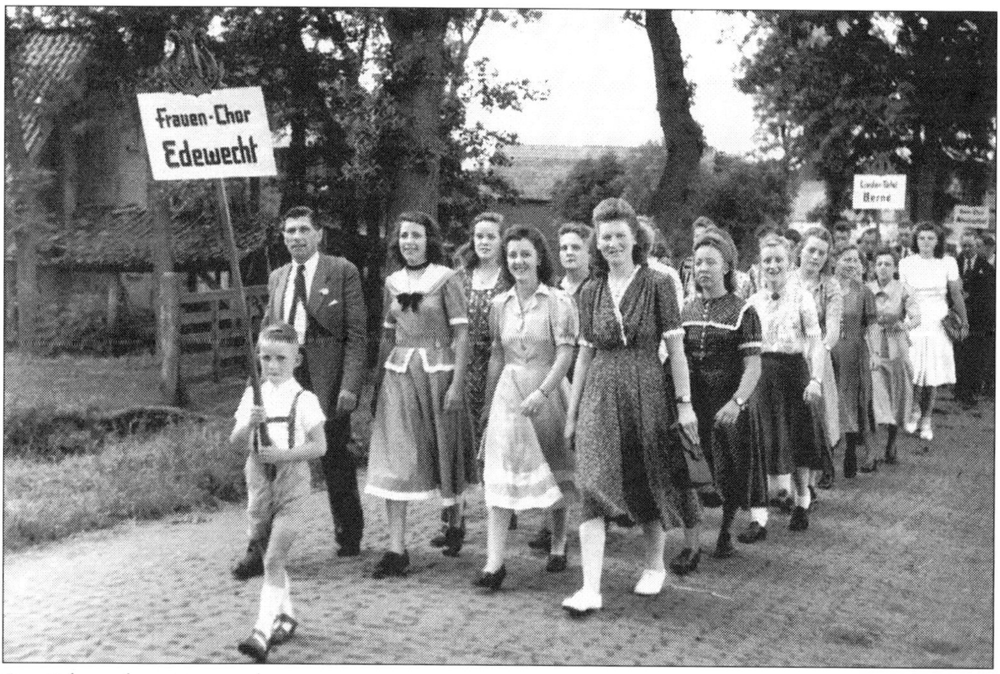

Der Edewechter Frauenchor.

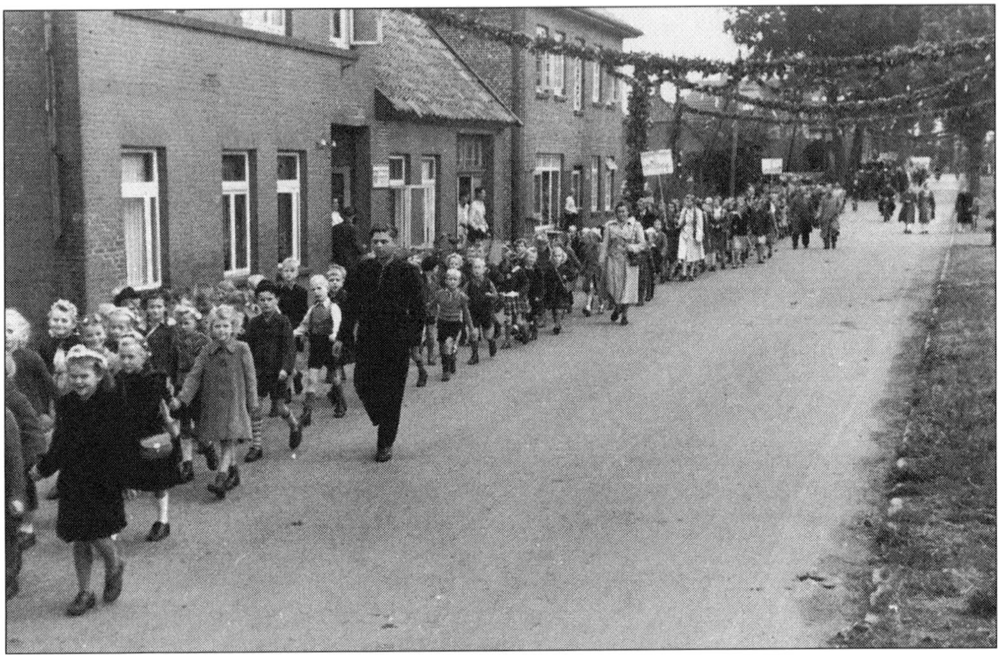

Kinderumzug durch Edewecht zur 800-Jahr-Feier.

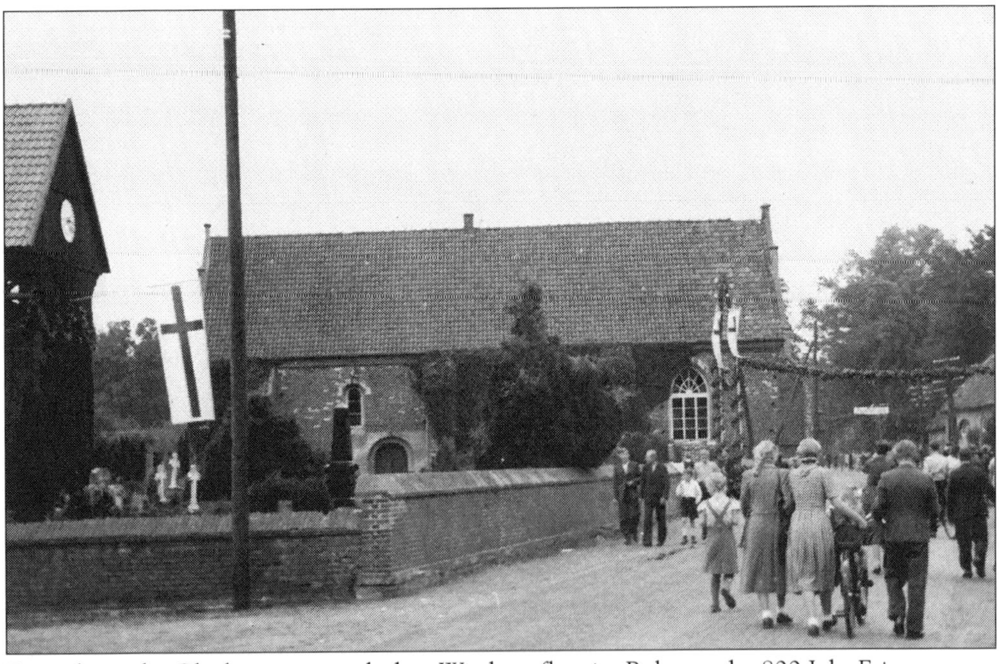

Einweihung des Glockenturms nach dem Wiederaufbau im Rahmen der 800-Jahr-Feier.

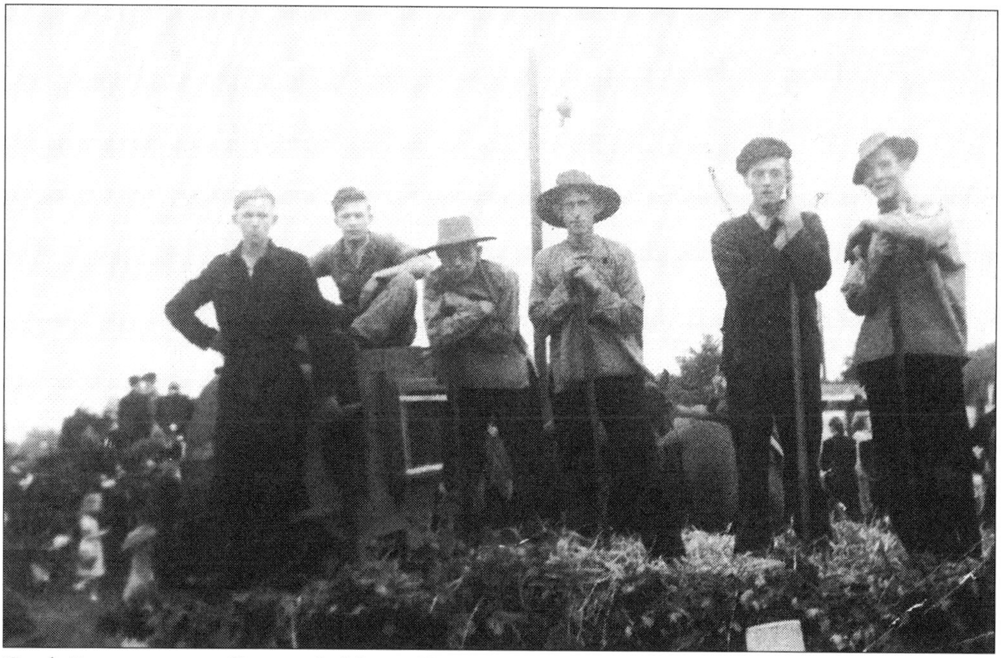

Gerd Bremermann, Gustav Lübben, Hermann Bremermann, Friedrich Hoopmann, Willi Janßen und Willi Reuter.

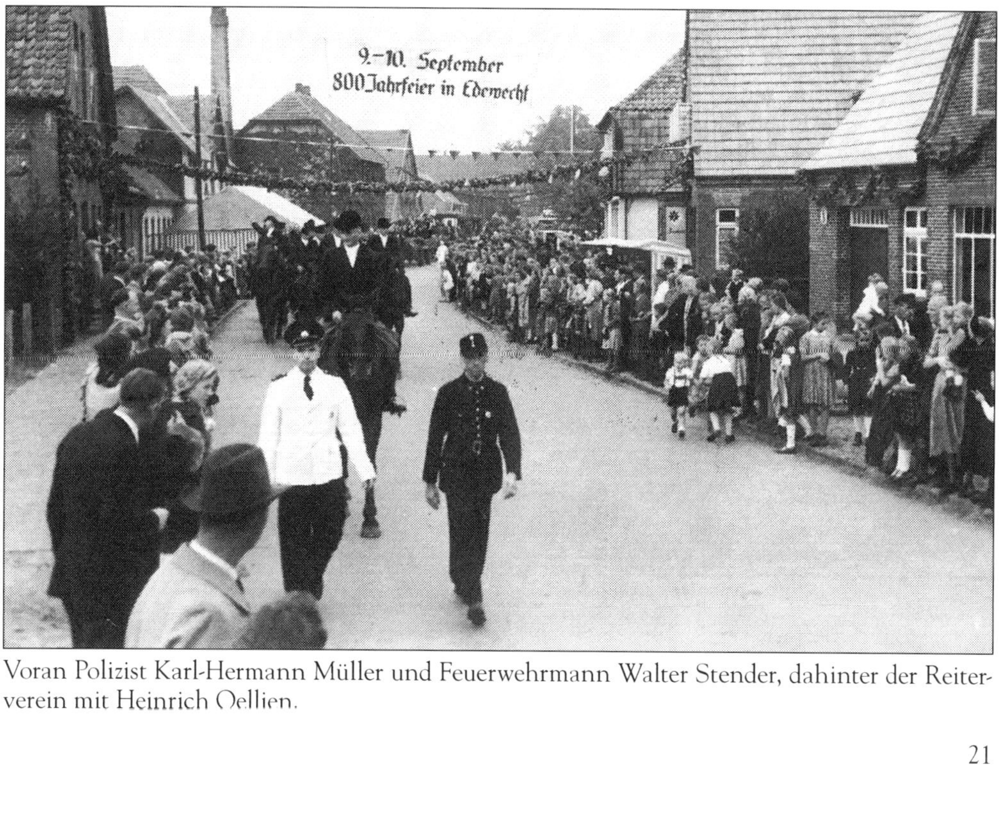

Voran Polizist Karl-Hermann Müller und Feuerwehrmann Walter Stender, dahinter der Reiterverein mit Heinrich Oellien.

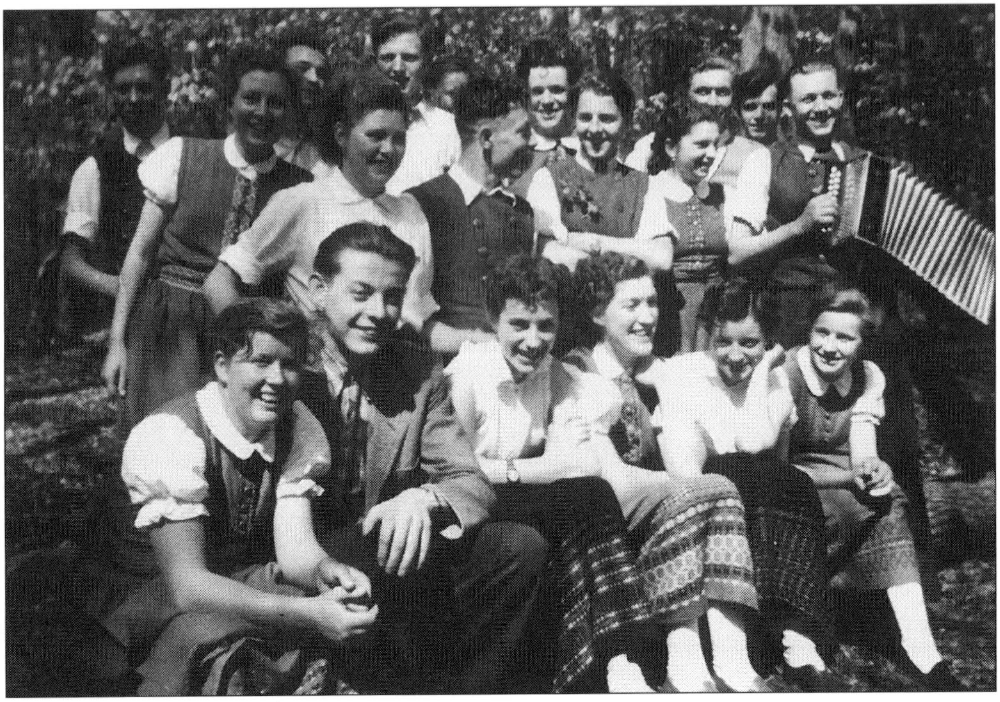

Der Heimatverein Edewecht.

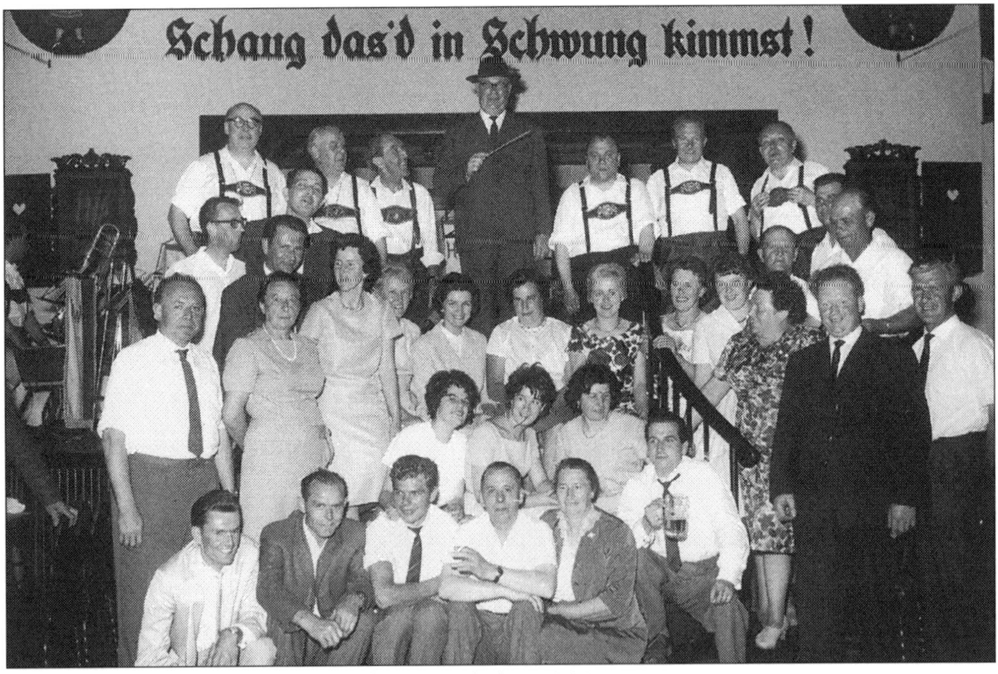

Der Schützenverein Edewecht auf der Reeperbahn, 1964.

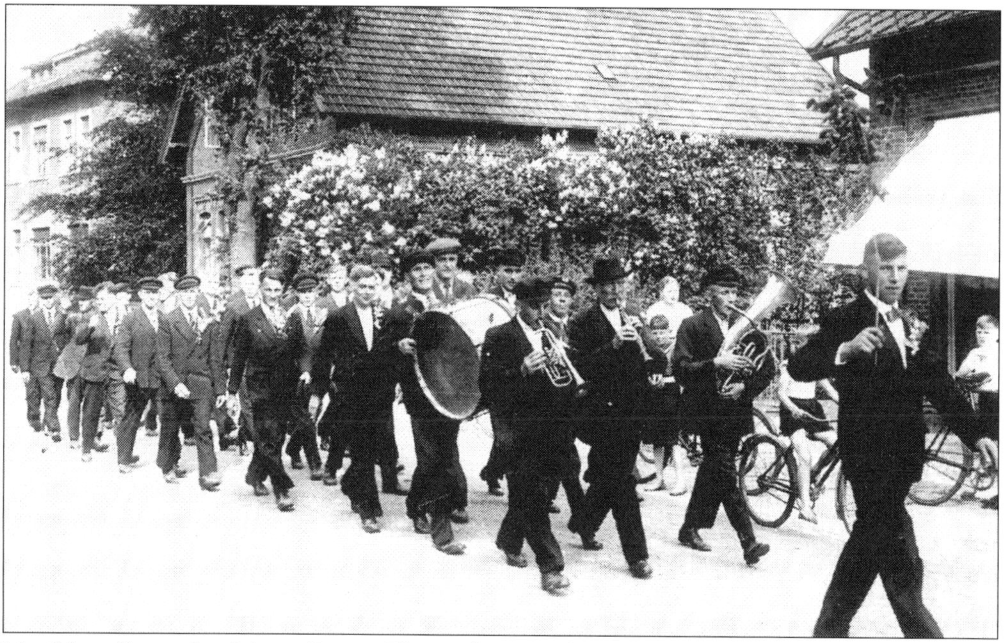

Musikkapelle mit Jan Moos, Gustav Bloy und Heinrich Bloy (erste Reihe von links).

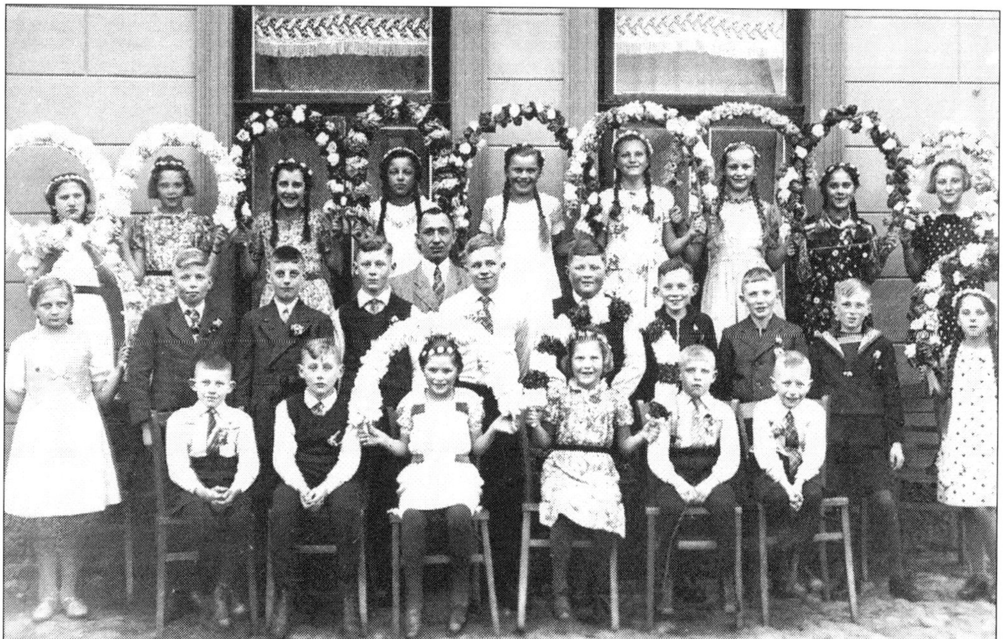

Abtanzball mit Tanzlehrer Wilhelm Rippen, um 1939.

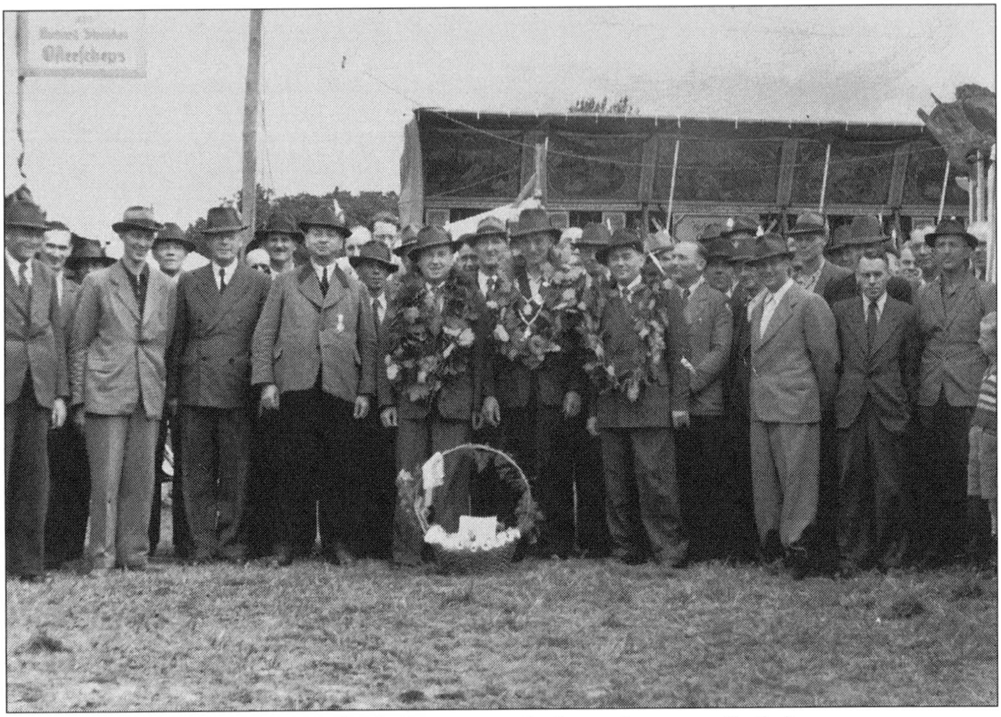

Der Schützenverein mit Fritz Gehrels (vierter von links in der ersten Reihe).

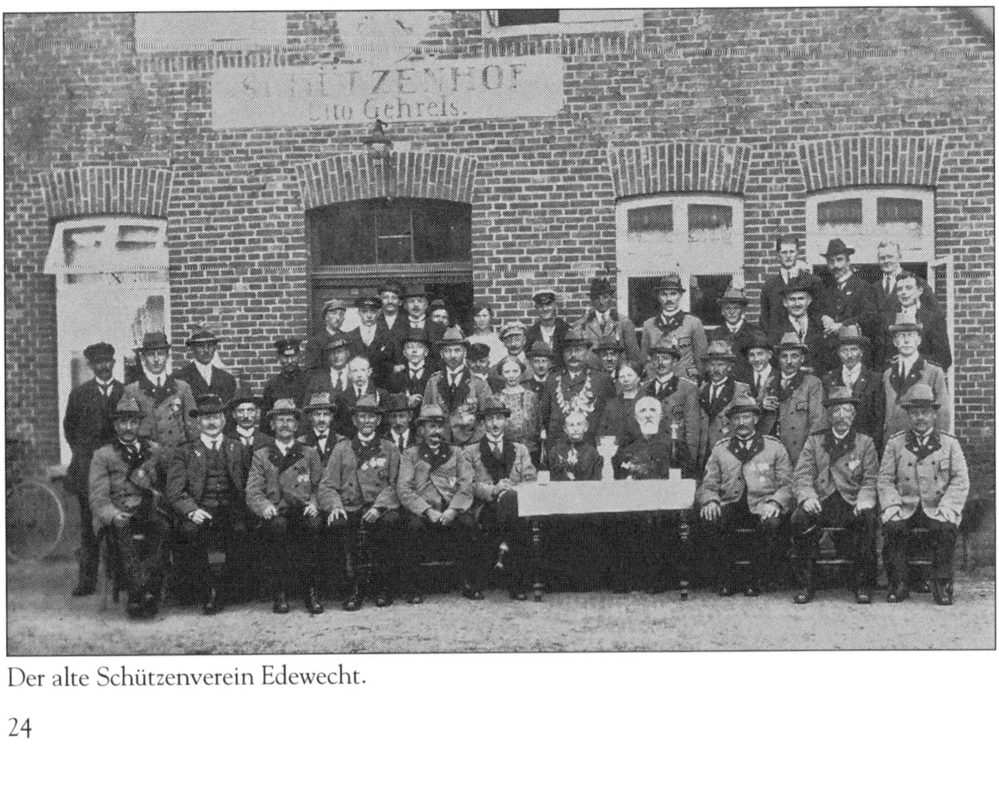

Der alte Schützenverein Edewecht.

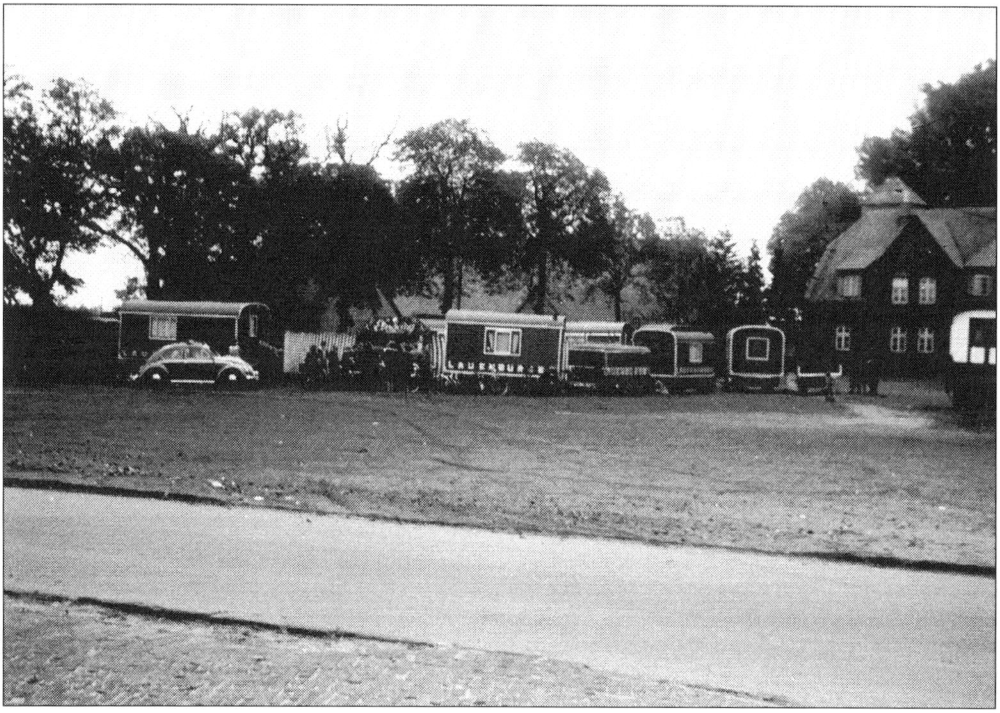

Zirkuswagen auf dem alten Marktplatz in Edewecht, um 1950.

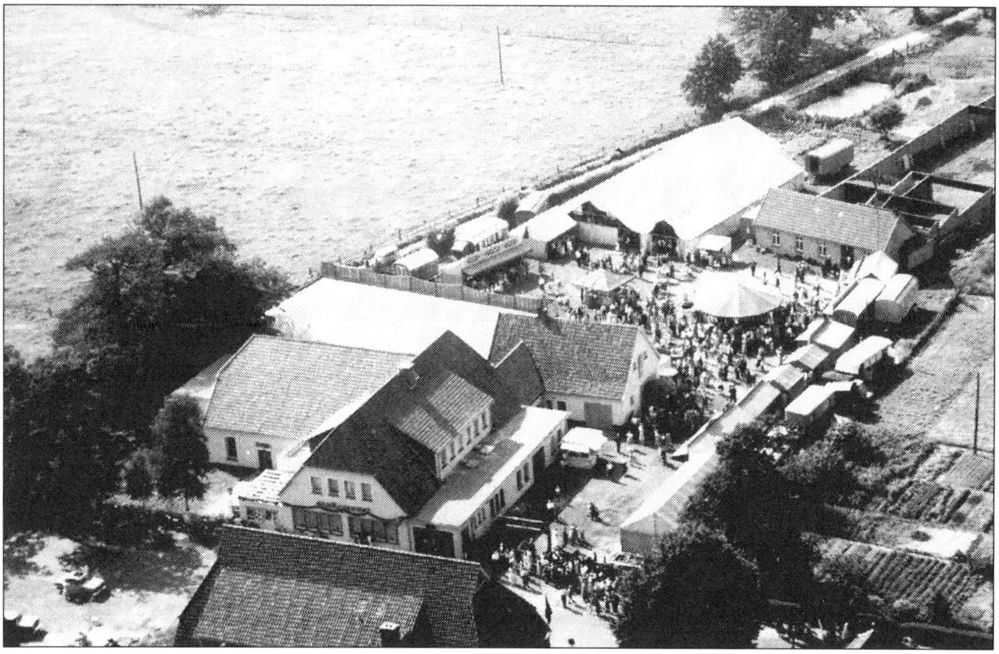

Schützenfest in Edewecht beim Schützenhof.

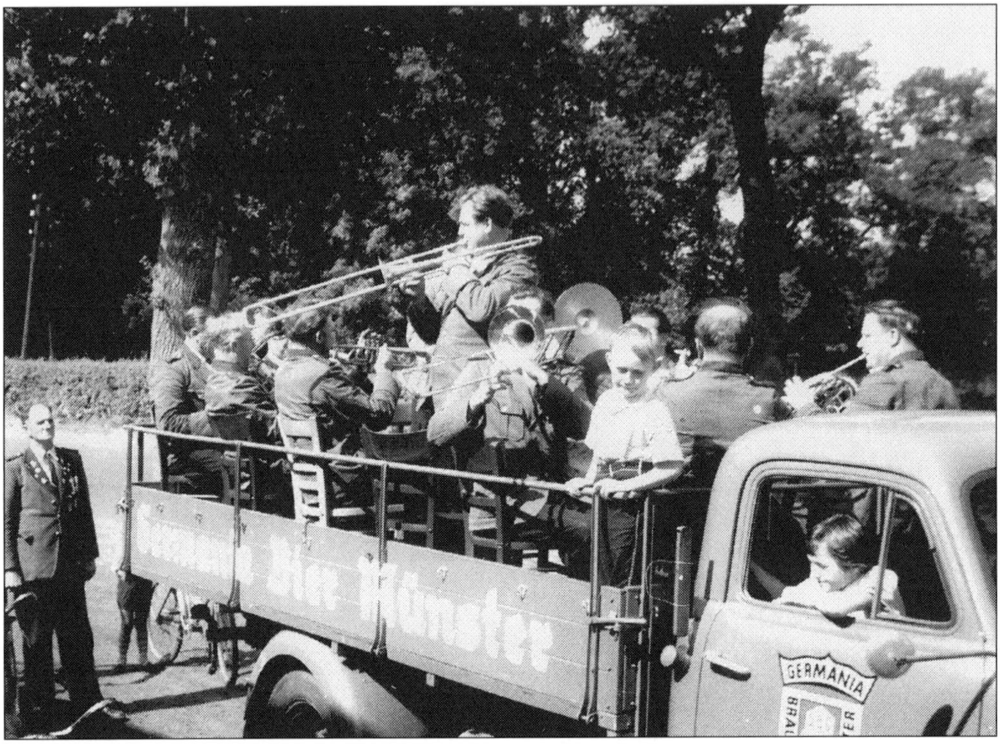

Schützenumzug in Edewecht. Eine Musikkapelle auf dem Bierwagen von Paul Schulz.

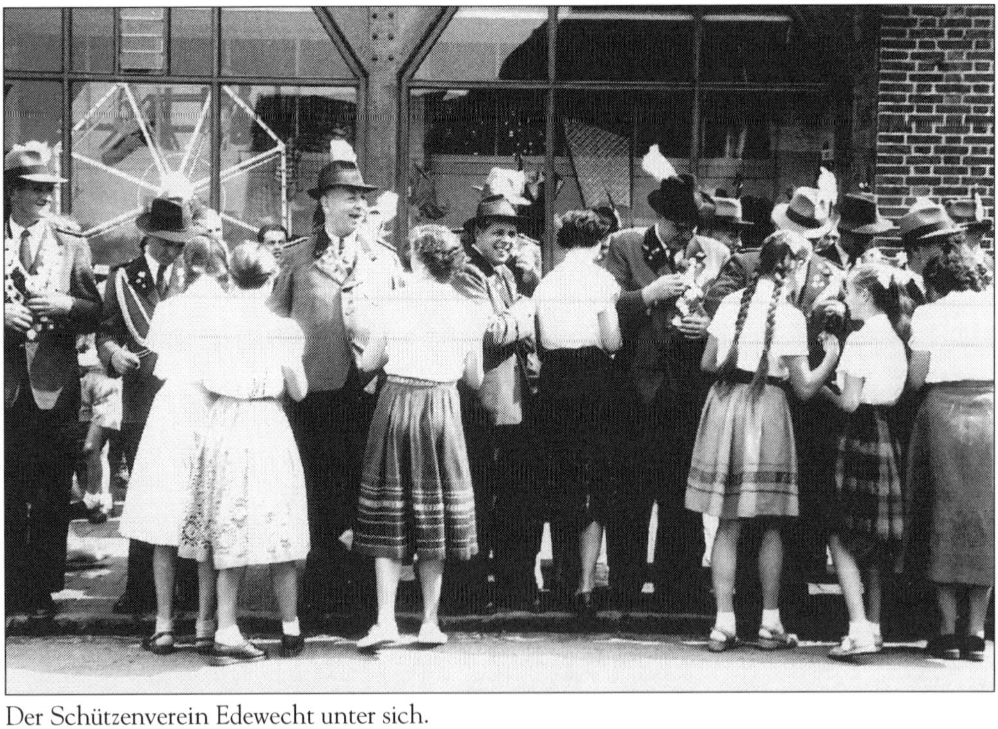

Der Schützenverein Edewecht unter sich.

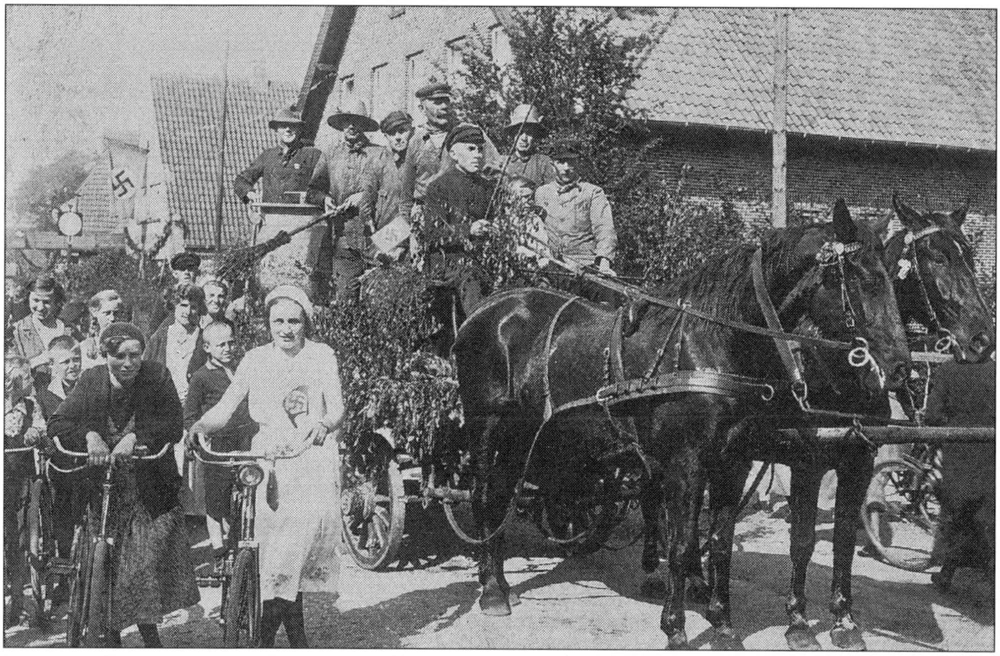

Diese Aufnahme entstand in den 1930er Jahren aus Anlaß einer Maifeier. (Der Nationalsozialismus ist auch an Edewecht nicht spurlos vorübergegangen. Insofern sind auf diesem Foto und auf einigen weiteren Aufnahmen Embleme aus diesen unrühmlichen Jahren zu sehen.)

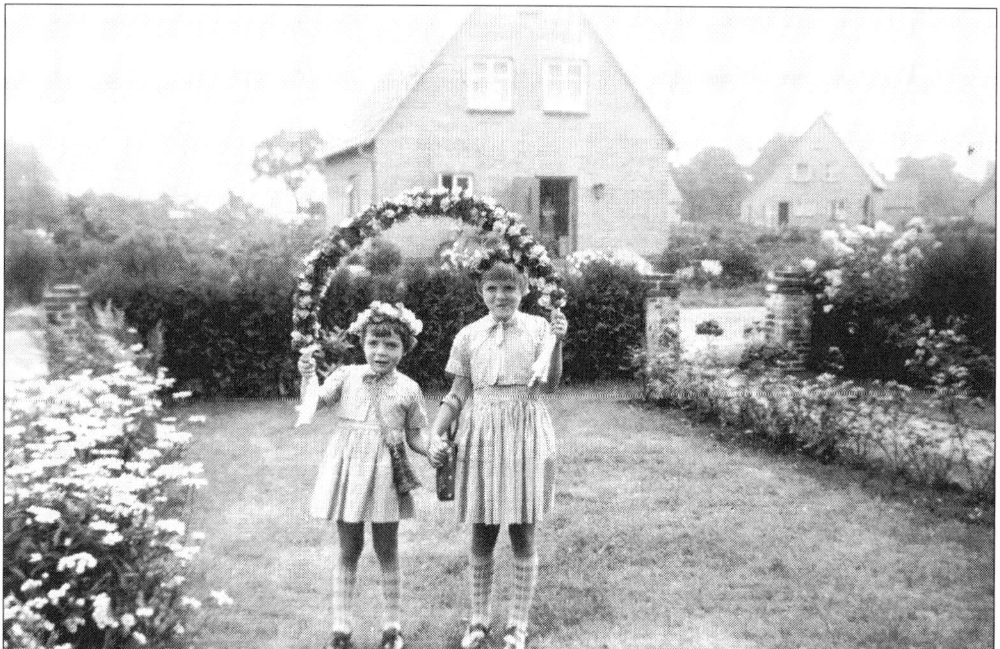

Die Geschwister Brüntjen – Gertrud Bischoff und Annegret Konen – beim Kinderumzug zum Schützenfest.

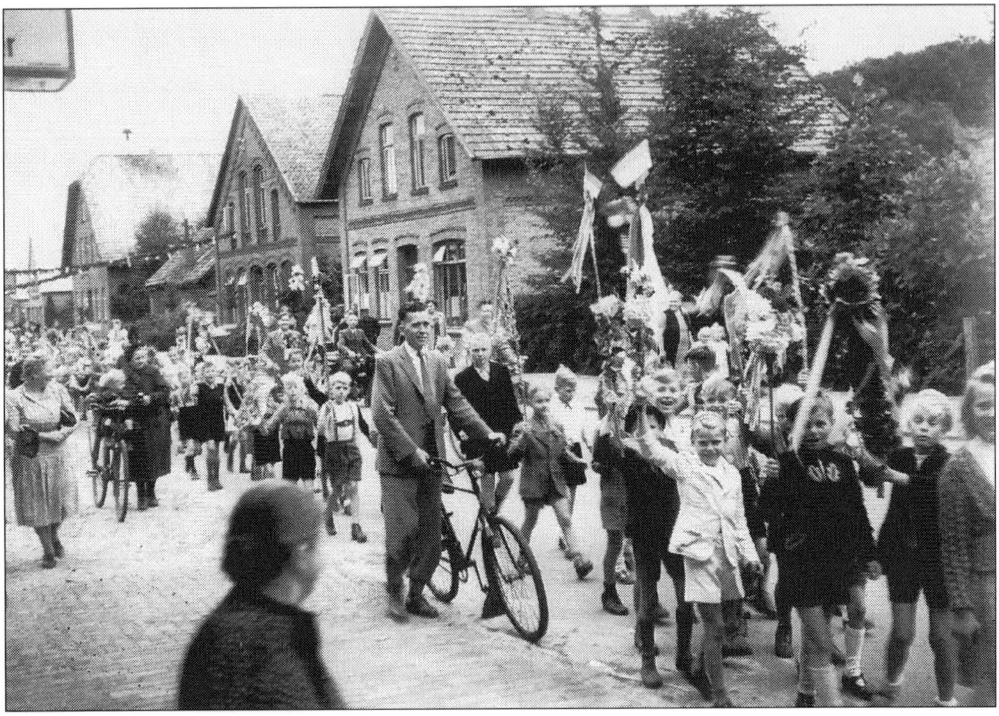

Kinderumzug zur 800-Jahr-Feier.

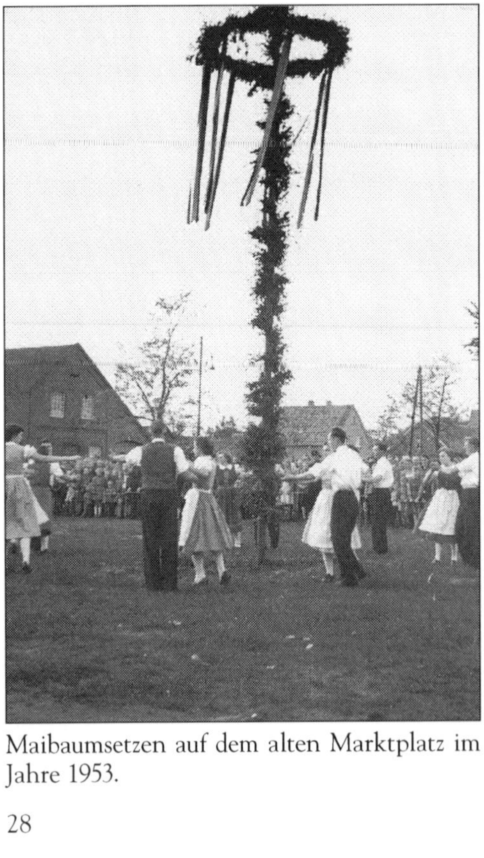

Maibaumsetzen auf dem alten Marktplatz im Jahre 1953.

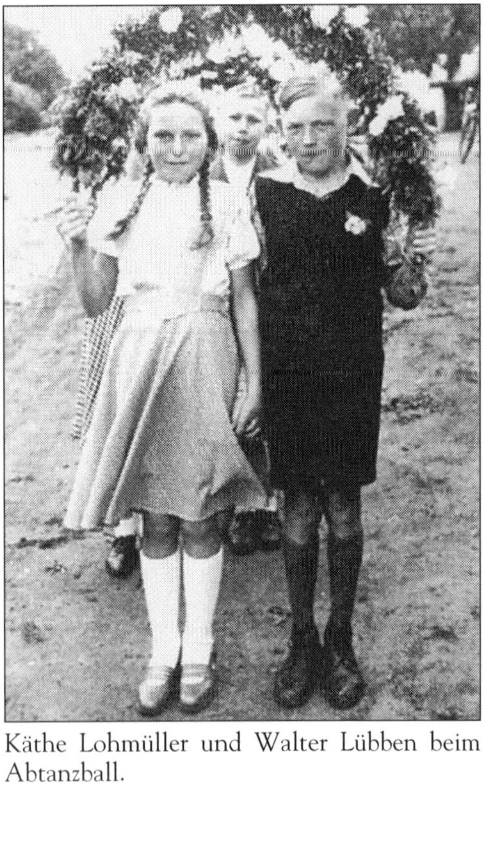

Käthe Lohmüller und Walter Lübben beim Abtanzball.

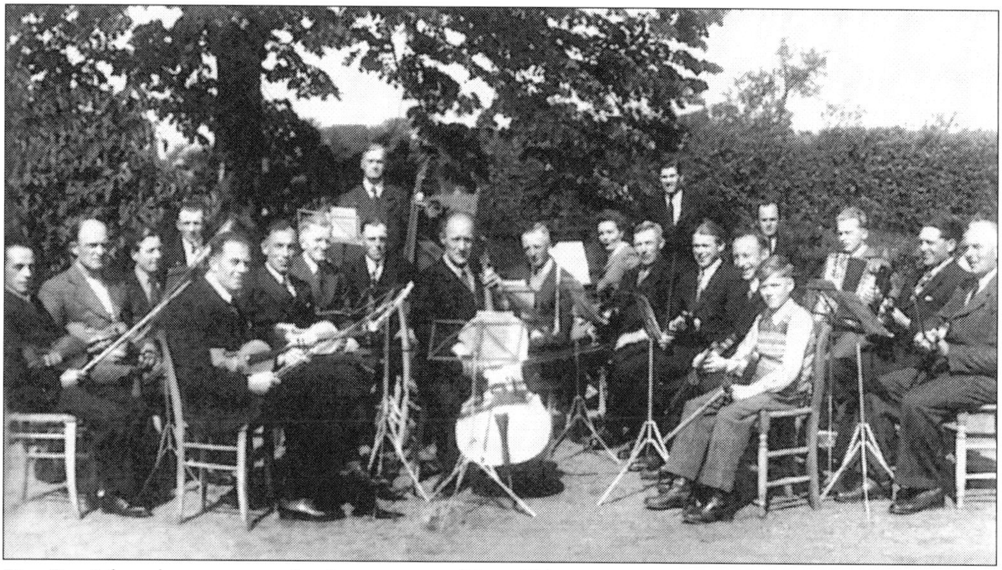

Das Streichorchester unter der Leitung von Hans Eilers.

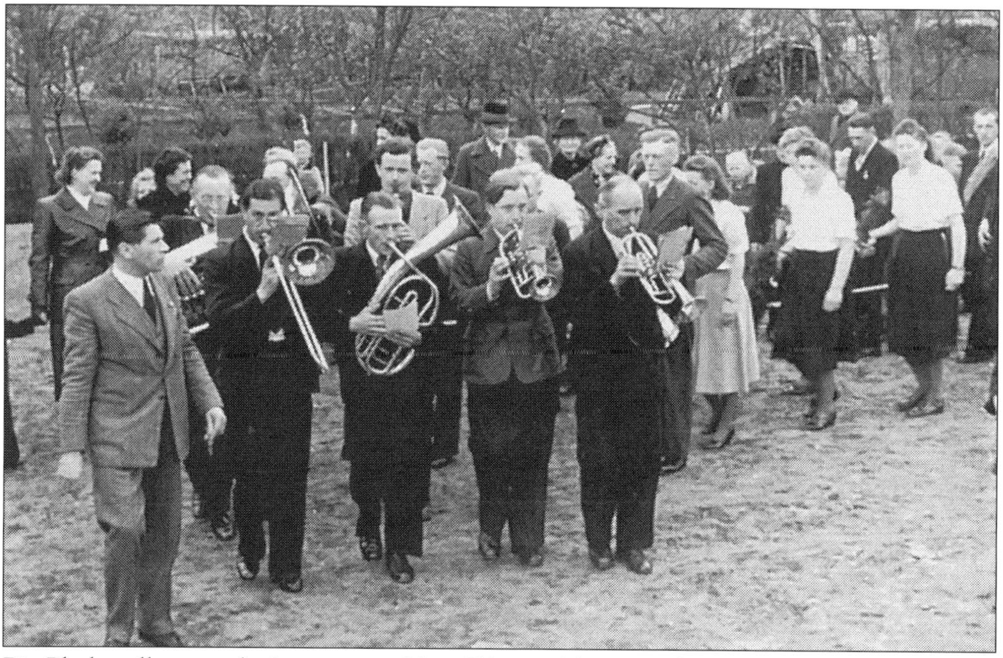

Die Blaskapelle unter der Leitung von Hans Eilers auf dem Festplatz zur 800-Jahr-Feier.

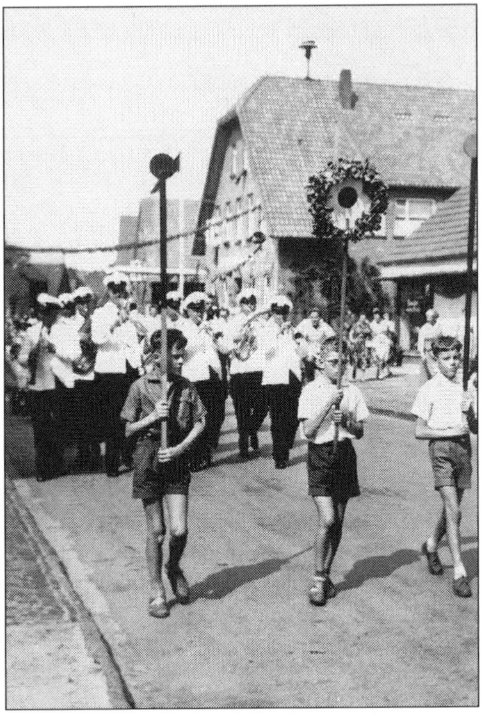

Kinderumzug zum Edewechter Schützenfest im Jahre 1953.

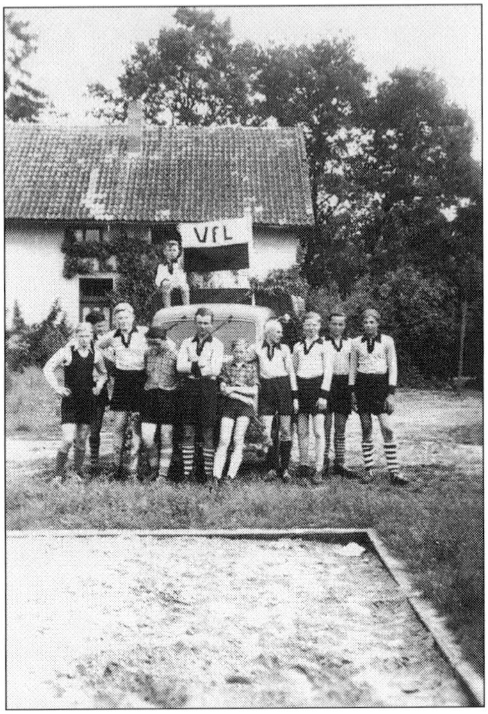

Die VfL-Jugend Edewecht, 1950.

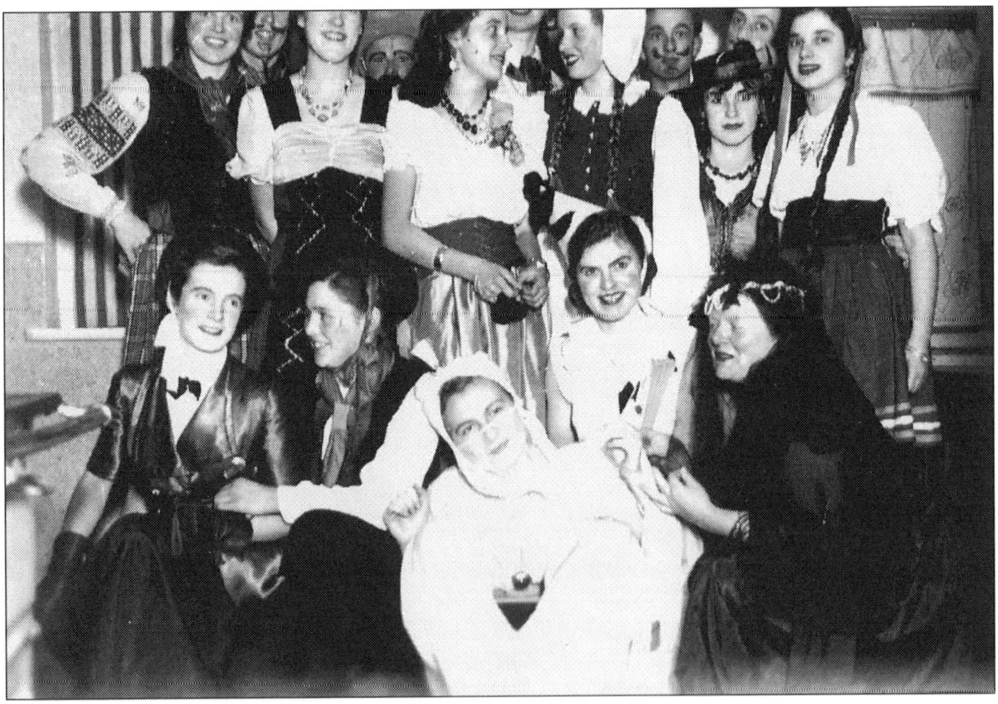

Die Theatergruppe vom Heimatverein Edewecht.

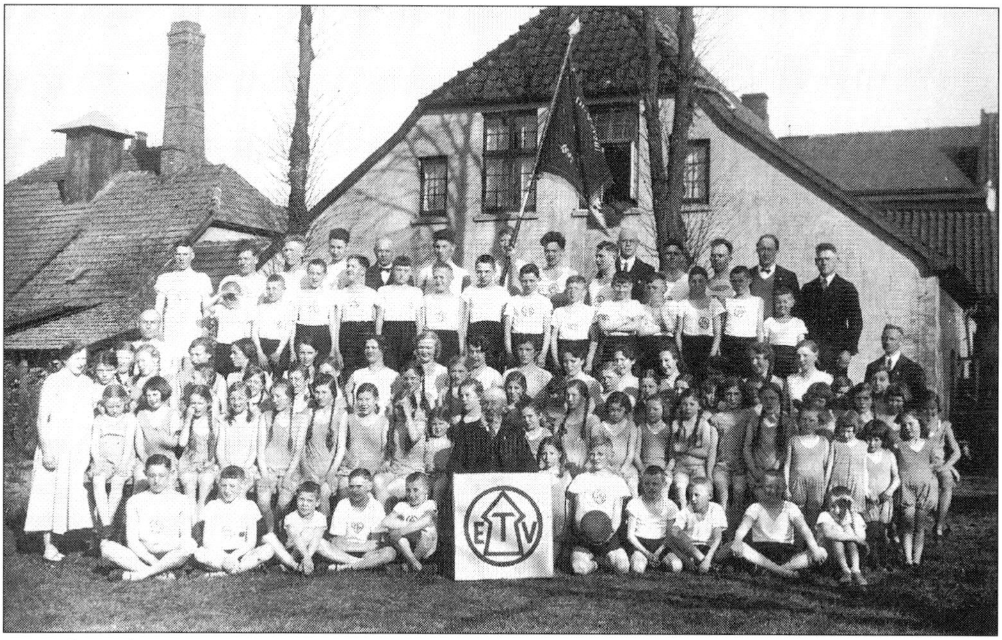

Der Edewechter Turnverein Anfang der 1930er Jahre vor „Meyer's Gasthof".

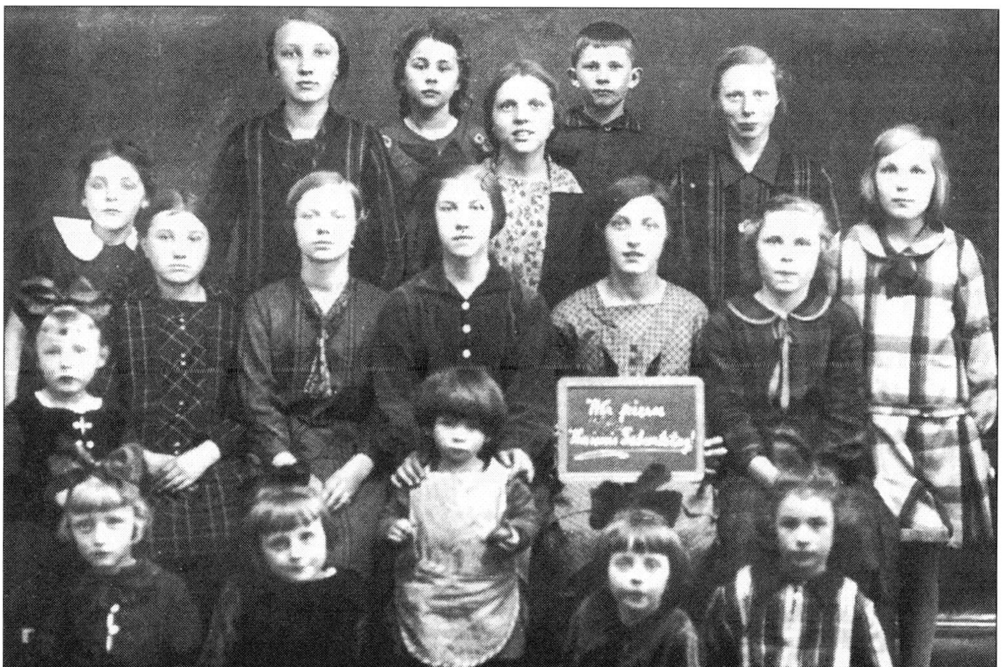

Geburtstagsfeier von Hanni Müller.

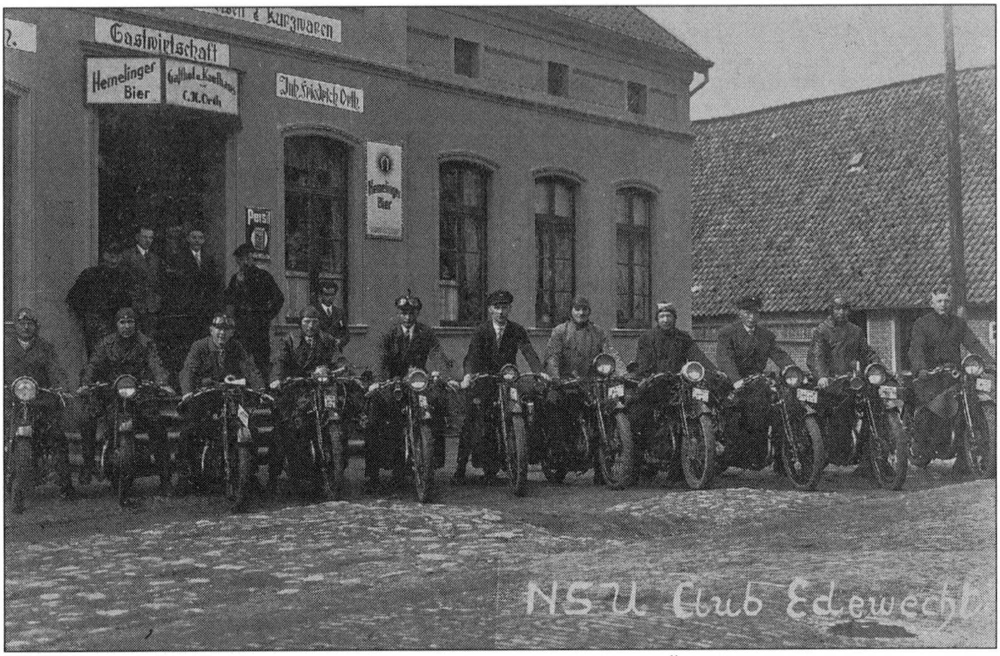

Der NSU-Club vor der Gastwirtschaft Orth. Heute ist hier das Ärztehaus.

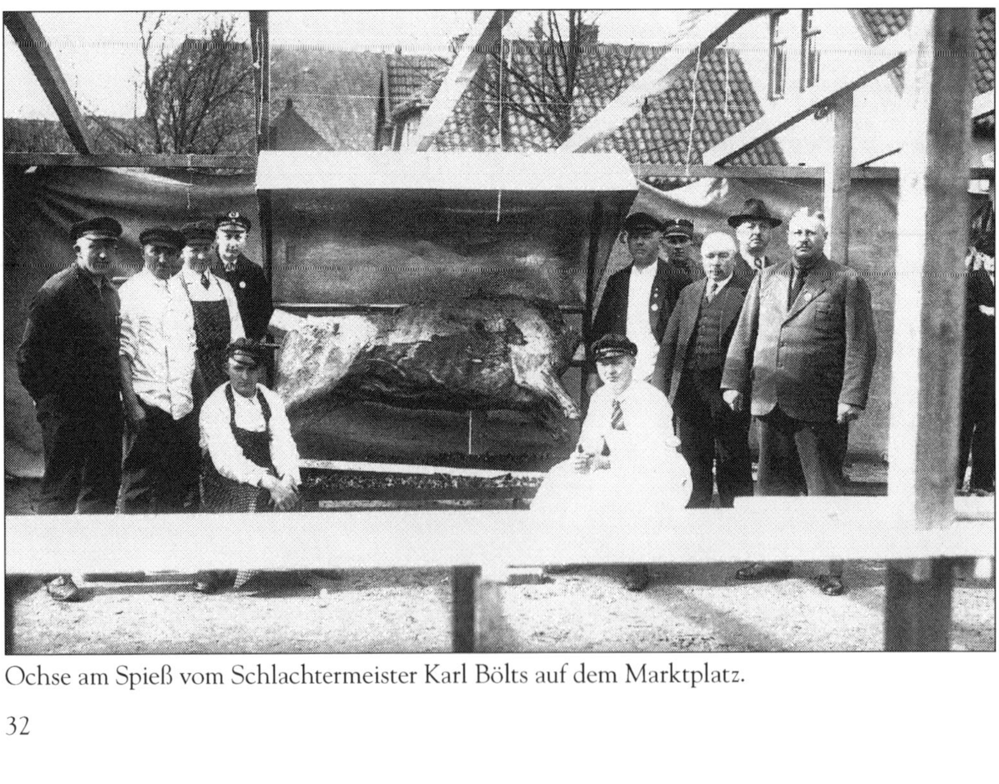

Ochse am Spieß vom Schlachtermeister Karl Bölts auf dem Marktplatz.

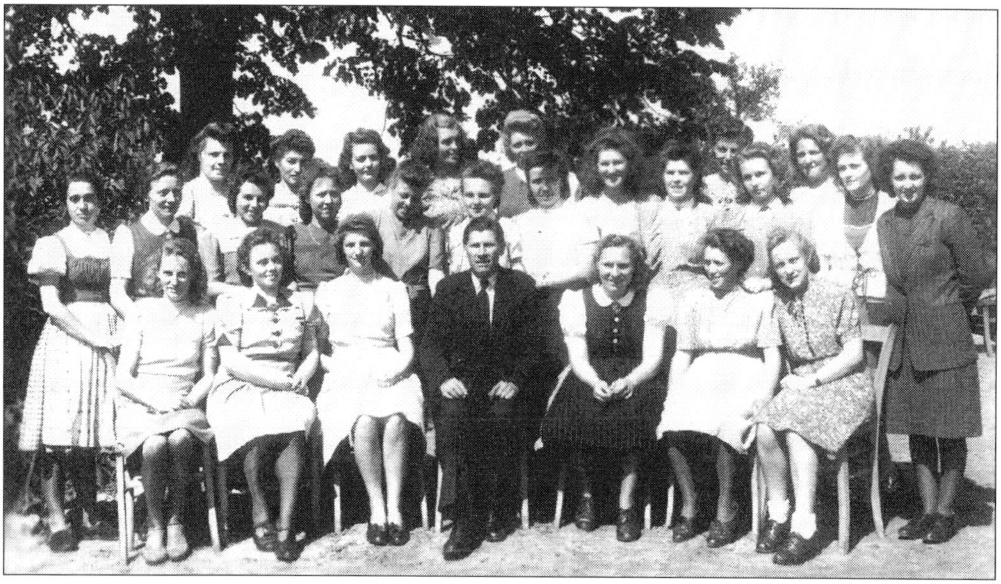

Der Frauenchor Edewecht unter Leitung von Hans Eilers.

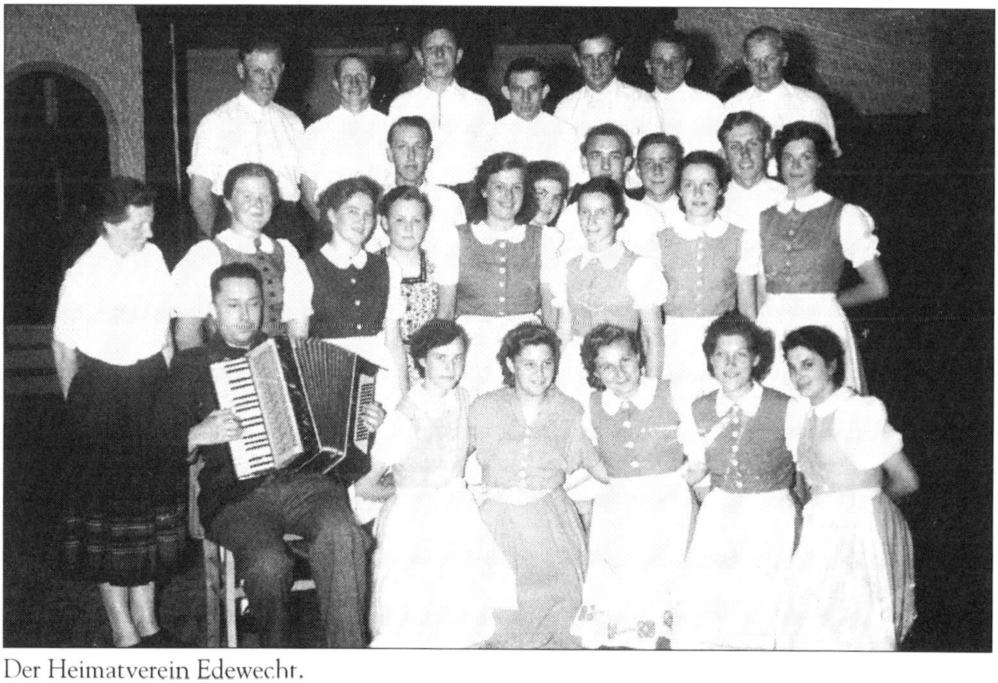

Der Heimatverein Edewecht.

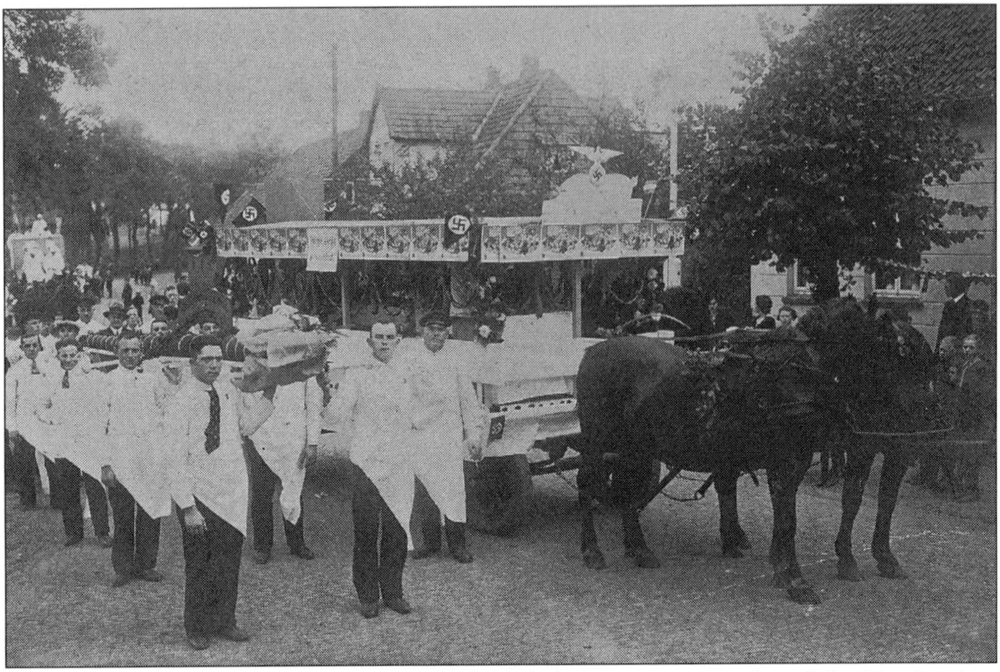

Der mit dem 1. Preis prämierte Festwagen anläßlich des Festumzuges während der Handwerkerwoche vom 15. bis 21. Oktober 1933.

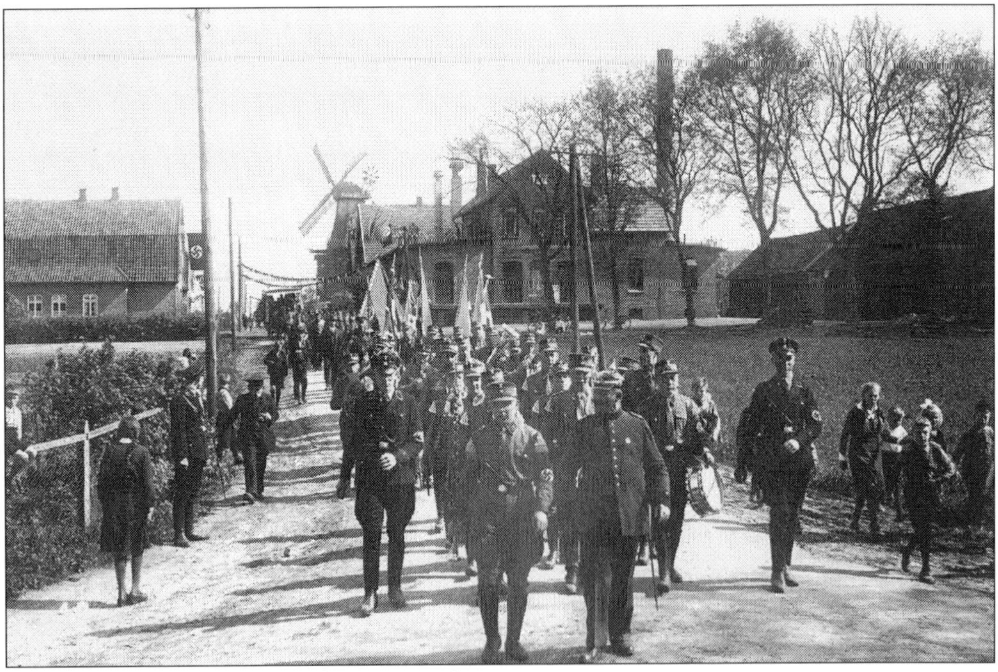

Umzug in der Holljestraße in den 1930er Jahren.

2

Ansichten aus Edewecht und Umgebung

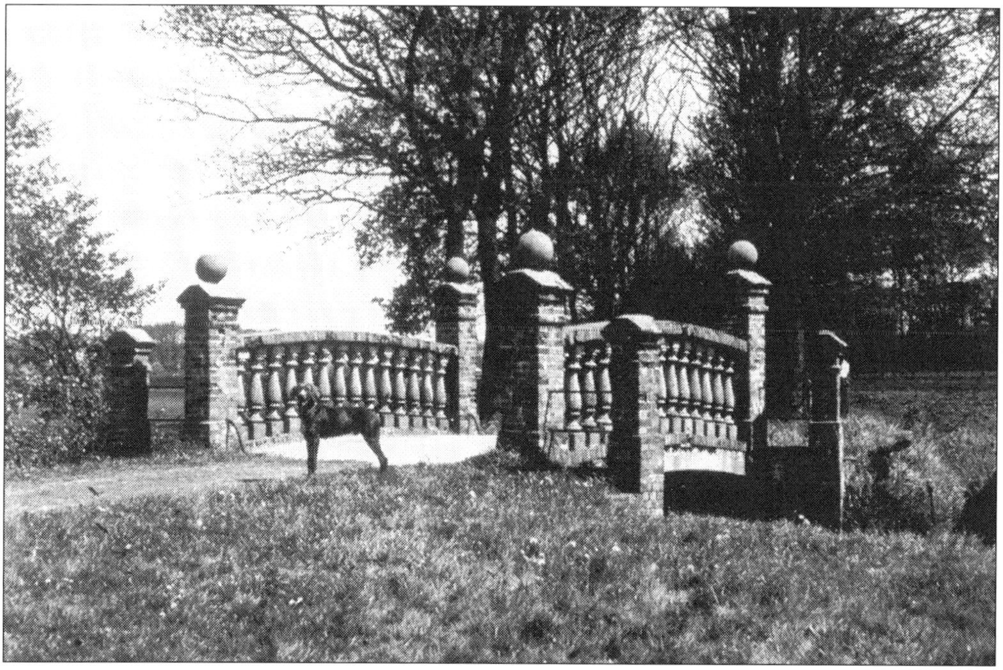

Oelliens Brücke über den Streek, um 1920.

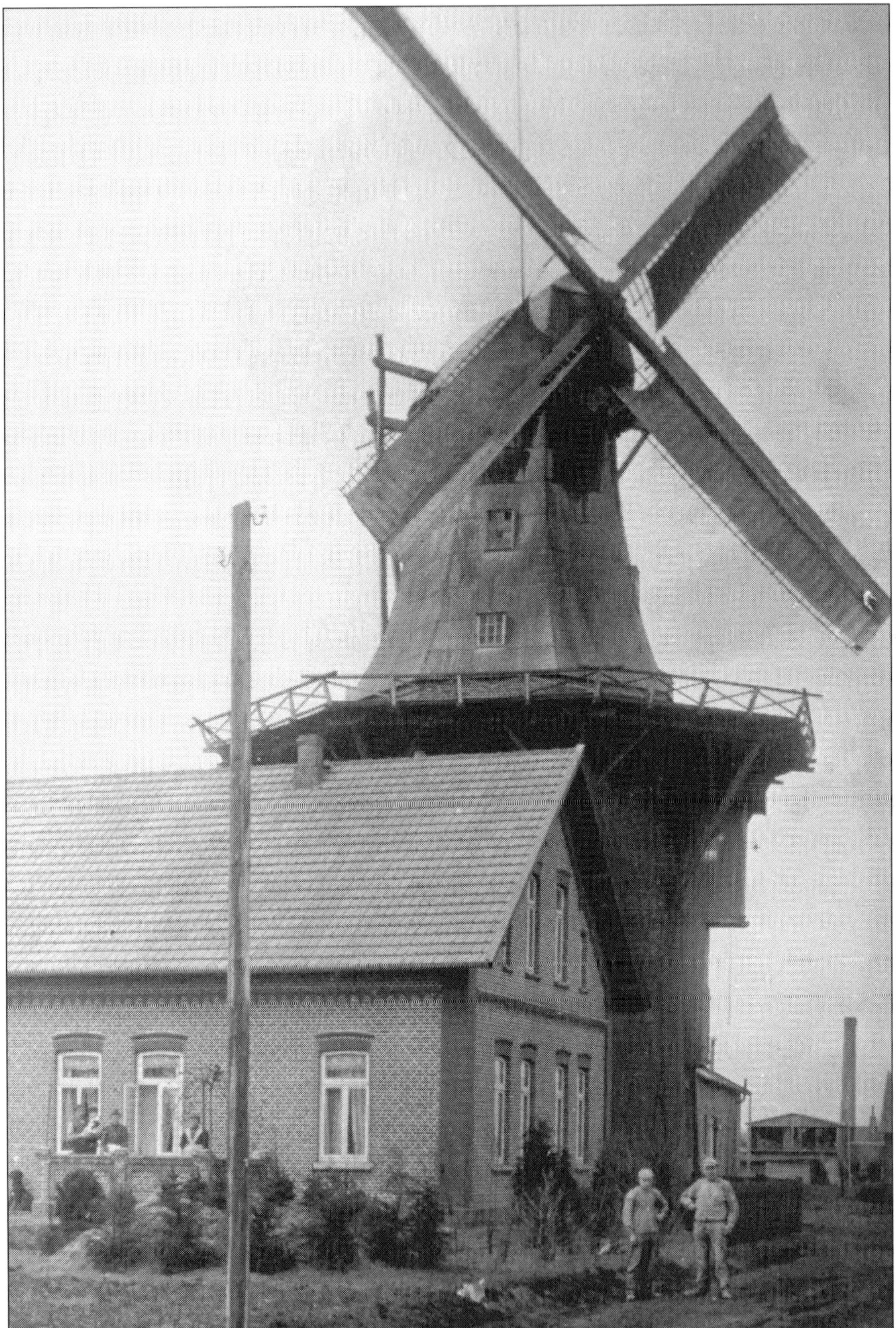

Joostens Mühle auf dem Edewechter Esch, kurz vor der Zerstörung im April 1945.

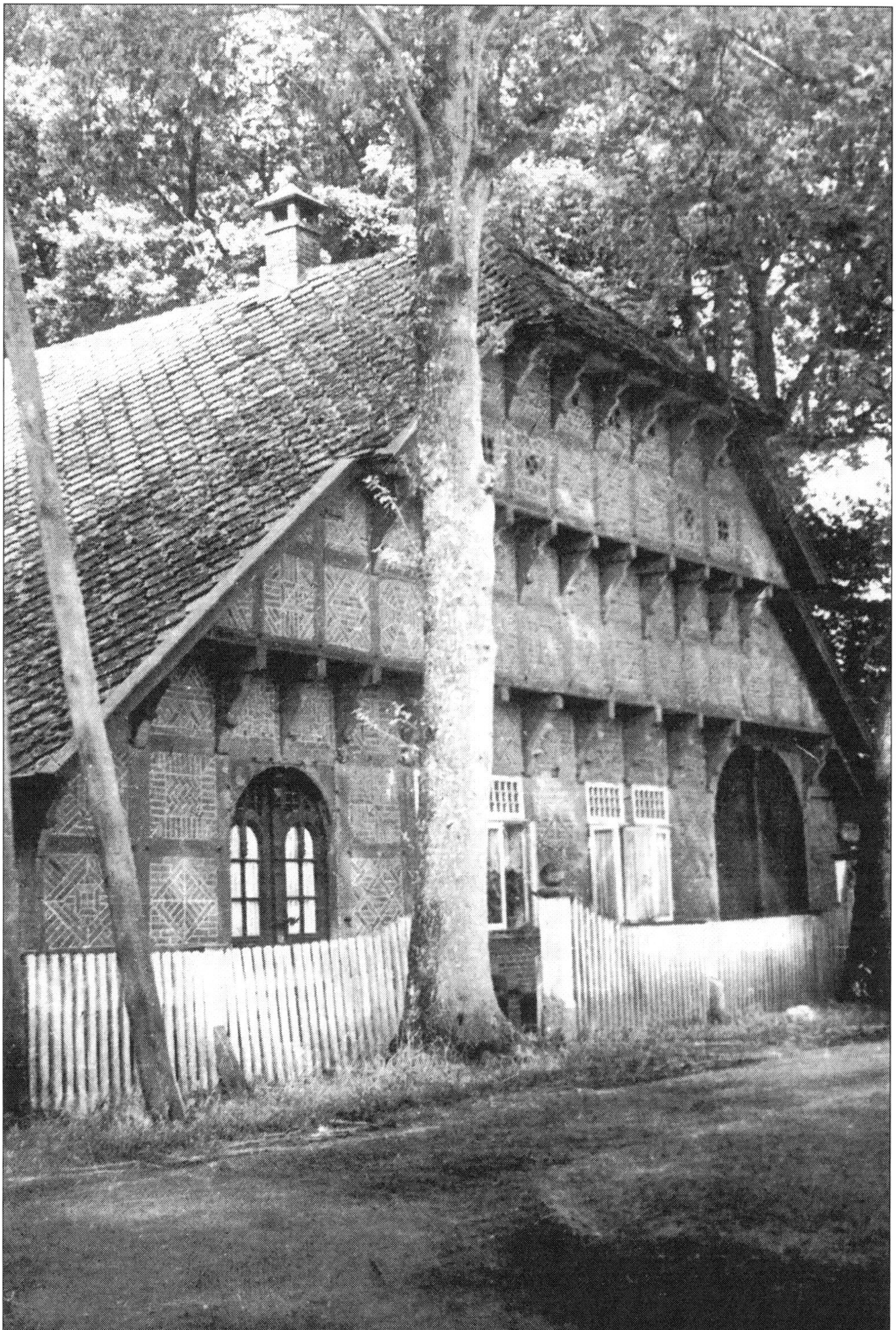

Das Nebengebäude vom Oellien-Hof.

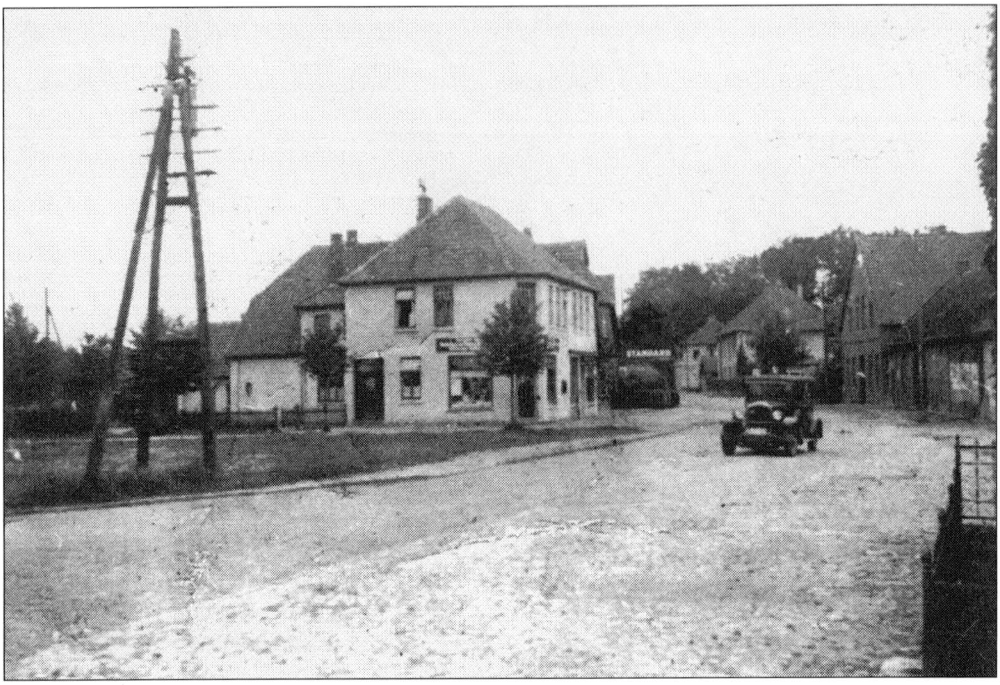

Der Marktplatz in Edewecht in den 1930er Jahren.

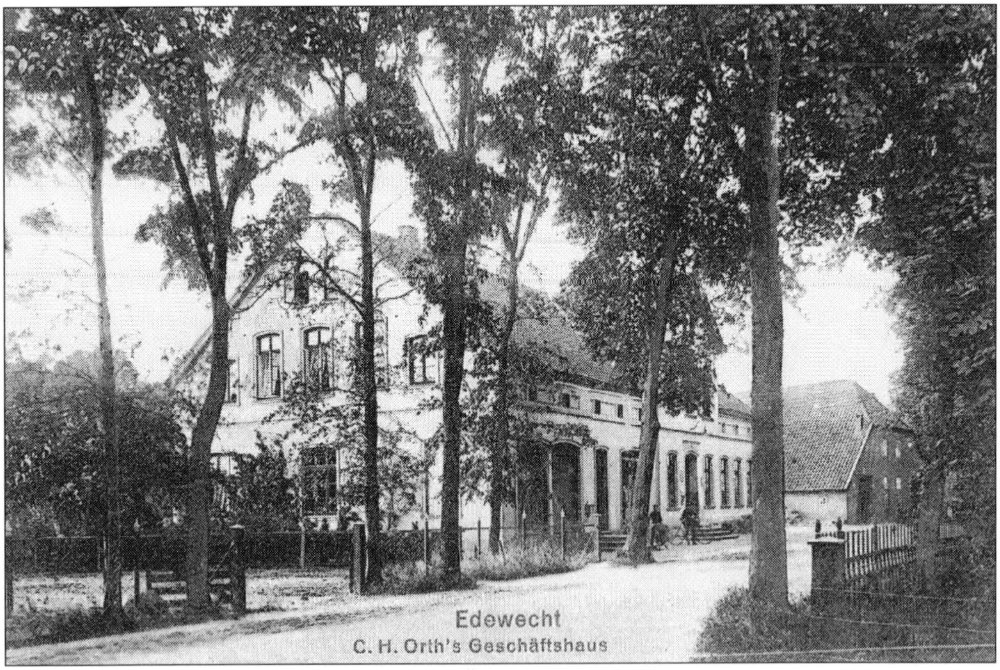

Das Geschäftshaus Orth. Heute ist hier das Ärztehaus.

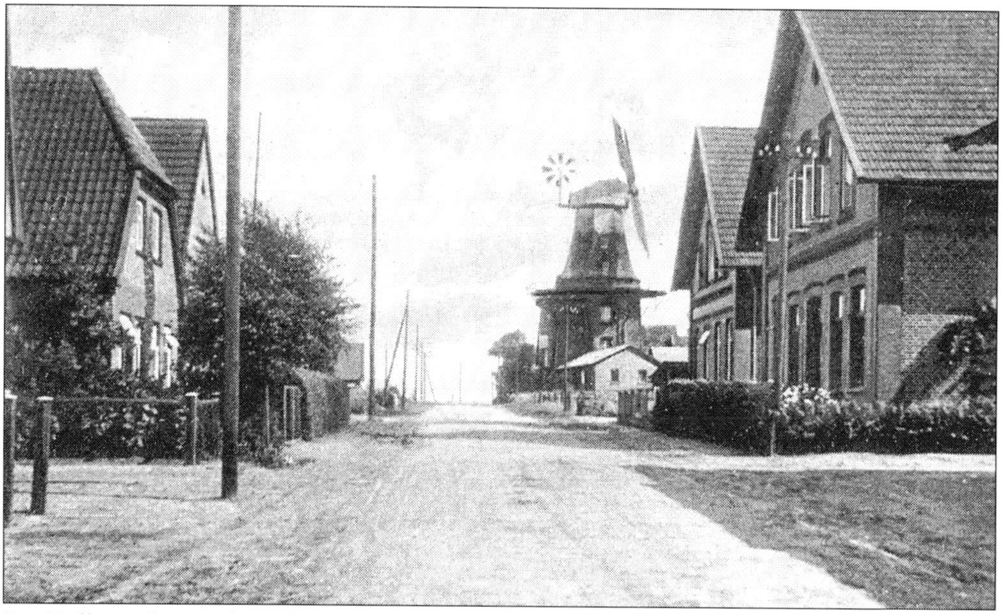

Die Holljestraße in Edewecht. Im Hintergrund ist die Mühle von Familie Joosten zu sehen.

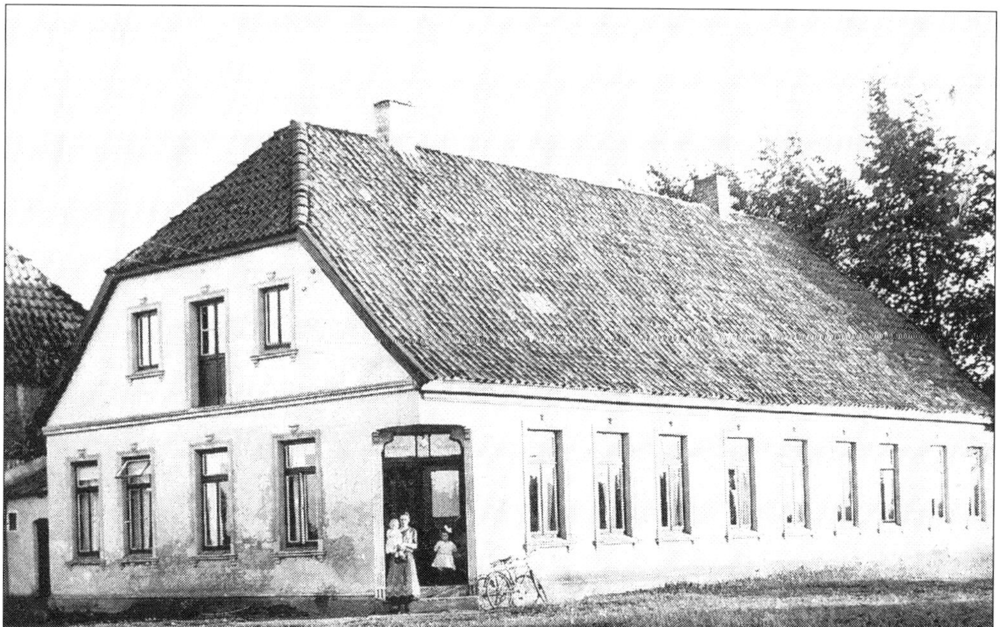

Der Gasthof „Zur Mühle" in der Holljestraße. Inhaber war Gerd Frerichs.

Bi **Brüntjen Gerd** *den Timmermann*

Dor giwt dat nicks, wat he nich kann

Brückst du een Hus, off Stall, off Schür

He timmert all — un is nich dür

Diese Anzeige aus dem Jahre 1950 würde in einem Büchlein zur 800-Jahr-Feier veröffentlicht.

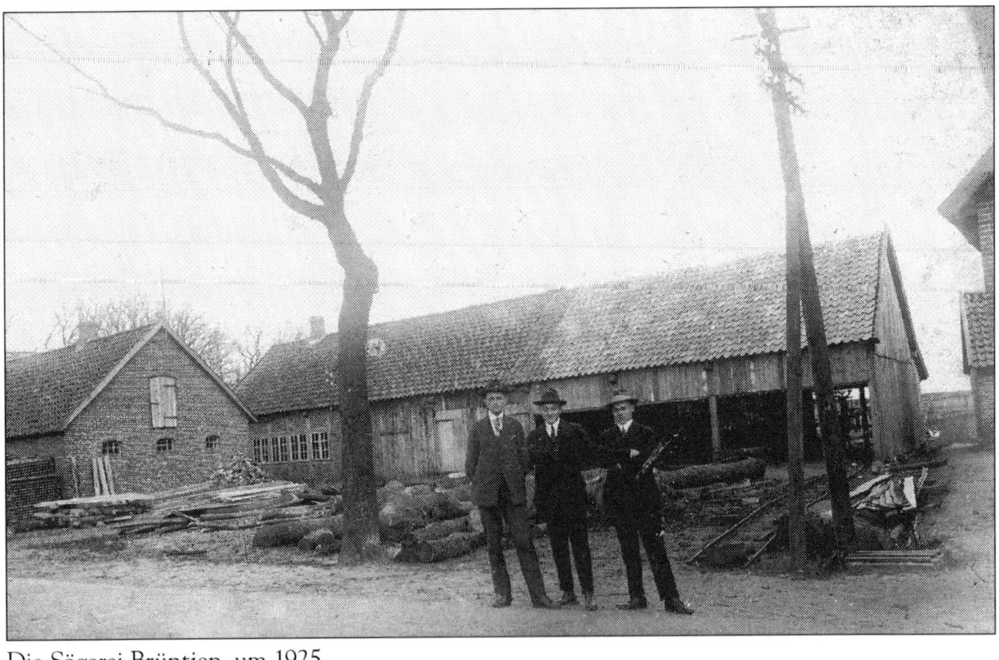

Die Sägerei Brüntjen, um 1925.

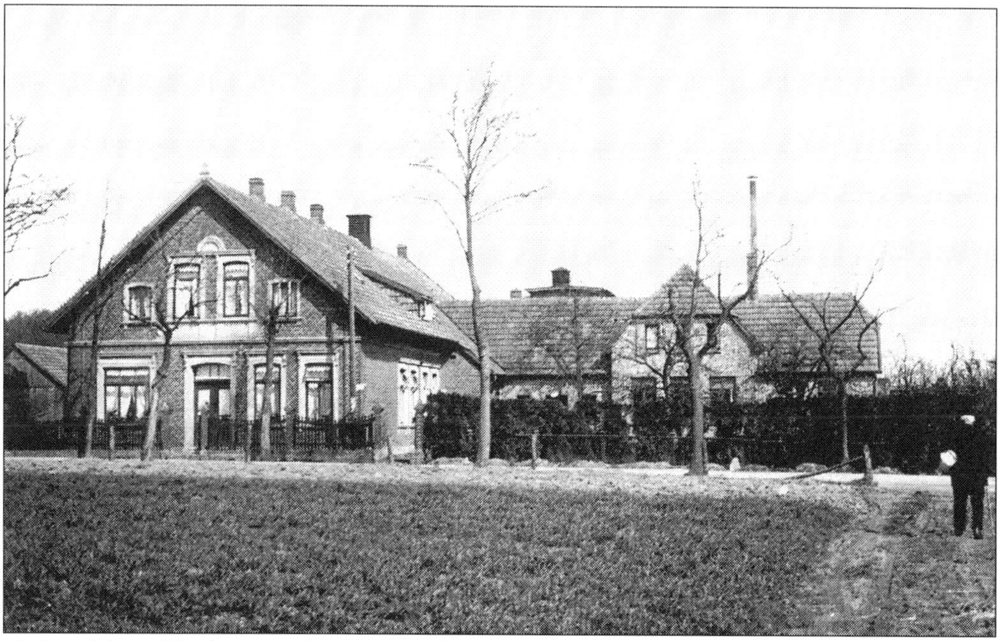

Blick auf die Schlachterei Bölts in der Oldenburger Straße.

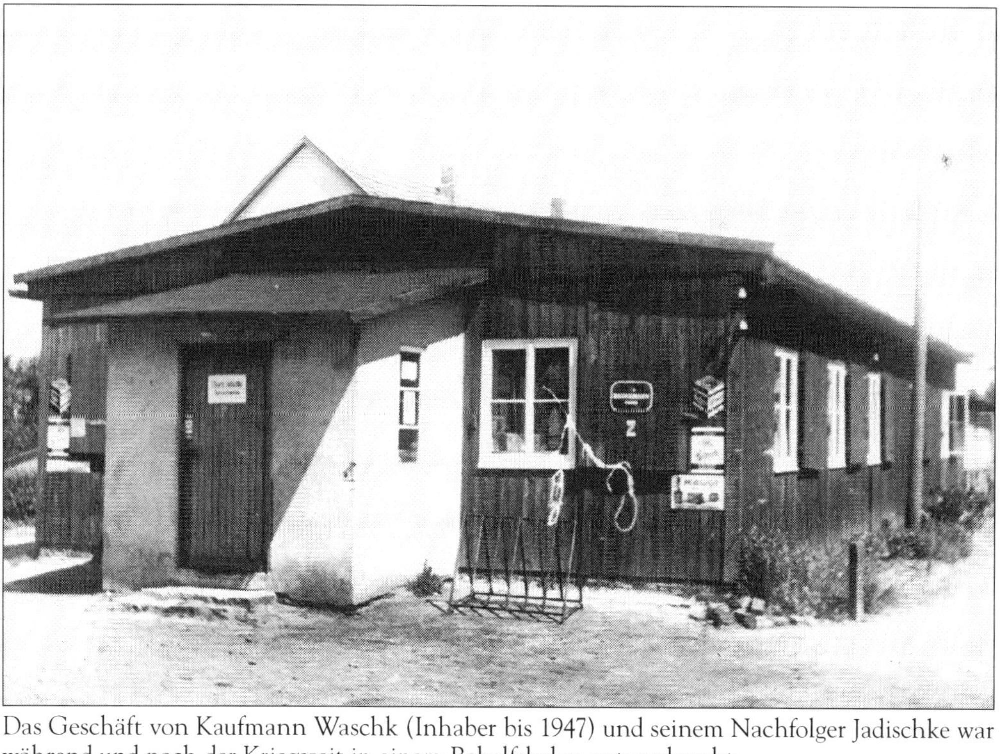

Das Geschäft von Kaufmann Waschk (Inhaber bis 1947) und seinem Nachfolger Jadischke war während und nach der Kriegszeit in einem Behelfsladen untergebracht.

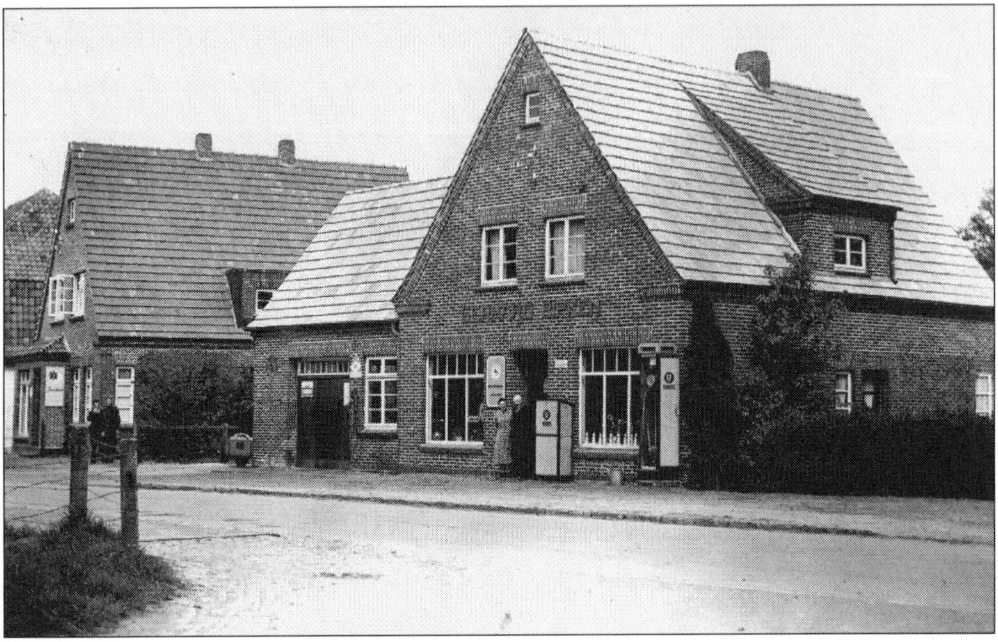

Fahrradgeschäft und Tankstelle Gerhard Ripken, genannt „Teeläpeln Gerd“.

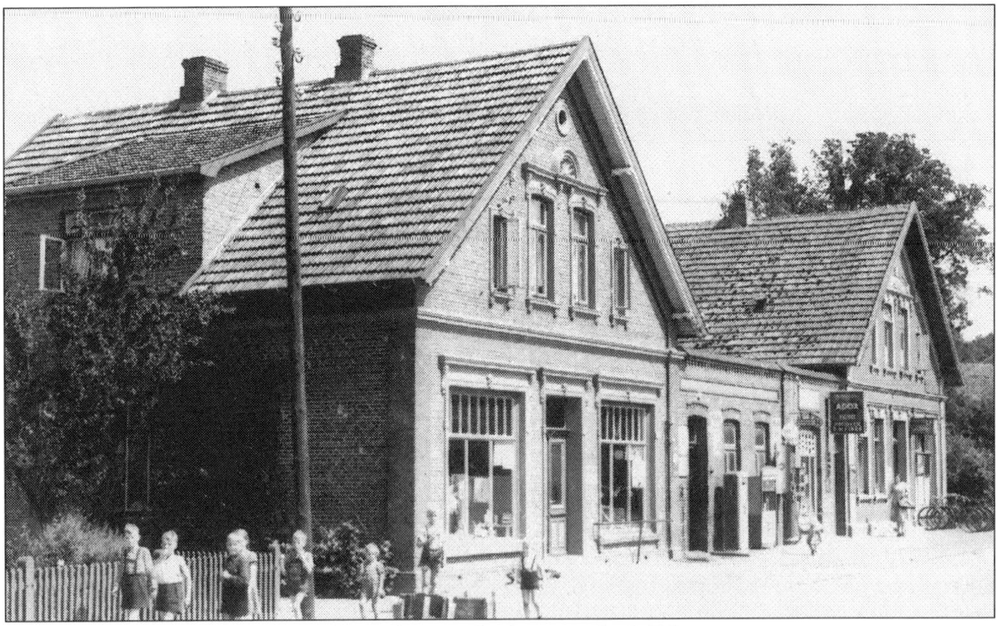

Fahrradgeschäft, Tankstelle und Juwelier- und Uhrengeschäft Eilers.

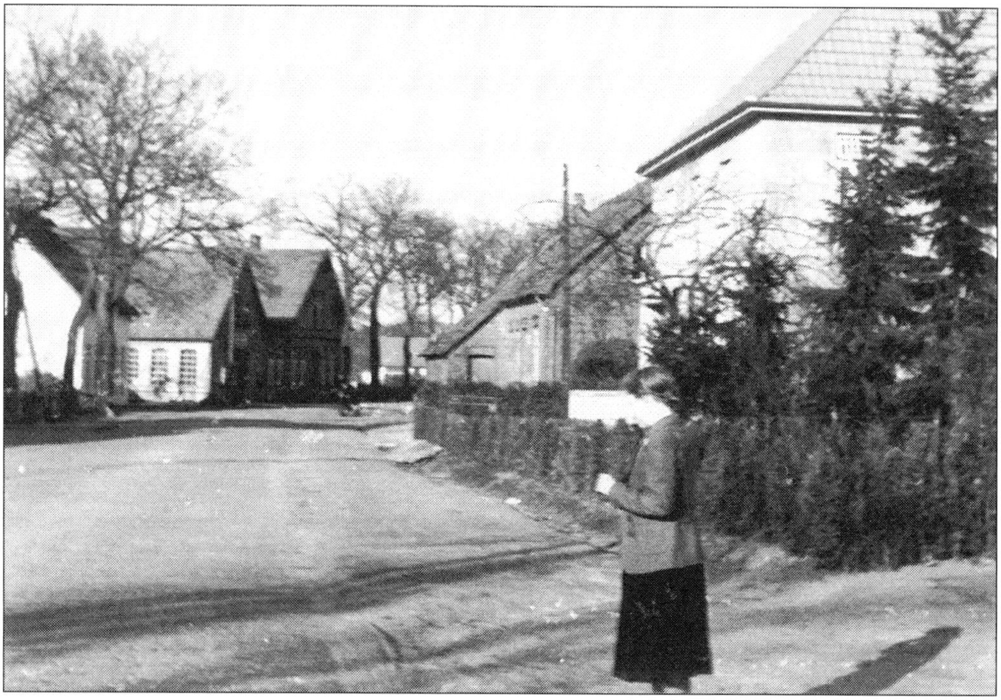

Ortsansicht in Richtung Janßenharms in Süd Edewecht.

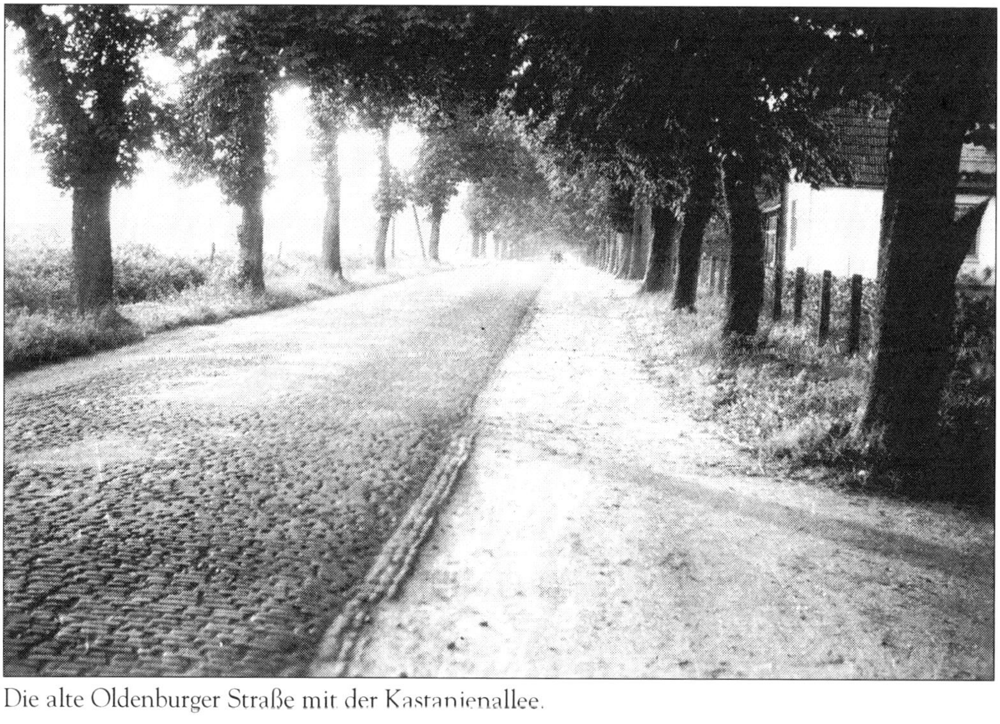

Die alte Oldenburger Straße mit der Kastanienallee.

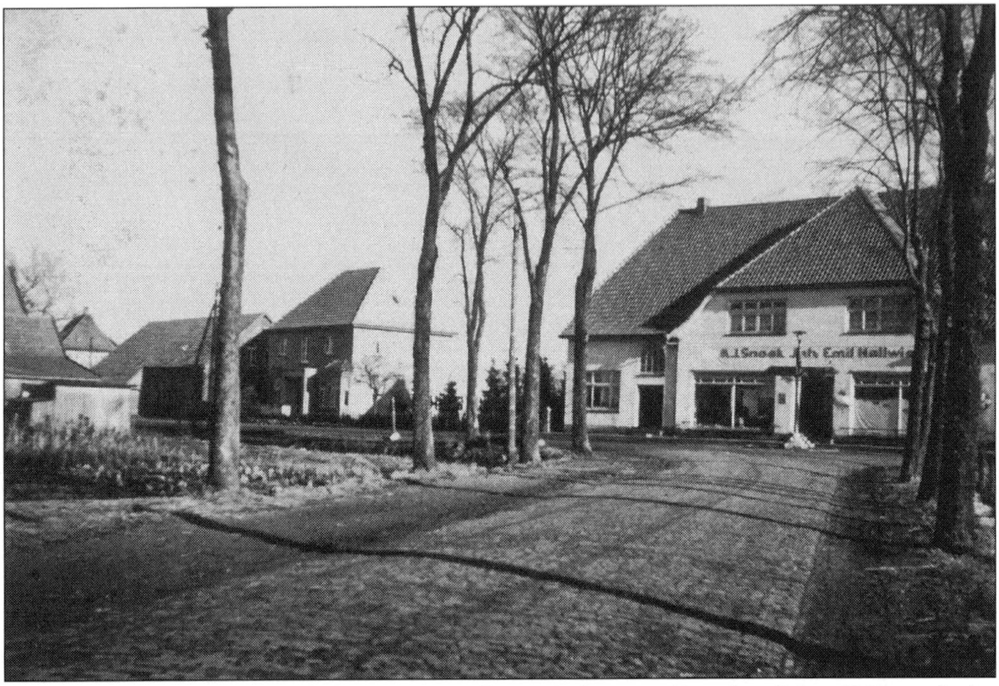

Das Kaufhaus M. J. Snoek. Inhaber war E. Hellwig. Nach einem Brand im Jahre 1935 wurde das Haus wieder aufgebaut, jedoch im April 1945 endgültig zerstört.

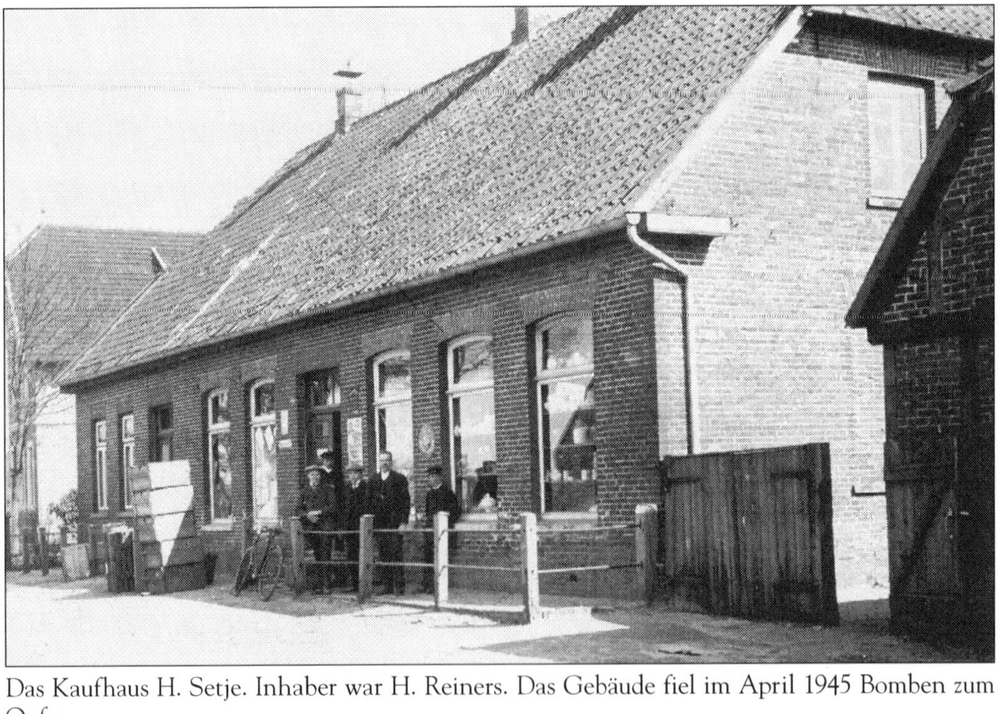

Das Kaufhaus H. Setje. Inhaber war H. Reiners. Das Gebäude fiel im April 1945 Bomben zum Opfer.

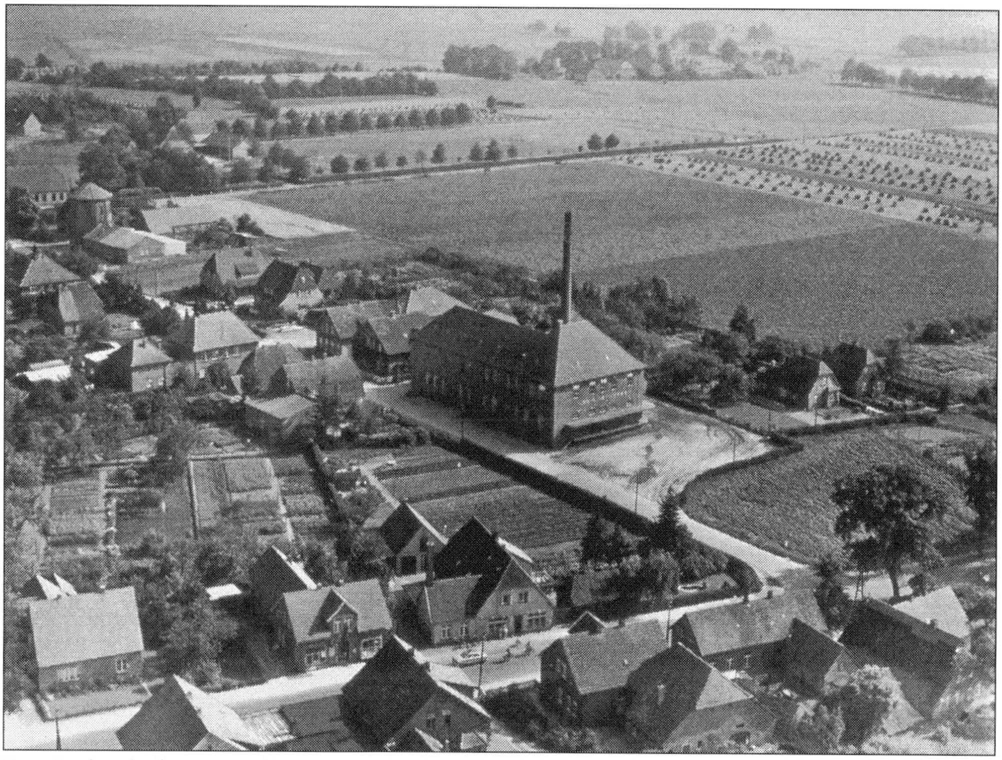

Eine Luftaufnahme von der Ortsmitte Edewechts im Sommer 1958.

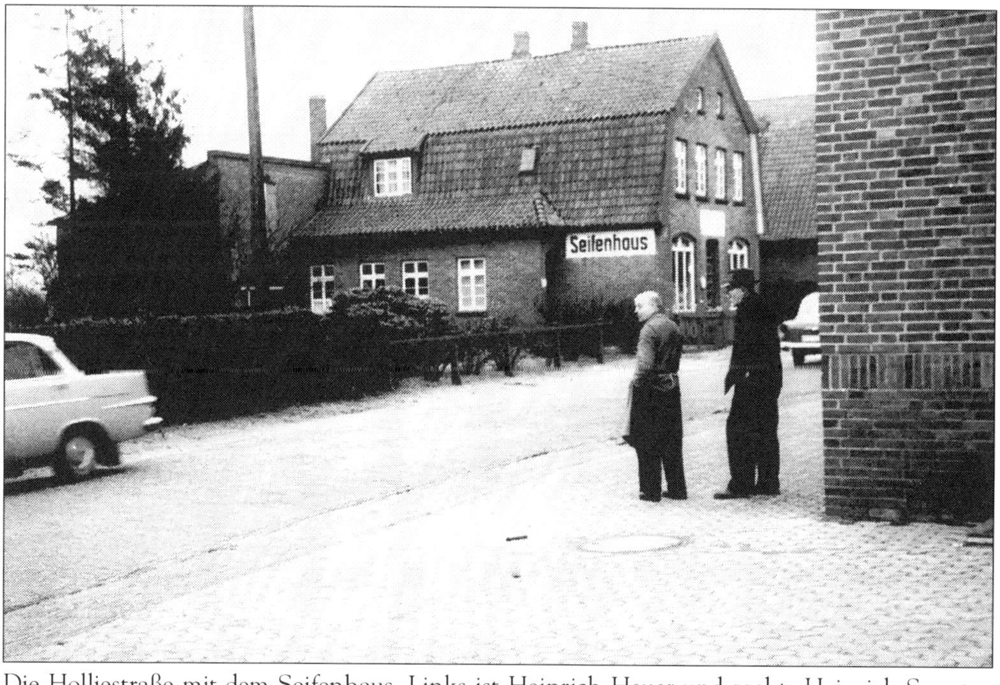

Die Holljestraße mit dem Seifenhaus. Links ist Heinrich Heuer und rechts Heinrich Sonntag zu sehen.

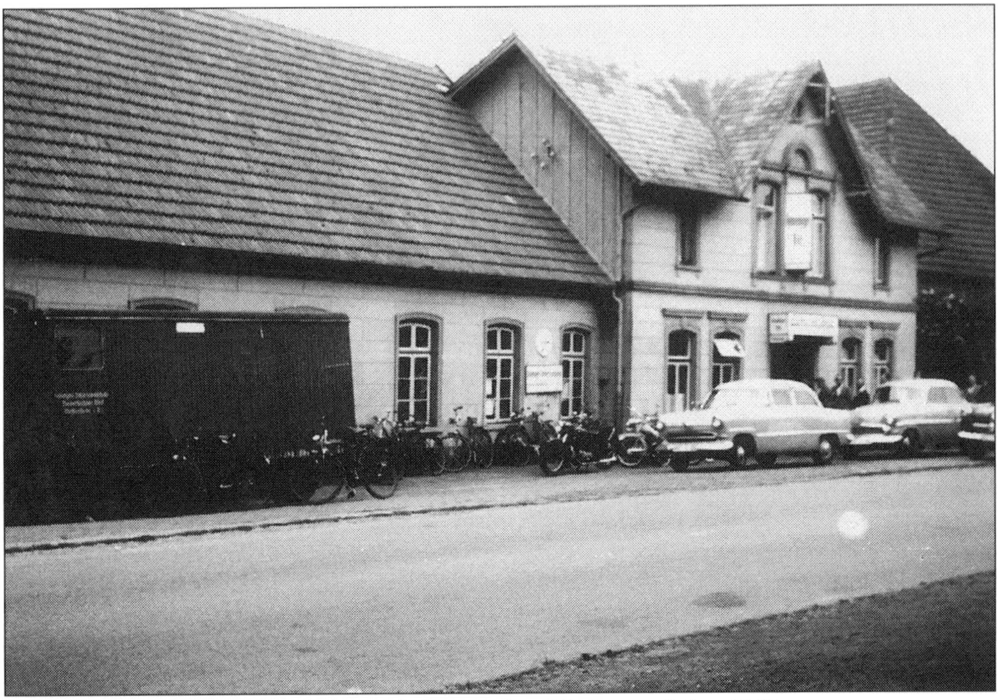

Der Gasthof „Am Markt“, Inhaber Kaliske, vor dem Umbau im Jahre 1957.

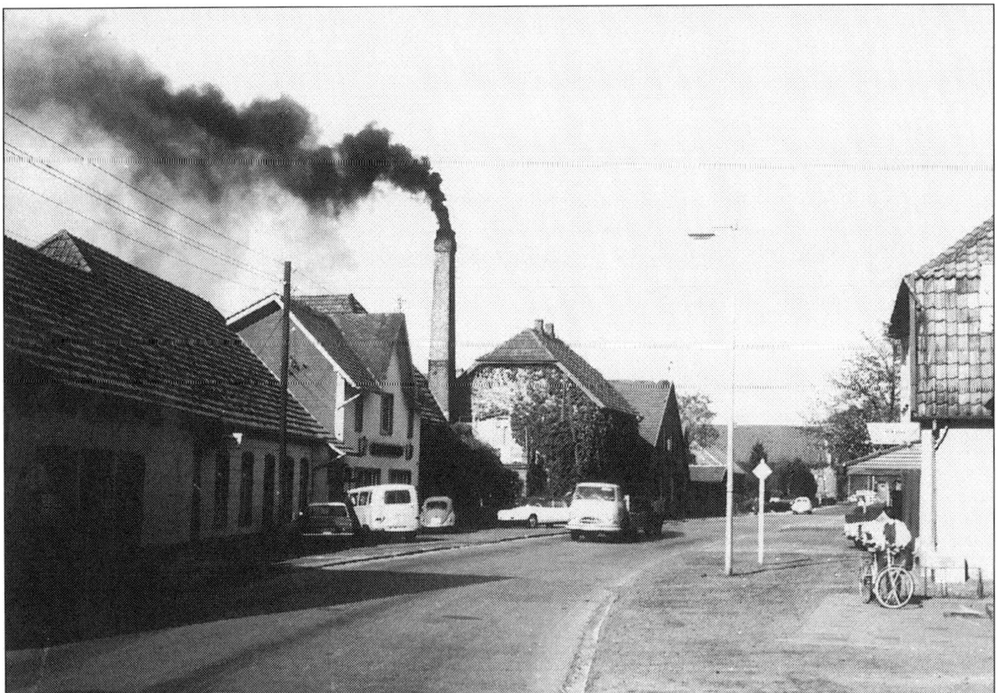

Die Schnapsbrennerei Oltmanns.

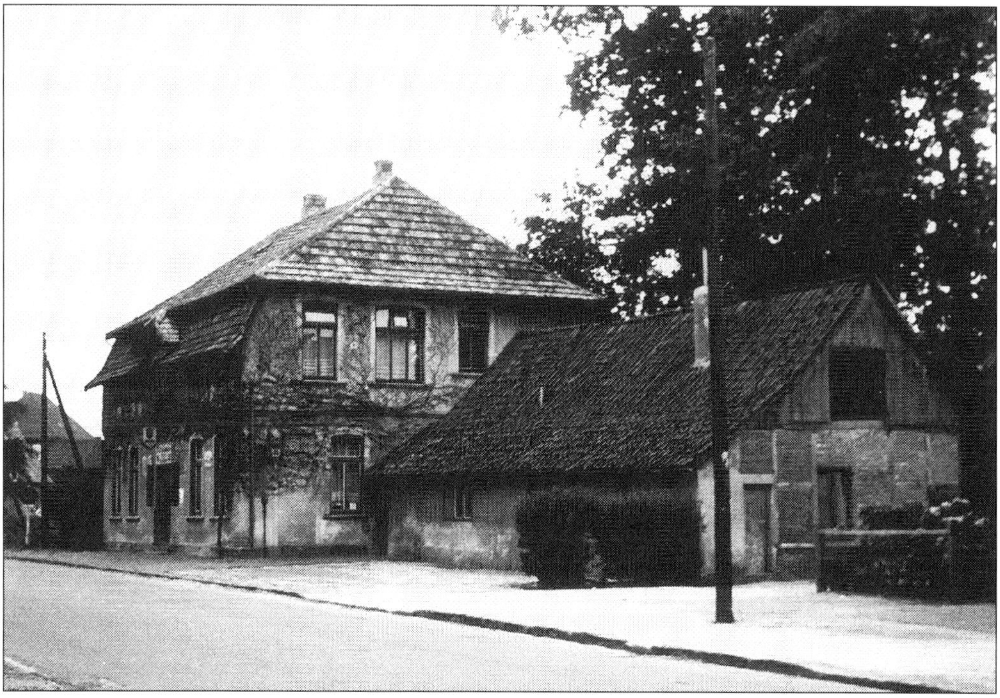

Die Herberge „Zur Heimat“, die Marie Reil führte, 1957.

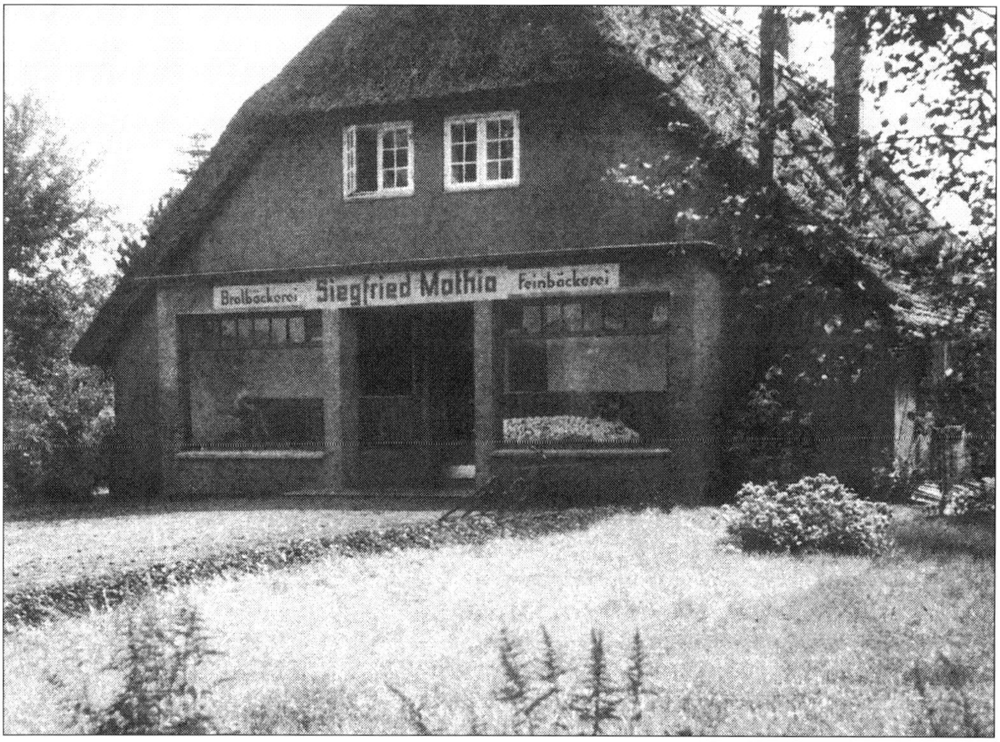

Die Bäckerei Mathia, die Anfang der 1950er Jahre ihren Betrieb aufnahm. Heute steht auf dem Grundstück an der Hauptstraße in Edewecht ein Fernmeldeturm.

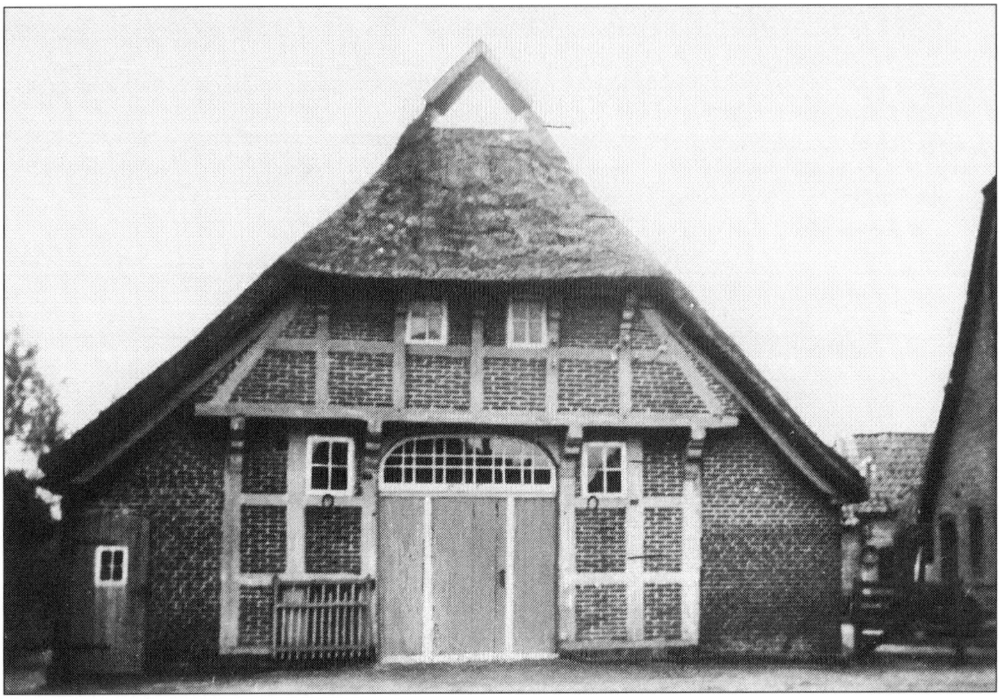

Das Ammerländer Fachwerkhaus der Familie Dierks, das im letzten Kriegsjahr zerstört wurde. Heute befindet sich hier das Wohngebiet „Dierkshof".

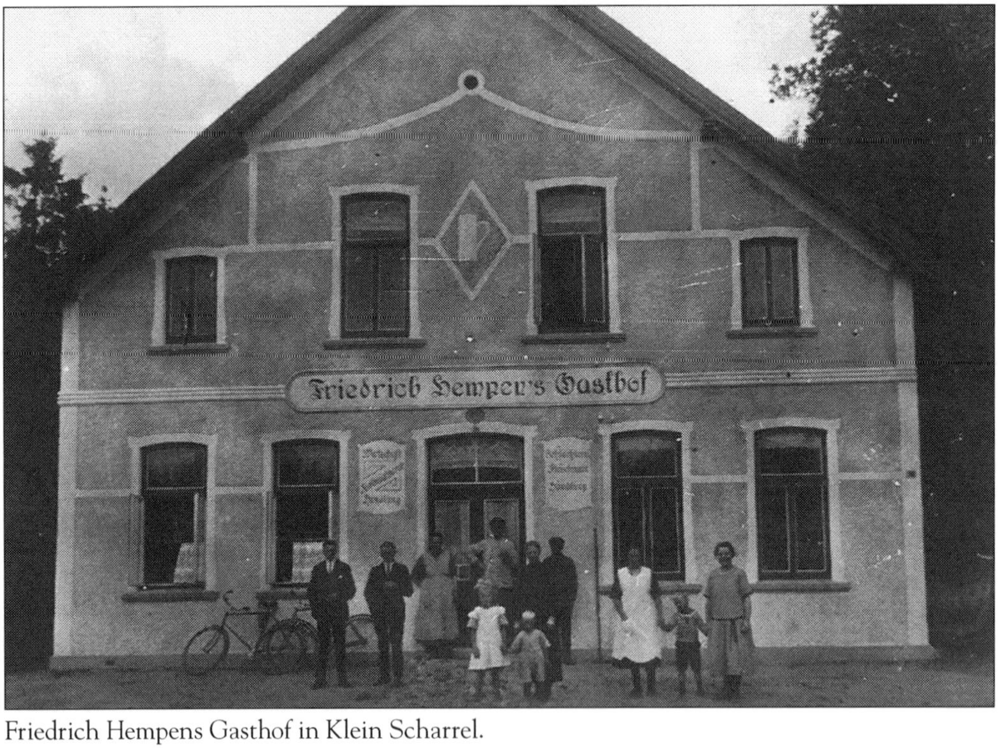

Friedrich Hempens Gasthof in Klein Scharrel.

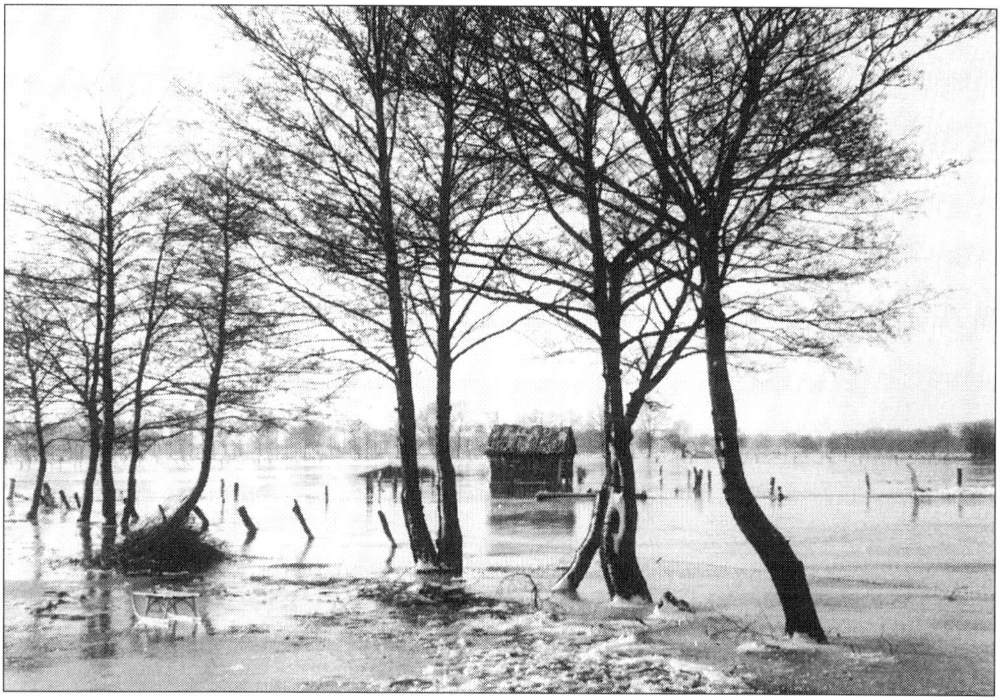

Auf der Loge mit Viehhütte im Winter 1956.

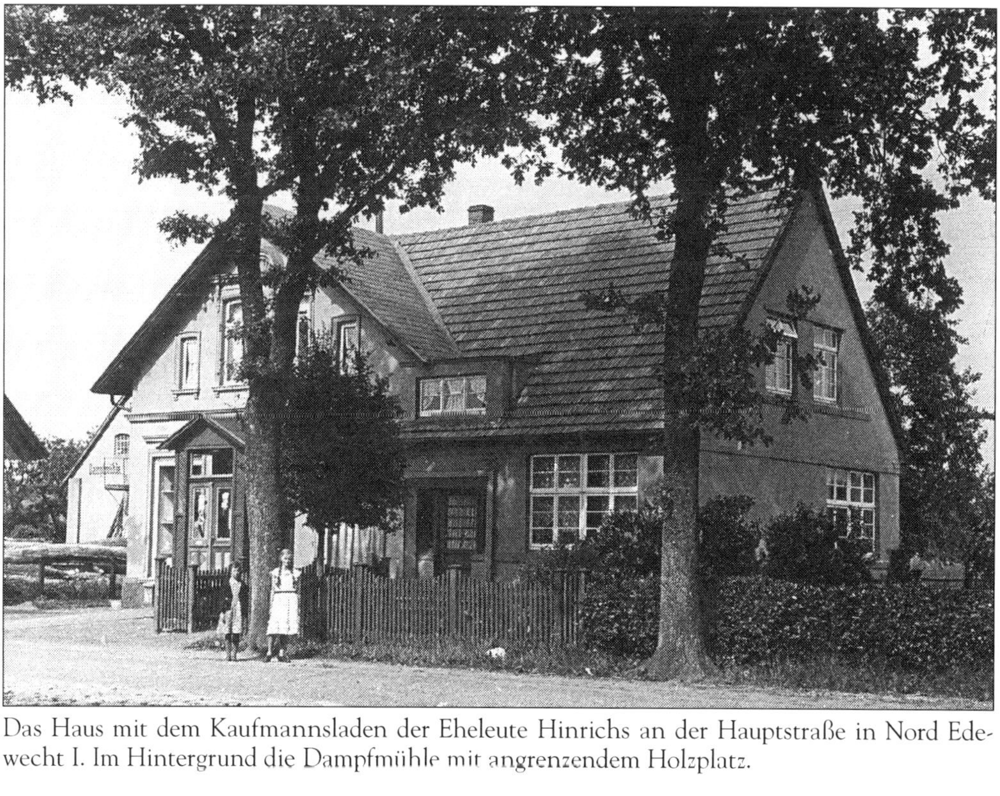

Das Haus mit dem Kaufmannsladen der Eheleute Hinrichs an der Hauptstraße in Nord Edewecht I. Im Hintergrund die Dampfmühle mit angrenzendem Holzplatz.

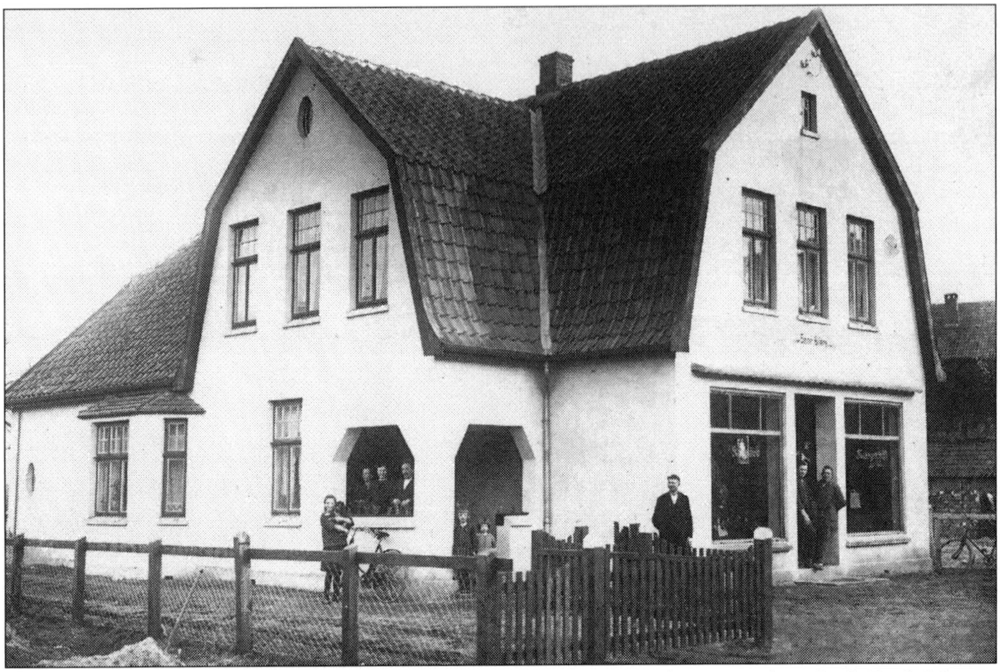

Die Gebrüder Eilers (Schneider Eilers) am Marktplatz, später Lebensmittelgeschäft Rudi Heinemann.

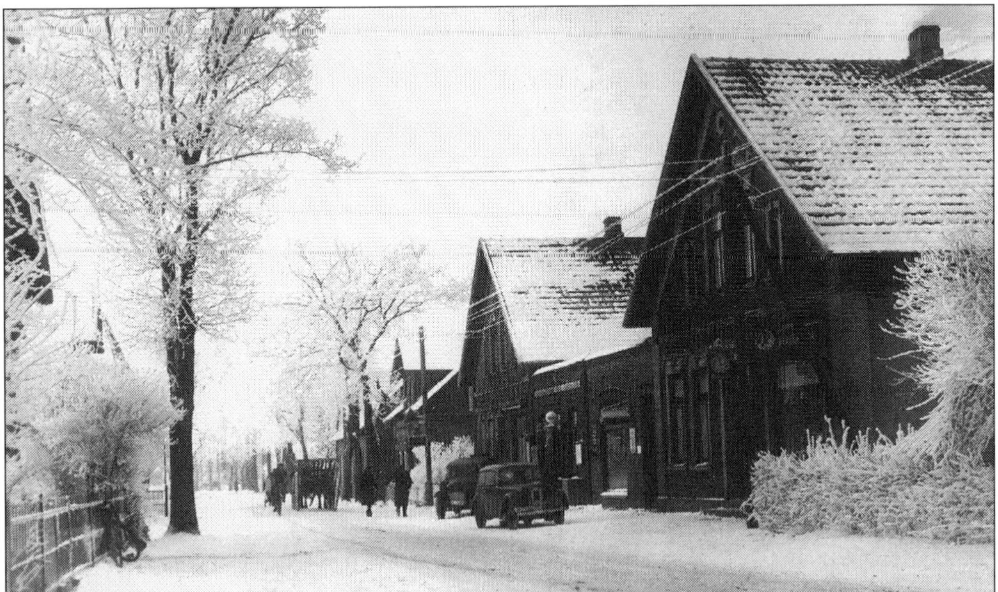

Die Hauptstraße in Edewecht. Vorne rechts ist das Uhrengeschäft Eilers zu sehen.

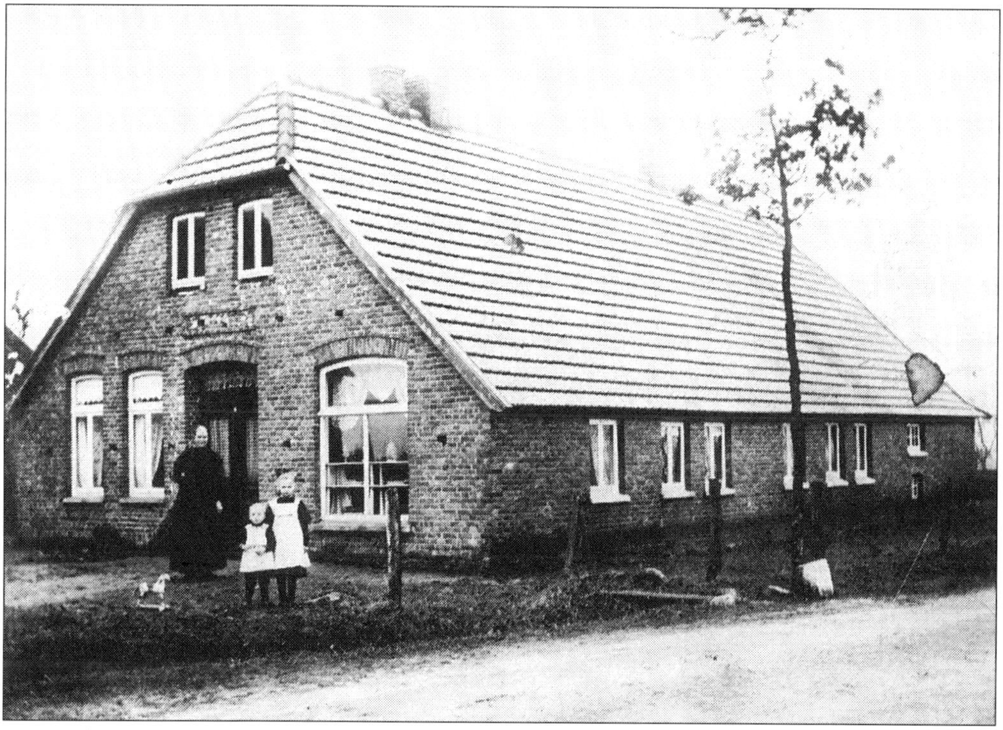

Die Bäckerei Springer in Süd Edewecht.

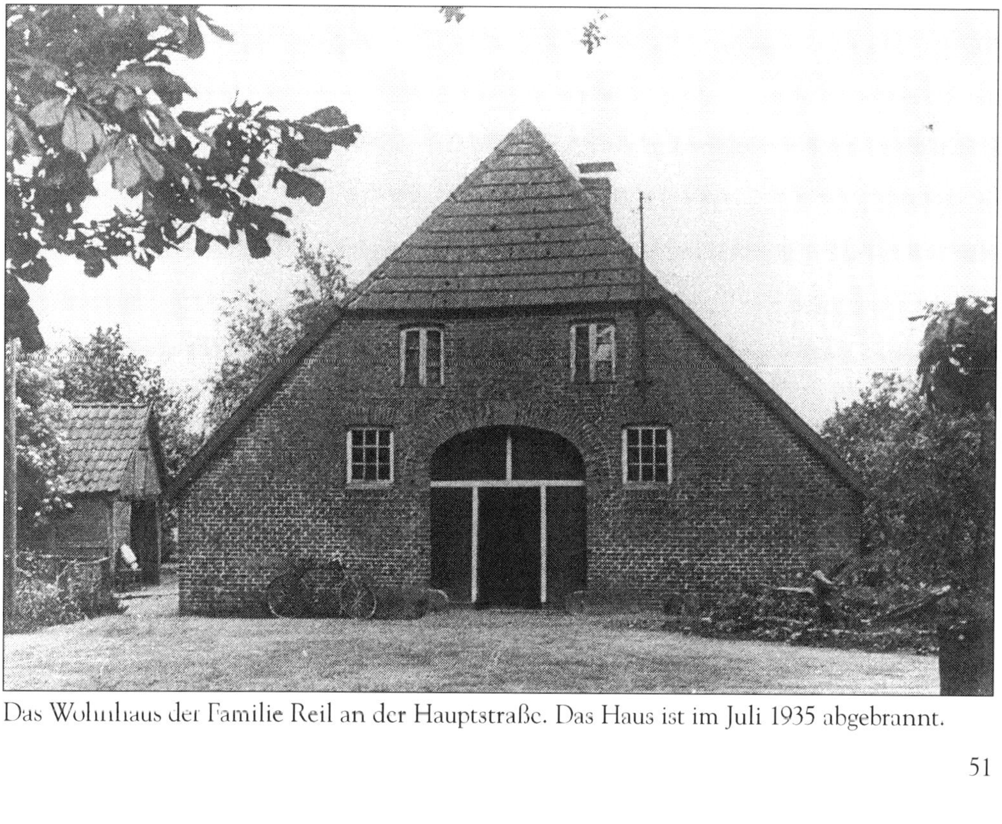

Das Wohnhaus der Familie Reil an der Hauptstraße. Das Haus ist im Juli 1935 abgebrannt.

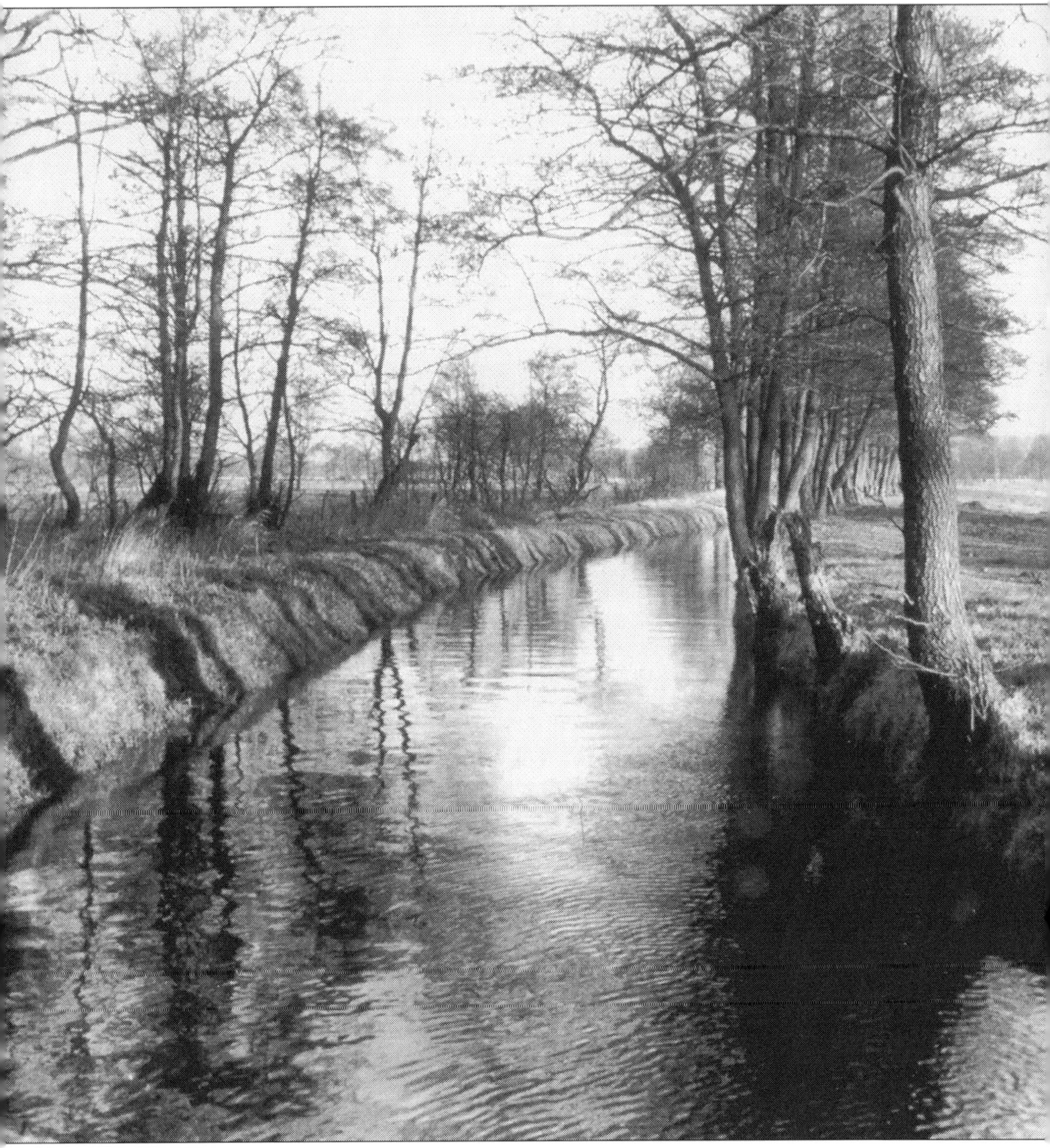

Ein Blick von der Oellien-Brücke auf den Streek, um 1960.

3

Kirchen und Schulen

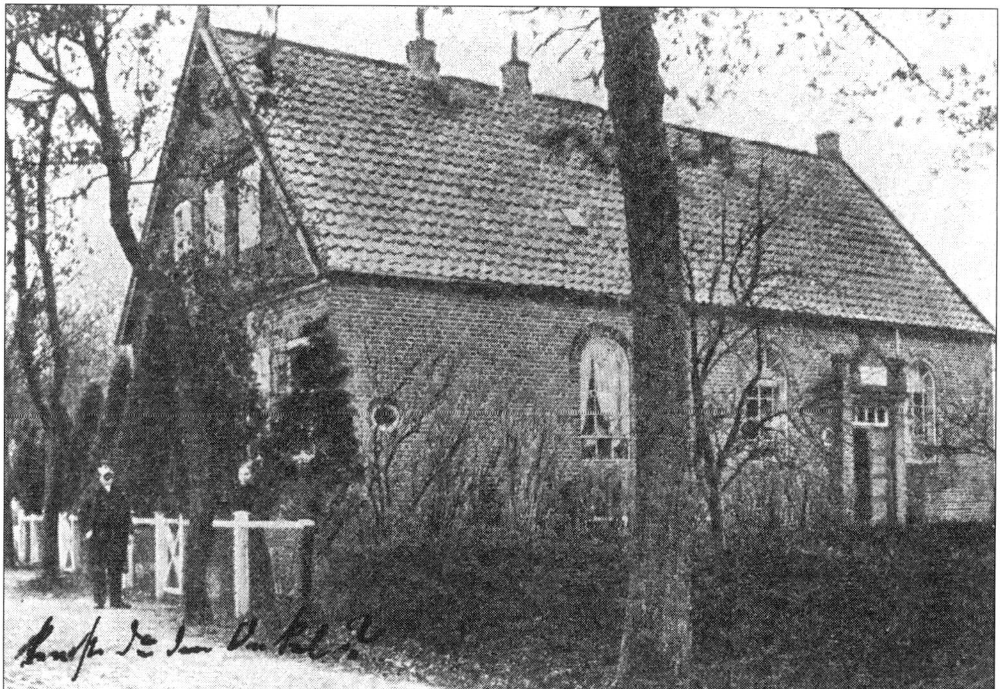

Die erste Methodistenkirche in Edewecht, aus dem Jahre 1862, wurde im Krieg 1945 zerstört. Hier sind vor der Kirche der Prediger Brandt und seine Frau zu sehen.

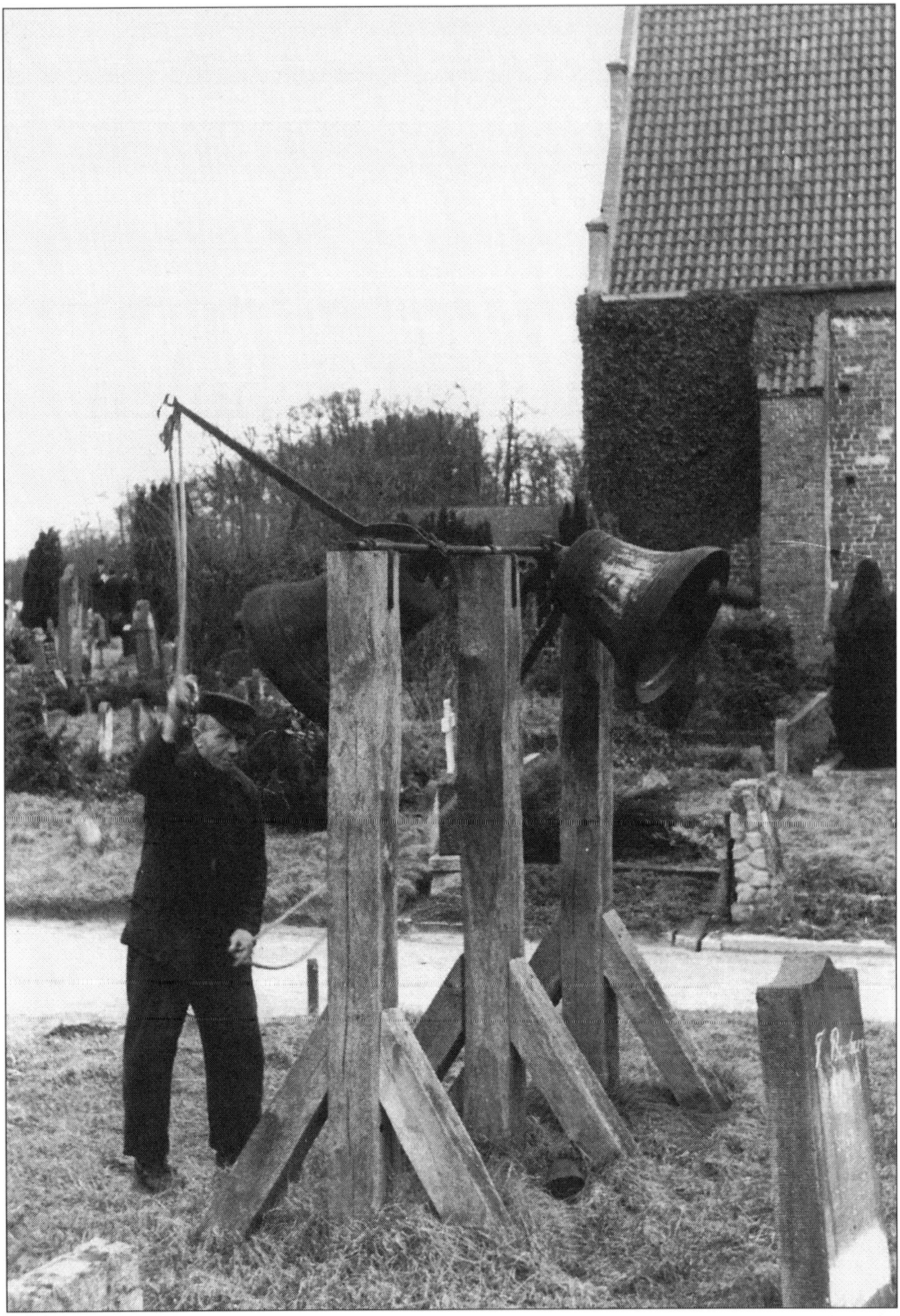

Gerd Timmen läutet die Glocken. Der Glockenturm war nach der Kriegszerstörung noch nicht wieder aufgebaut.

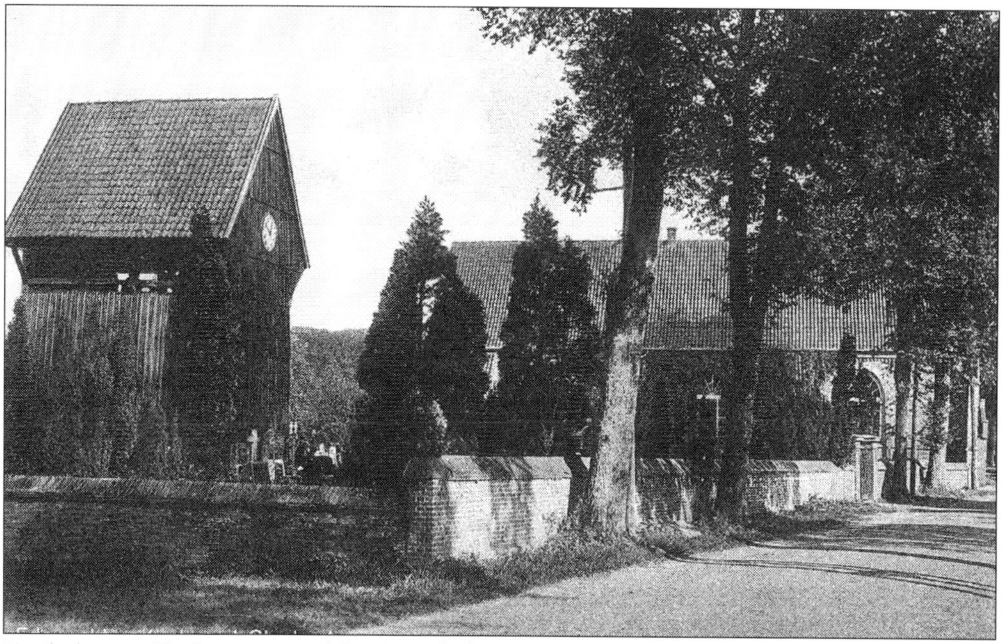

Der hölzerne Glockenturm und die St.-Nikolai-Kirche vor dem Krieg.

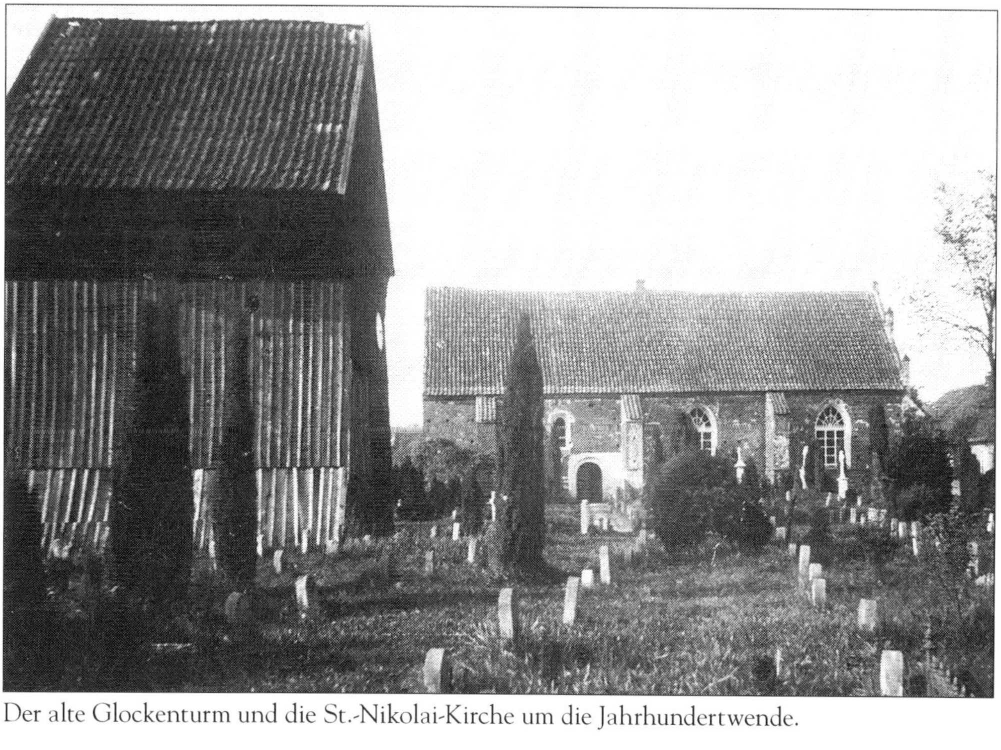

Der alte Glockenturm und die St.-Nikolai-Kirche um die Jahrhundertwende.

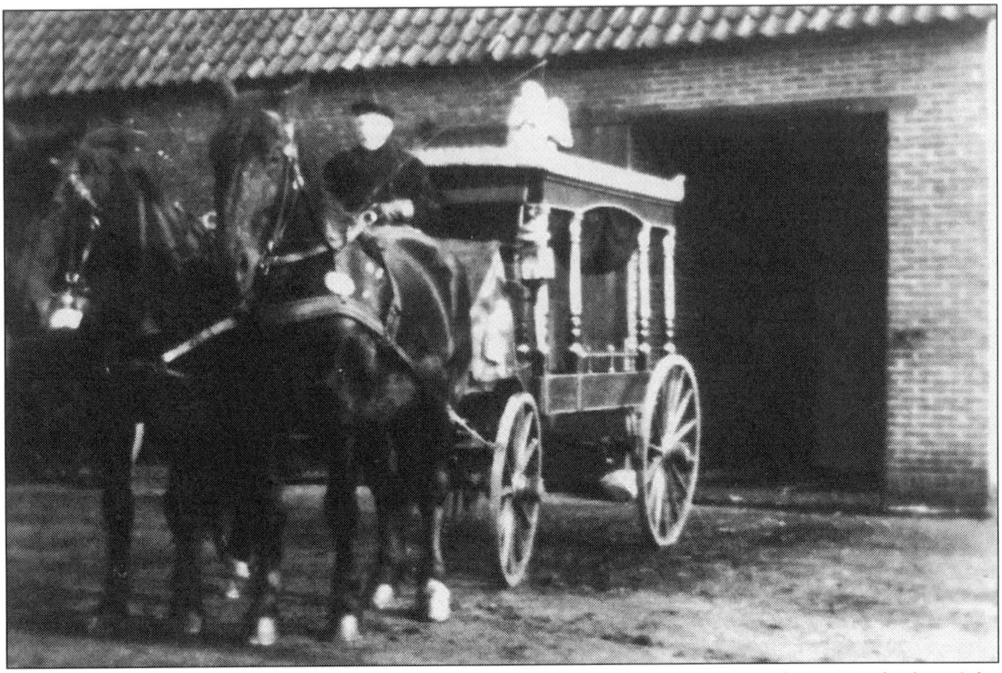

Totenwagen mit dem Engel, gefahren vom alten Johann Oltmer aus Portsloge. Nach ihm fuhr noch sein Sohn Gustav diesen Wagen bis 1960.

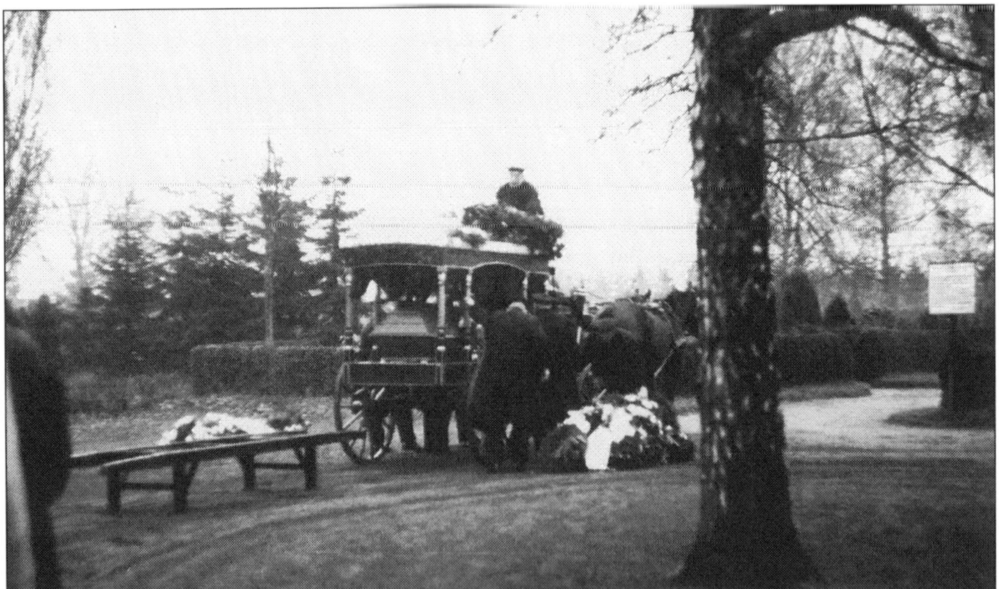

Der Beerdigungswagen auf dem Friedhof bei der Beerdigung Frers.

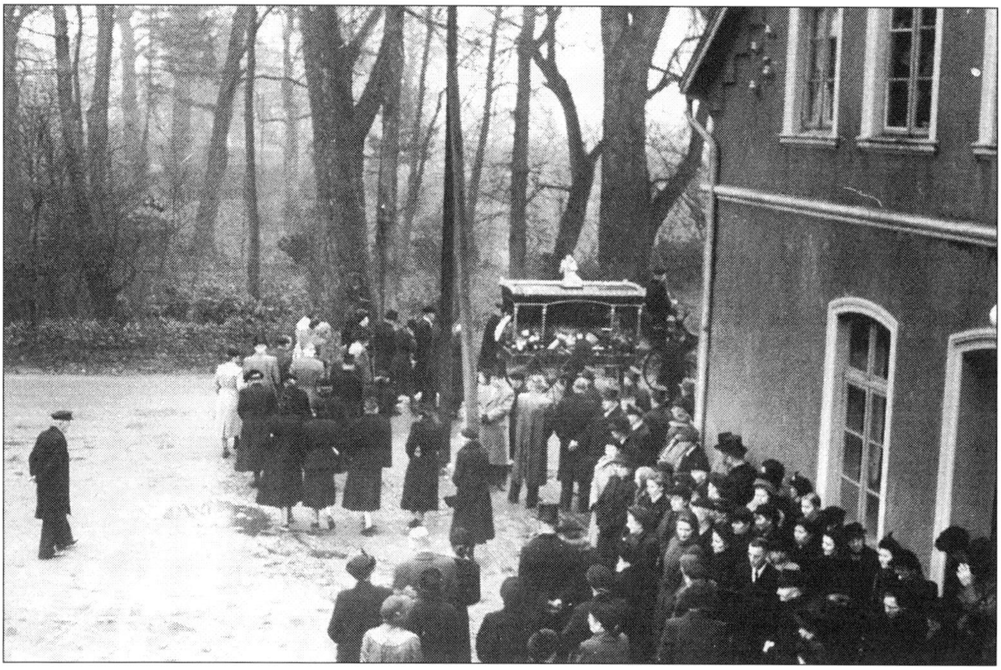

Beerdigung mit Hausandacht im Hause Orth, 1956.

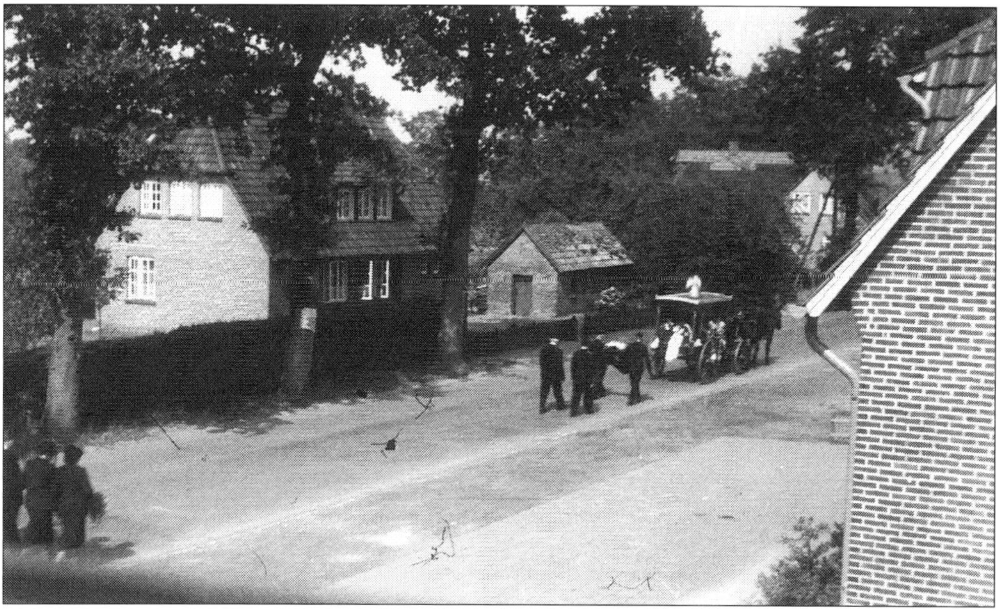

Trauerzug durch Edewecht anläßlich der Beisetzung von Johann Suhr im Jahre 1959.

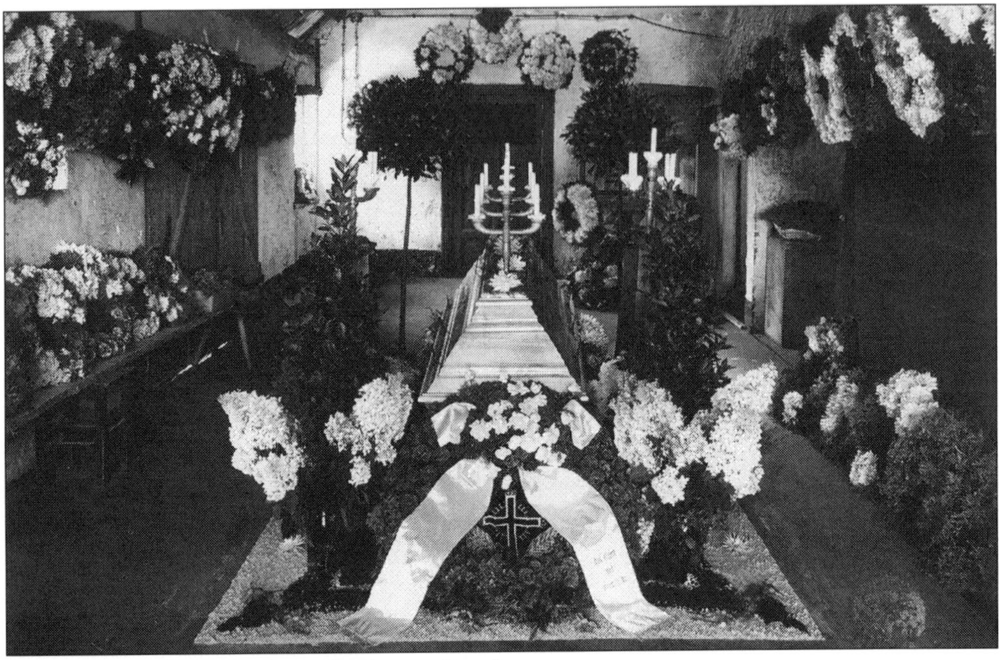

Beerdigungsandacht im Hause Lübben in Portsloge.

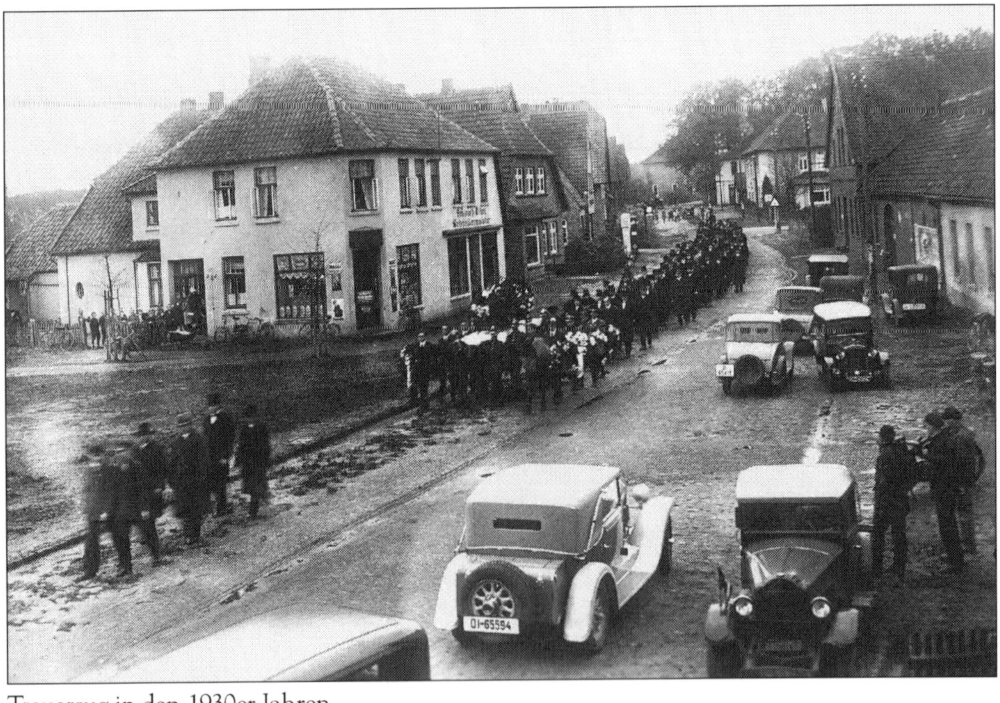

Trauerzug in den 1930er Jahren.

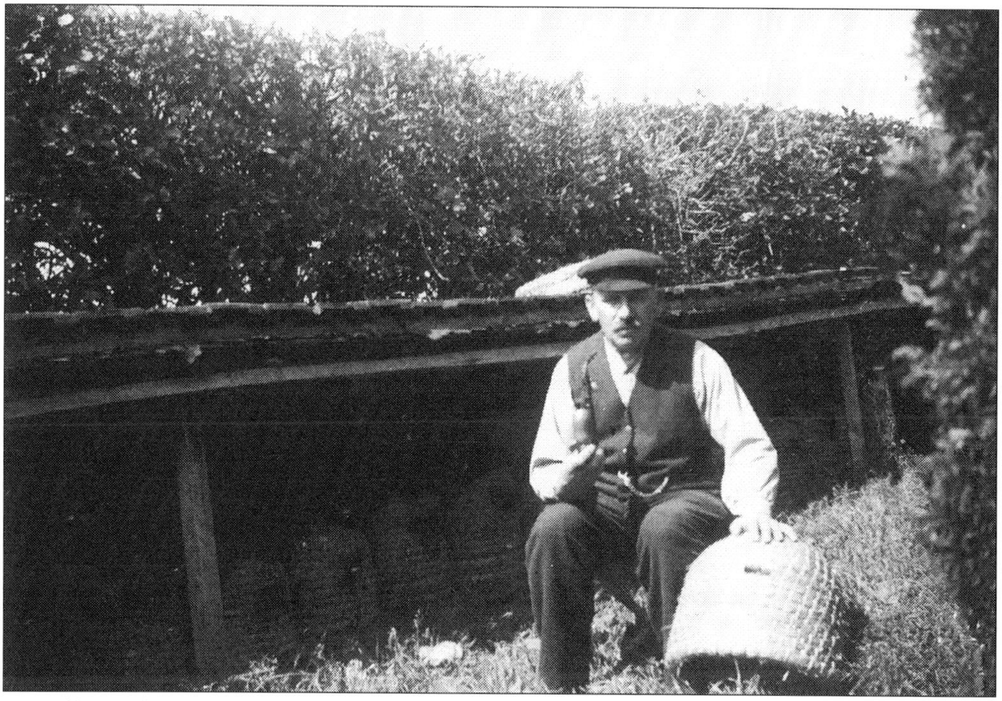

G. Hellmerichs, der Vorgänger des Friedhofswärters und Kirchdieners Gerd Timmen. Der blinde Hellmerichs hatte bis 1937 die Glockenturmuhr aufgezogen und auch die Glocken geläutet. In seiner Freizeit widmete er sich der Bienenzucht.

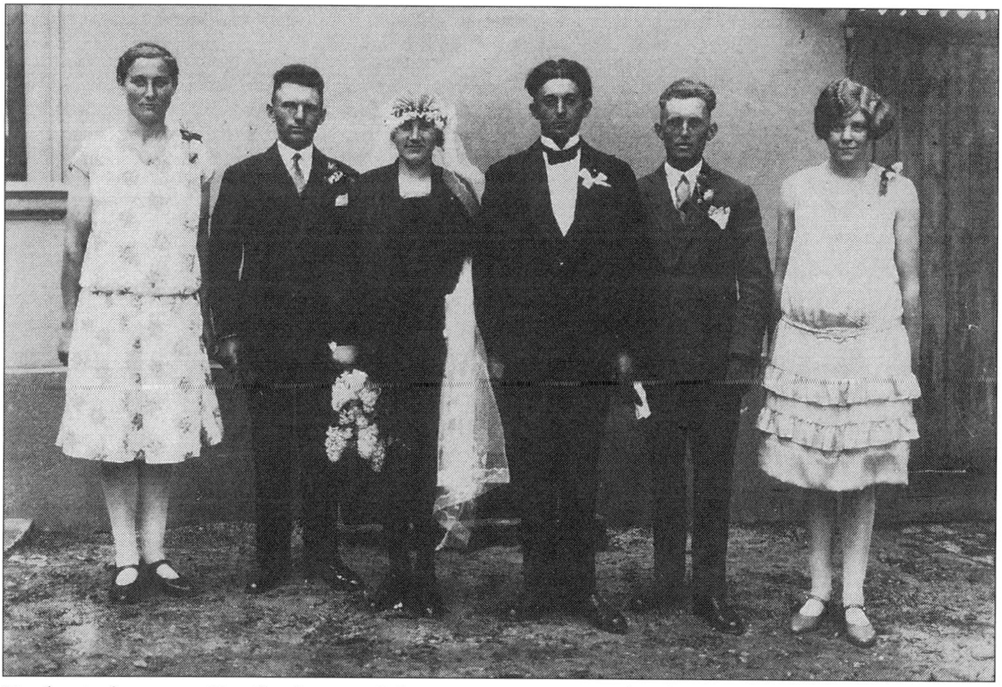

Hochzeitsfeier vom Friedhofswärter Johann – genannt „Karkenborn Jan“ – und Helene Reil im Jahre 1929.

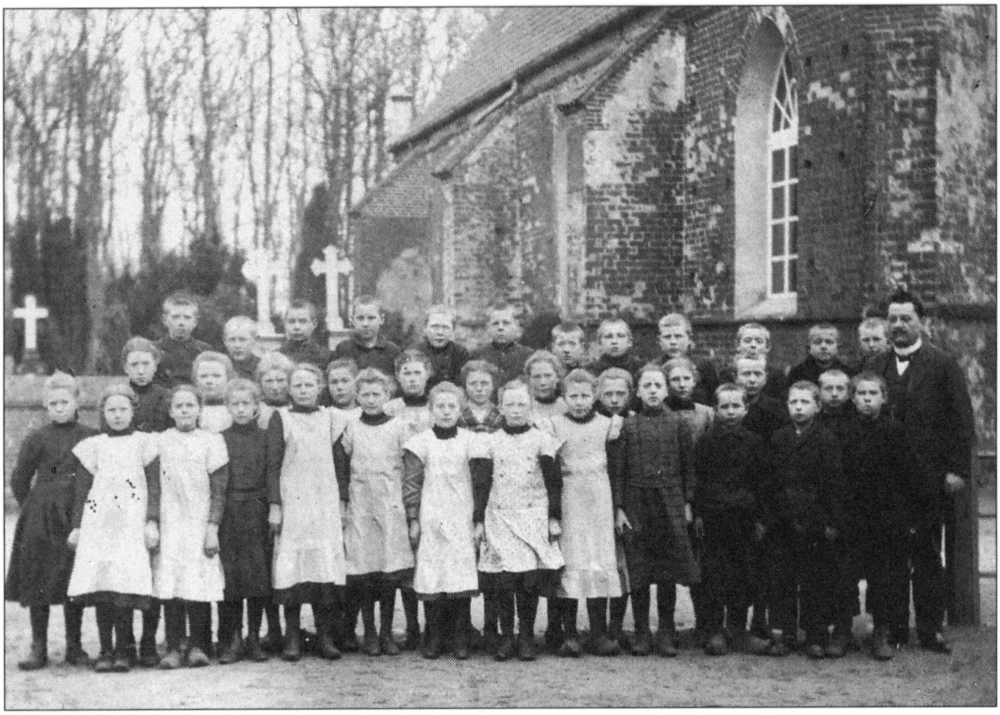

Konfirmanden mit Pastor Hanßmann vor der St.-Nikolai-Kirche in Edewecht.

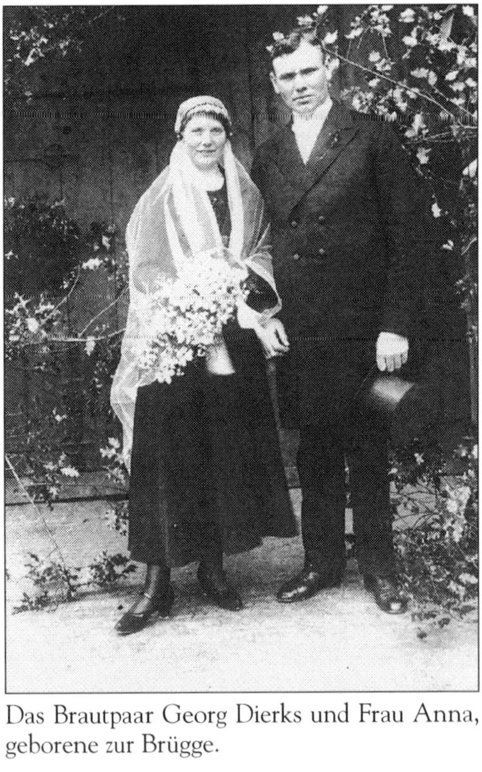

Das Brautpaar Georg Dierks und Frau Anna, geborene zur Brügge.

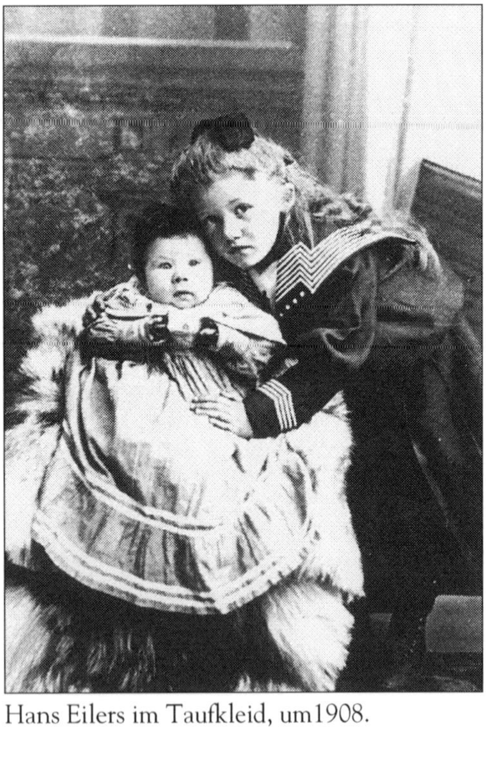

Hans Eilers im Taufkleid, um1908.

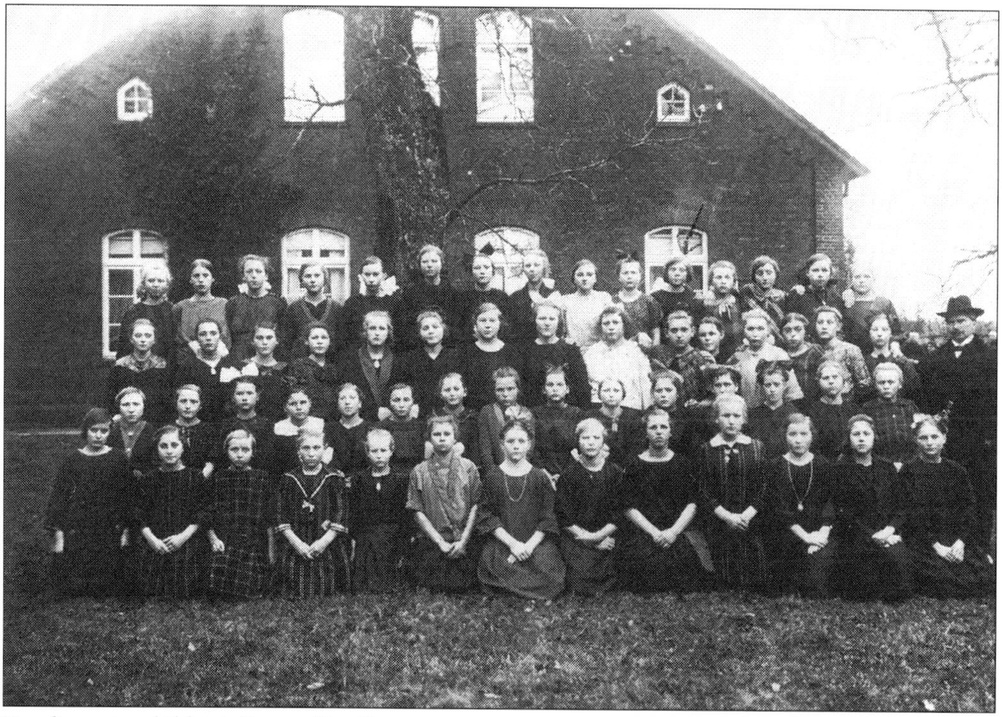

Konfirmationsbild mit Pastor Hanßmann.

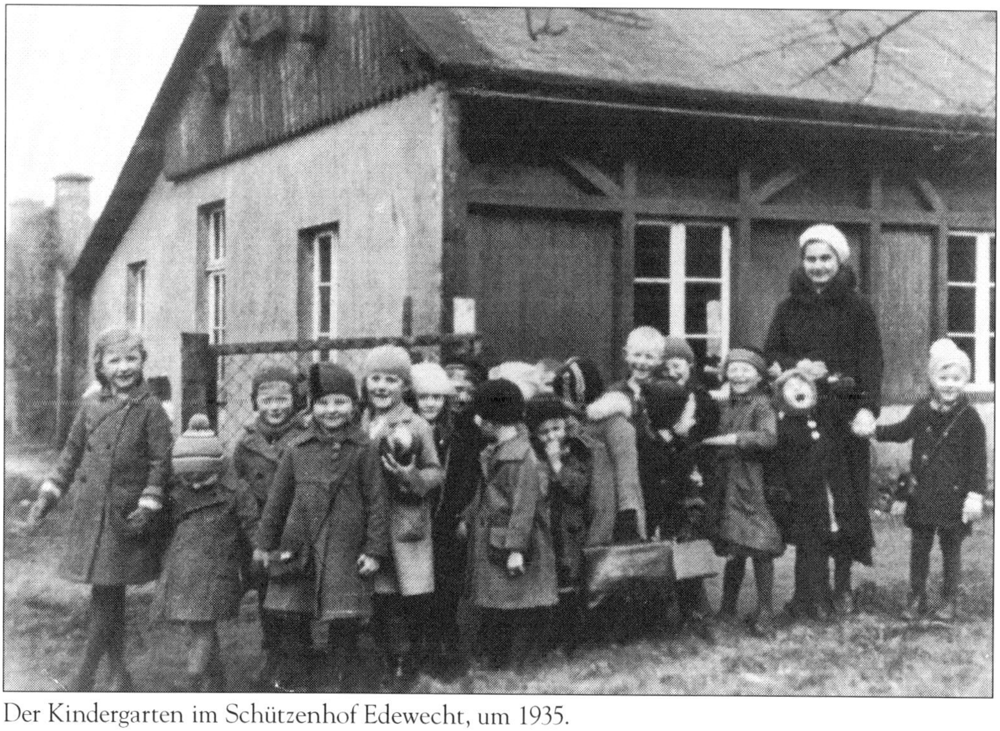

Der Kindergarten im Schützenhof Edewecht, um 1935.

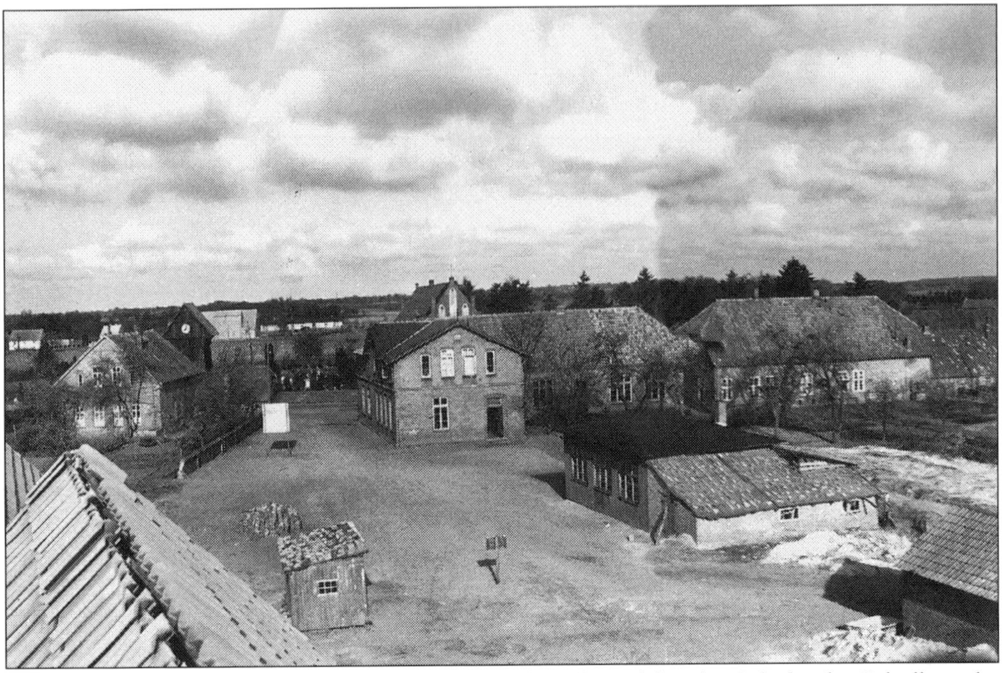

Blick vom Dach des Neubaues der Volksschule Edewecht auf die alte Schule, die Schulbaracke und die Lehrerhäuser, 1953.

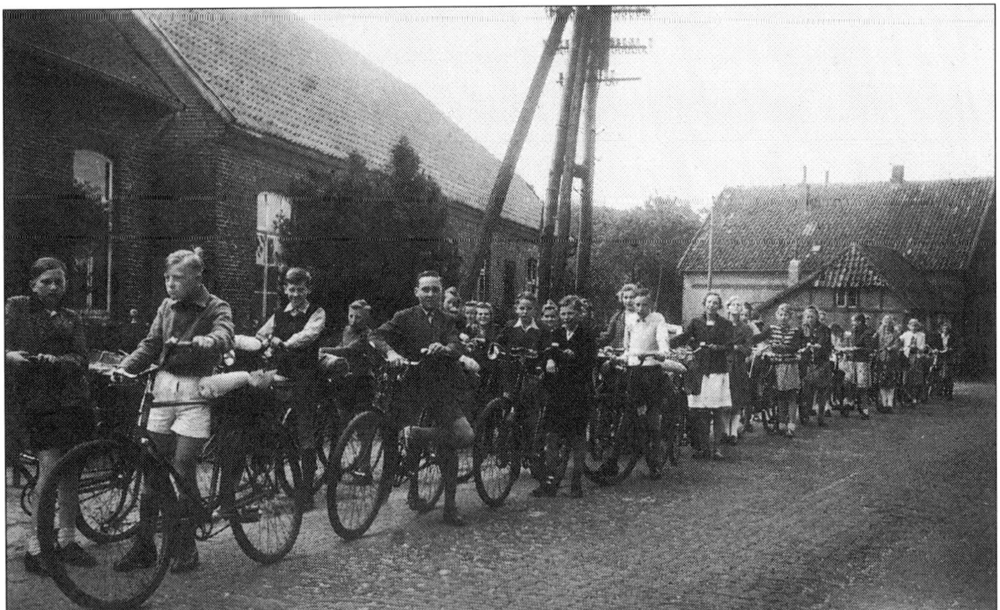

Der Geburtsjahrgang 1937 vor der Volksschule in Edewecht.

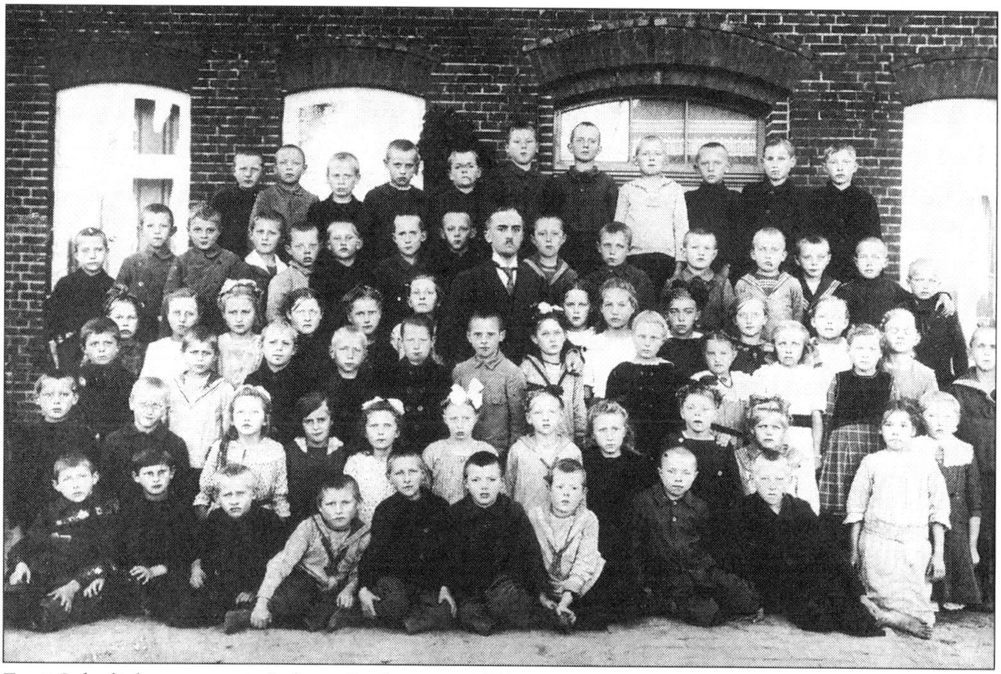

Zwei Schuljahrgänge mit Lehrer Becker, um 1920.

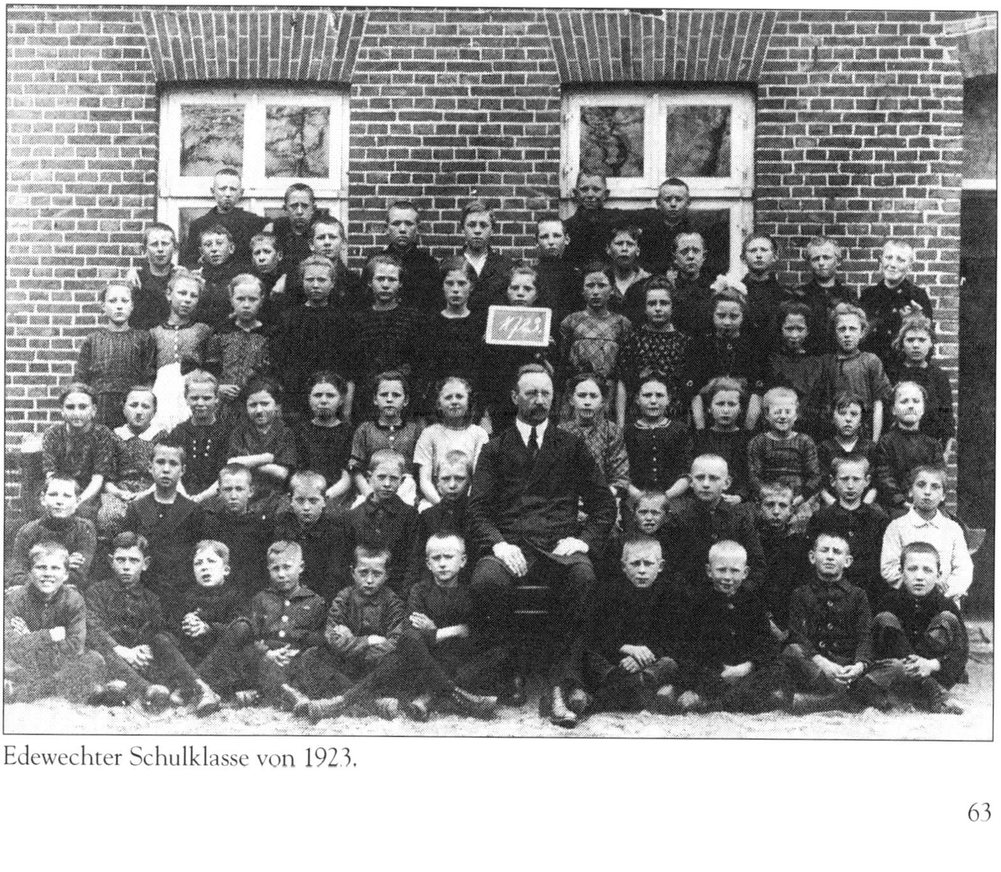

Edewechter Schulklasse von 1923.

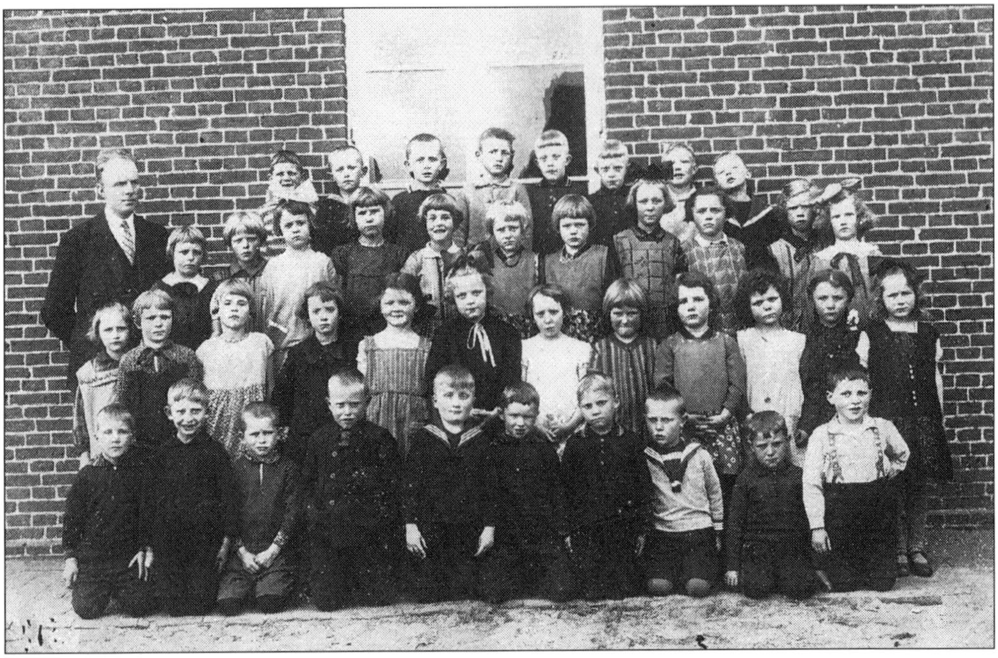

Lehrer Oltmanns mit Schuljahrgang 1930.

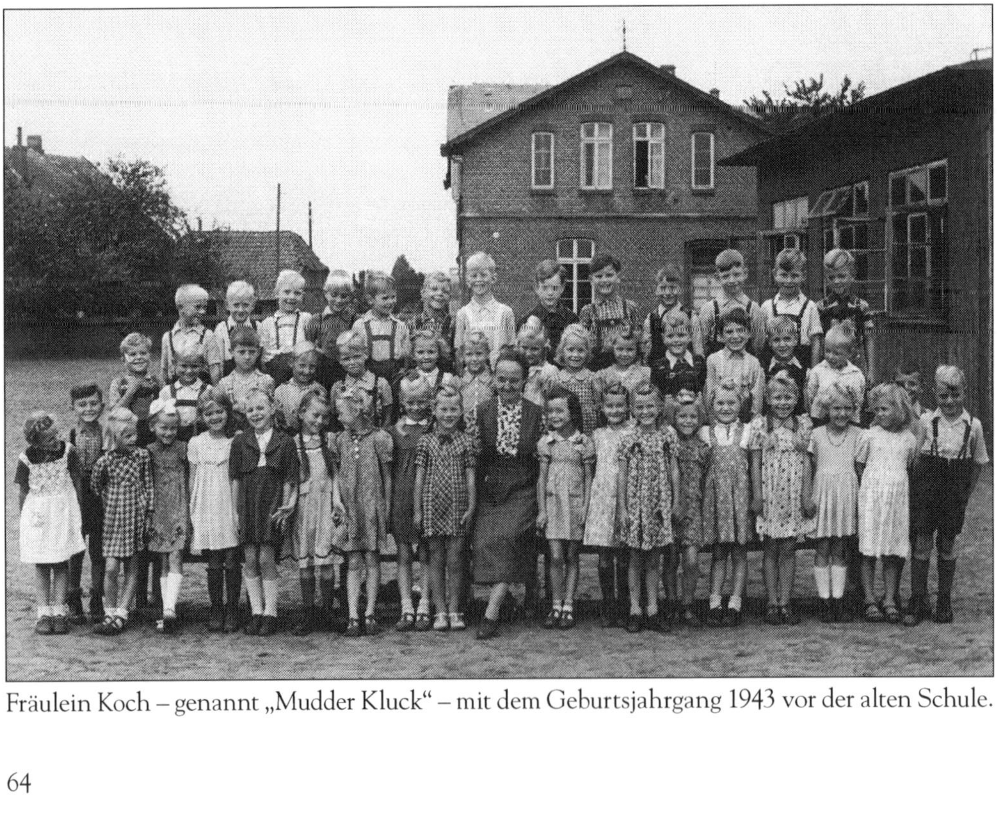

Fräulein Koch – genannt „Mudder Kluck“ – mit dem Geburtsjahrgang 1943 vor der alten Schule.

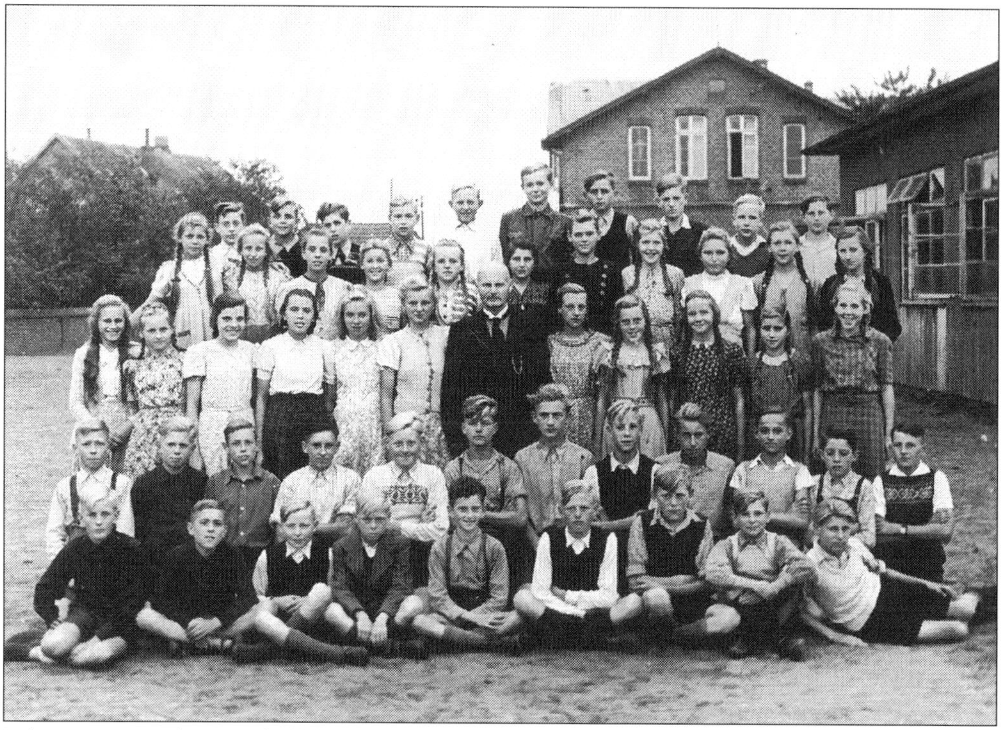

Lehrer Pienings letzte Schulklasse, der Geburtsjahrgang 1934/35.

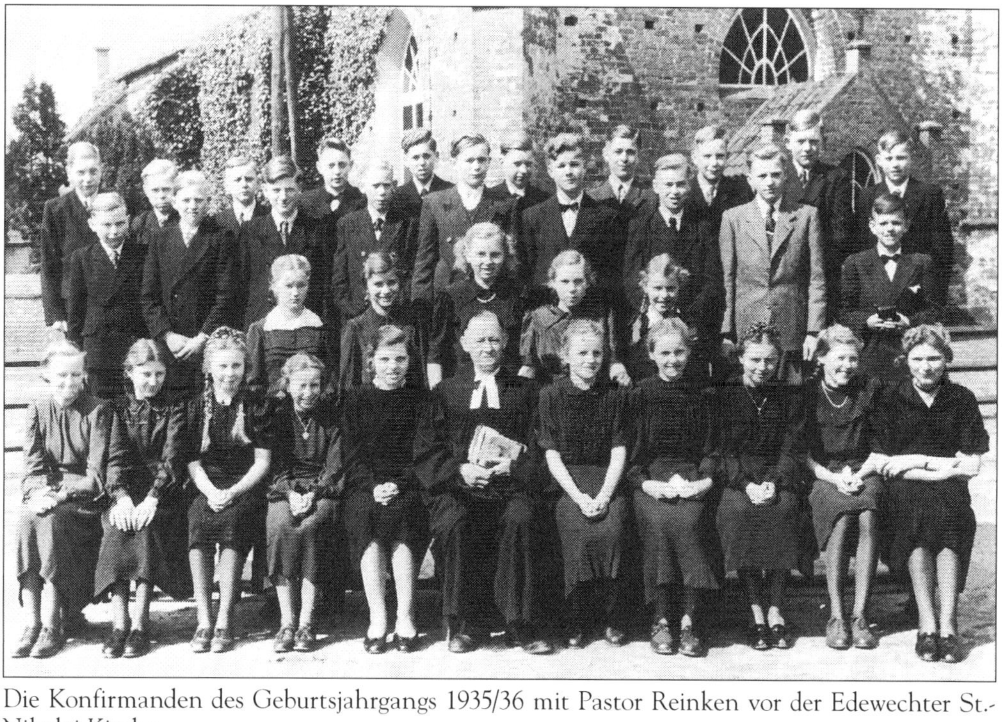

Die Konfirmanden des Geburtsjahrgangs 1935/36 mit Pastor Reinken vor der Edewechter St.-Nikolai-Kirche.

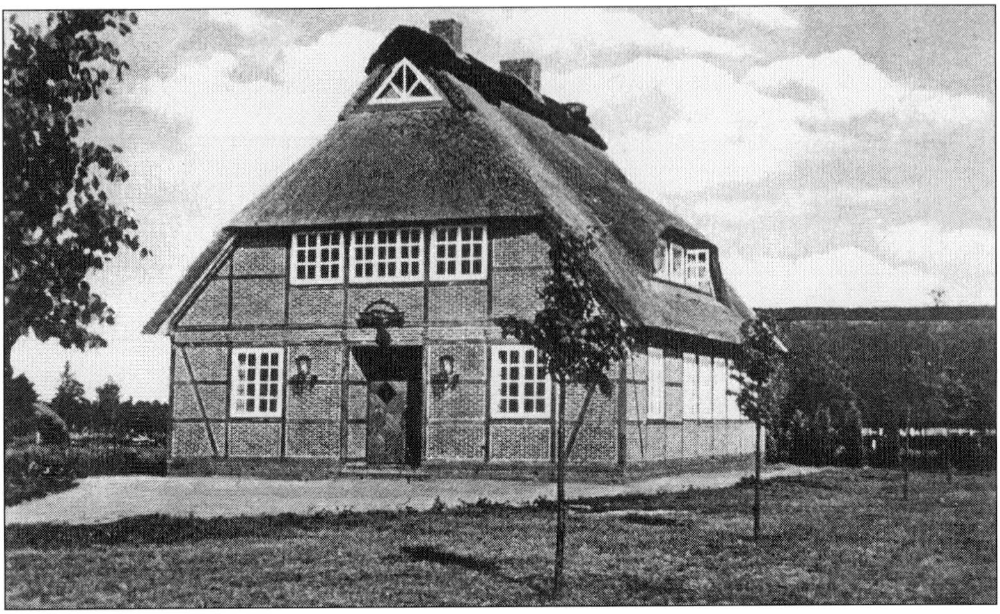

HJ-Heim am früheren Sportplatz, um 1940. Im Hintergrund ist das Dach des 1956 abgebrochenen Hollje-Hofes zu sehen.

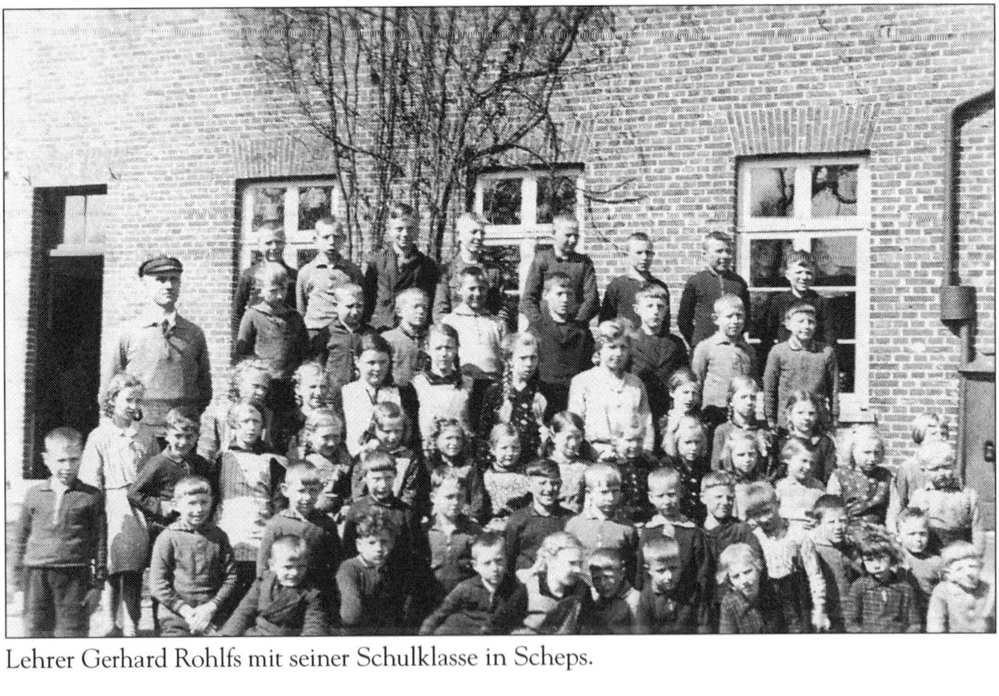

Lehrer Gerhard Rohlfs mit seiner Schulklasse in Scheps.

4

Edewechter Originale und Familien

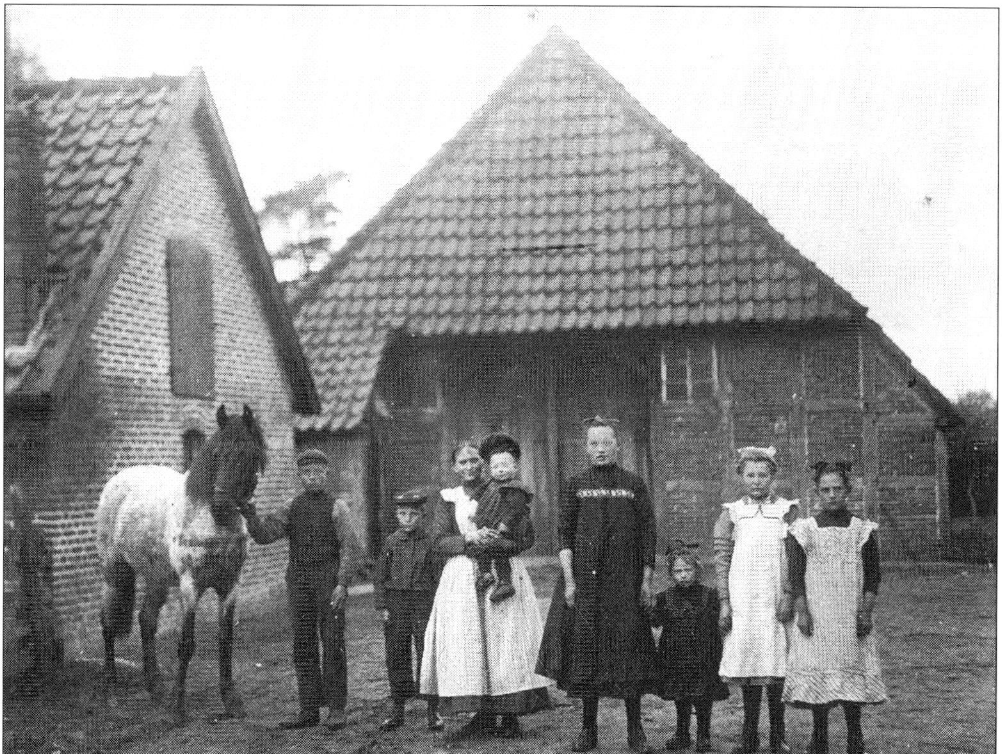

Die Familie von Johann Diedrich Oetken, der von 1868 bis 1912 lebte.

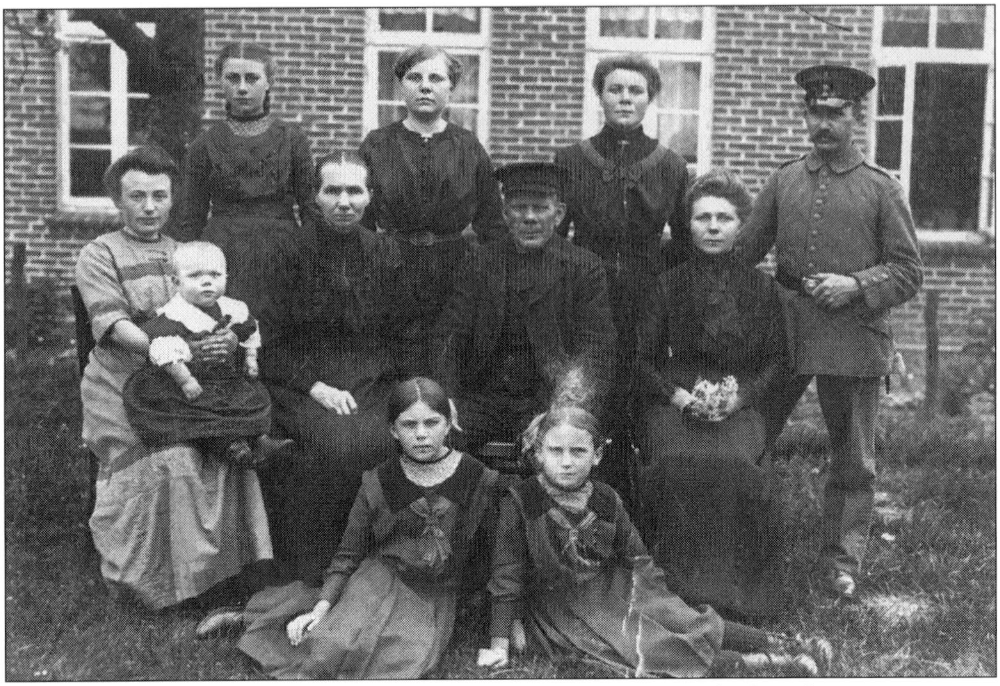

Familienbild: Hinrich und Anna Heinje, geborene Oetken, aus Nord Edewecht.

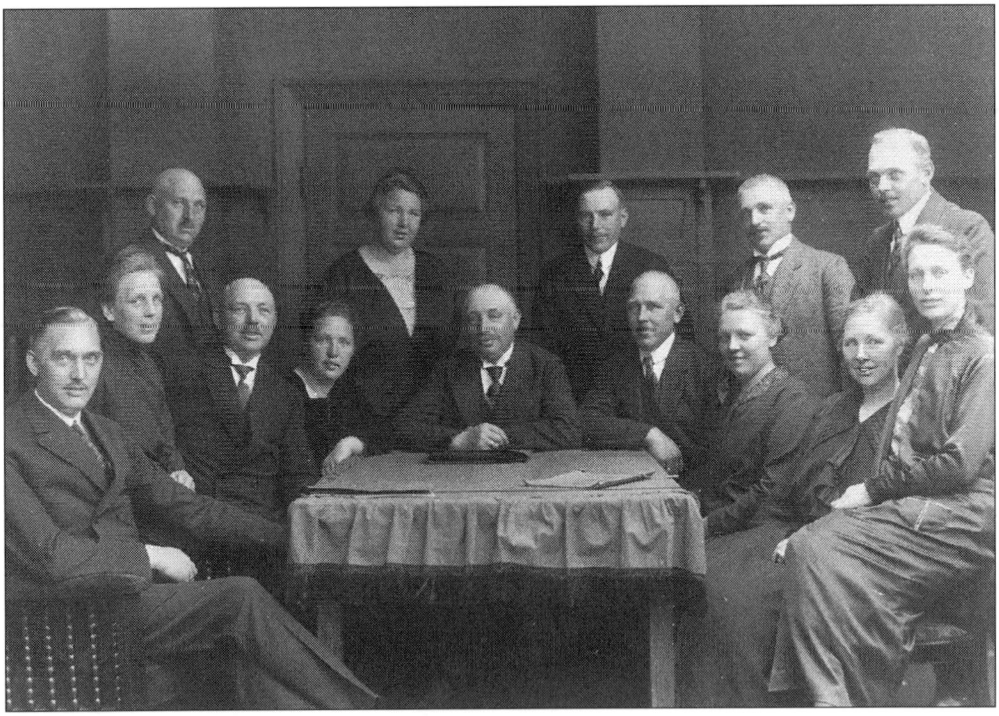

Alle 14 Kinder von Brun Bölts aus Scheps.

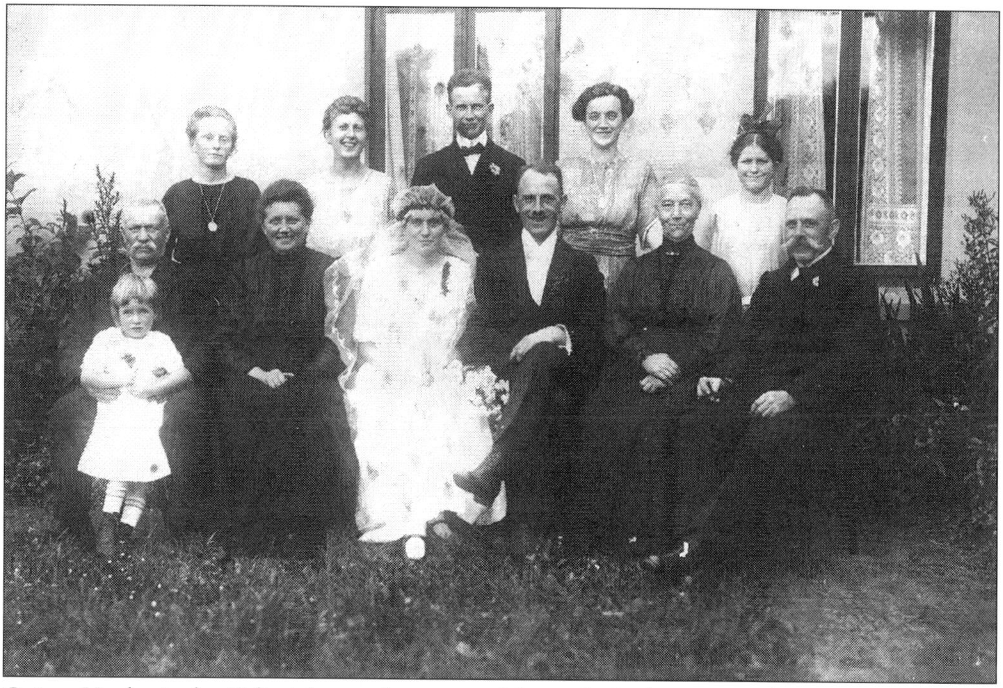

Grüne Hochzeit des Polizeioberwachtmeisters Heinrich Carl Haase und seiner Frau Lilli am 3. August 1923.

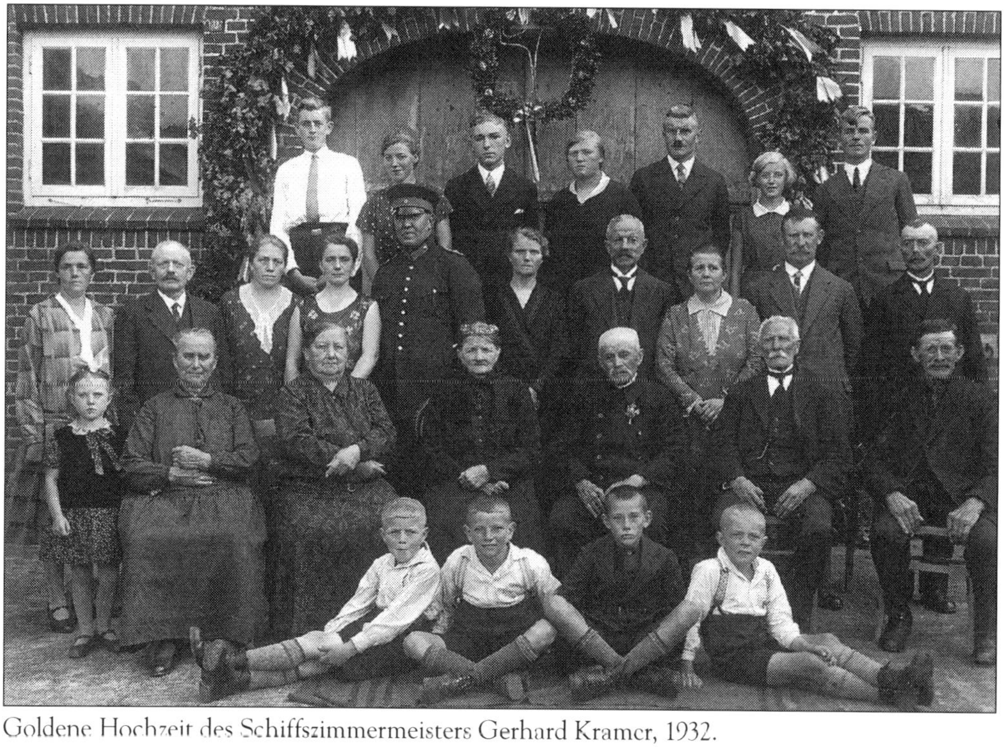

Goldene Hochzeit des Schiffszimmermeisters Gerhard Kramer, 1932.

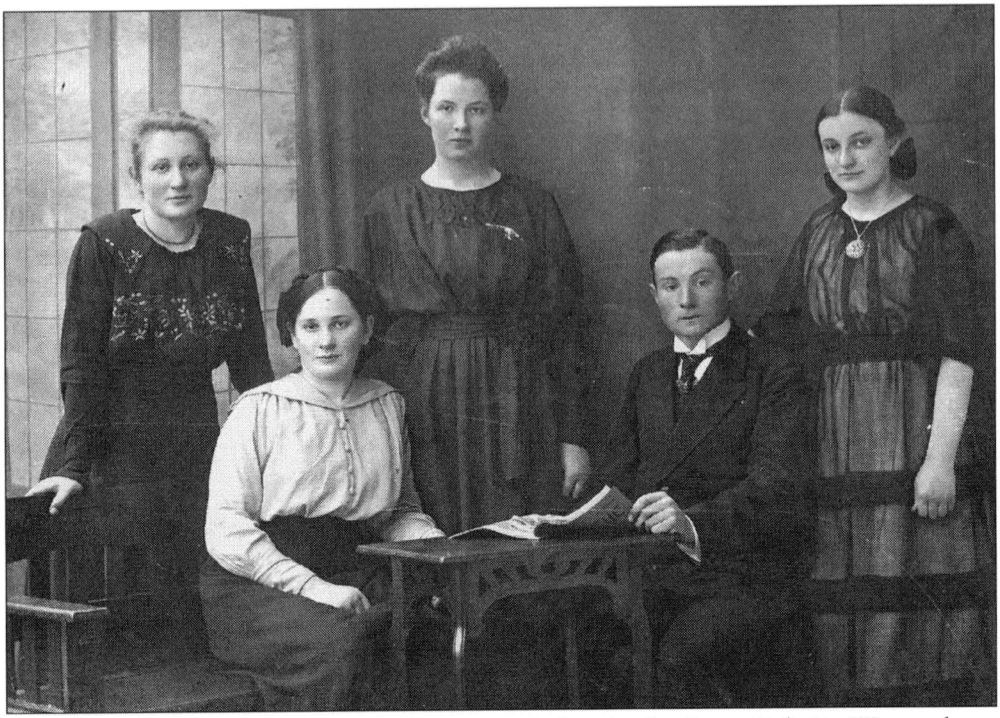

Die Geschwister Orth waren ehemals Eigentümer der Landstelle „Enten-Bölts“ in Westerscheps.

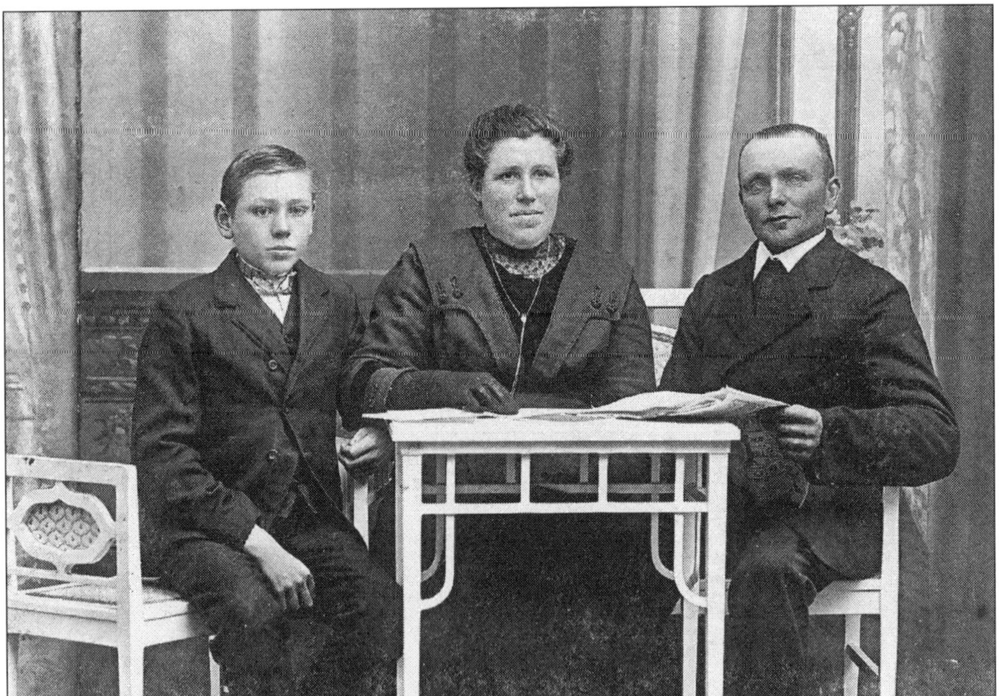

Familie Dierks: Johann, seine Frau Helene, geborene Caspers, und Sohn Georg – genannt „Holtvogt“.

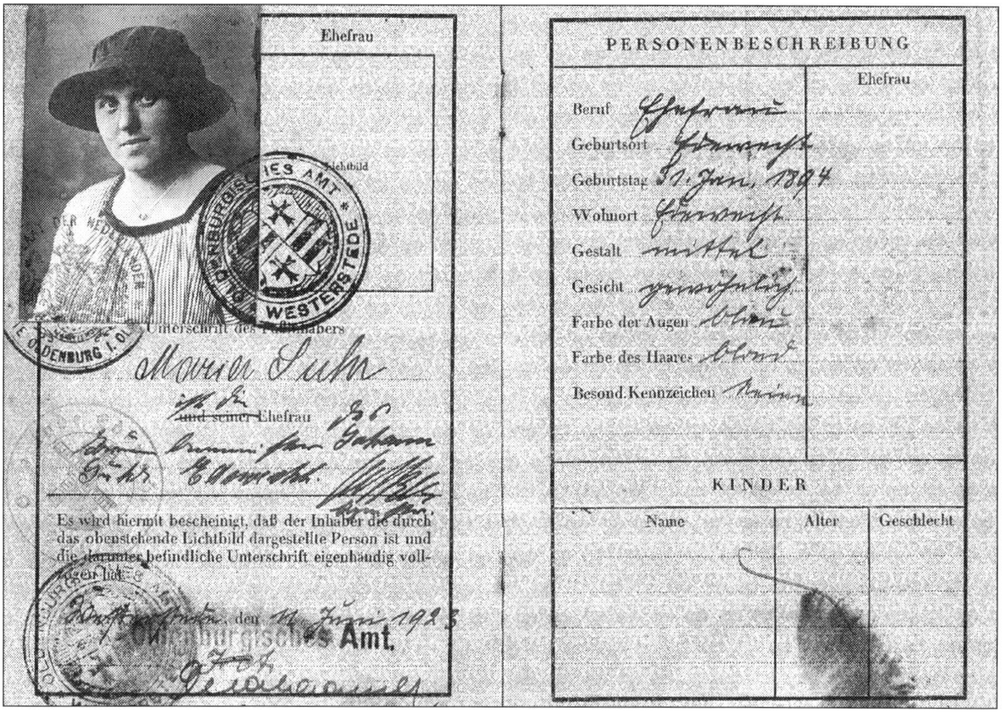

Ehefrau

Lichtbild

Unterschrift des Paßinhabers

Maria Suhr

Es wird hiermit bescheinigt, daß der Inhaber die durch das obenstehende Lichtbild dargestellte Person ist und die darunter befindliche Unterschrift eigenhändig vollzogen hat.

Oldenburgisches Amt.

PERSONENBESCHREIBUNG

	Ehefrau
Beruf Ehefrau	
Geburtsort Edewecht	
Geburtstag 31. Jan. 1894	
Wohnort Edewecht	
Gestalt mittel	
Gesicht gewöhnlich	
Farbe der Augen blau	
Farbe des Haares blond	
Besond. Kennzeichen keine	

KINDER

Name	Alter	Geschlecht

Der Reisepaß von Maria Suhr. Eintragungen: Beruf: Ehefrau; Geburtsort: Edewecht; Geburtstag: 31. Januar 1894; Wohnort: Edewecht; Gestalt: mittel; Gesicht: gewöhnlich; Farbe der Augen: blau; Farbe des Haares: blond; Besondere Kennzeichen: keine.

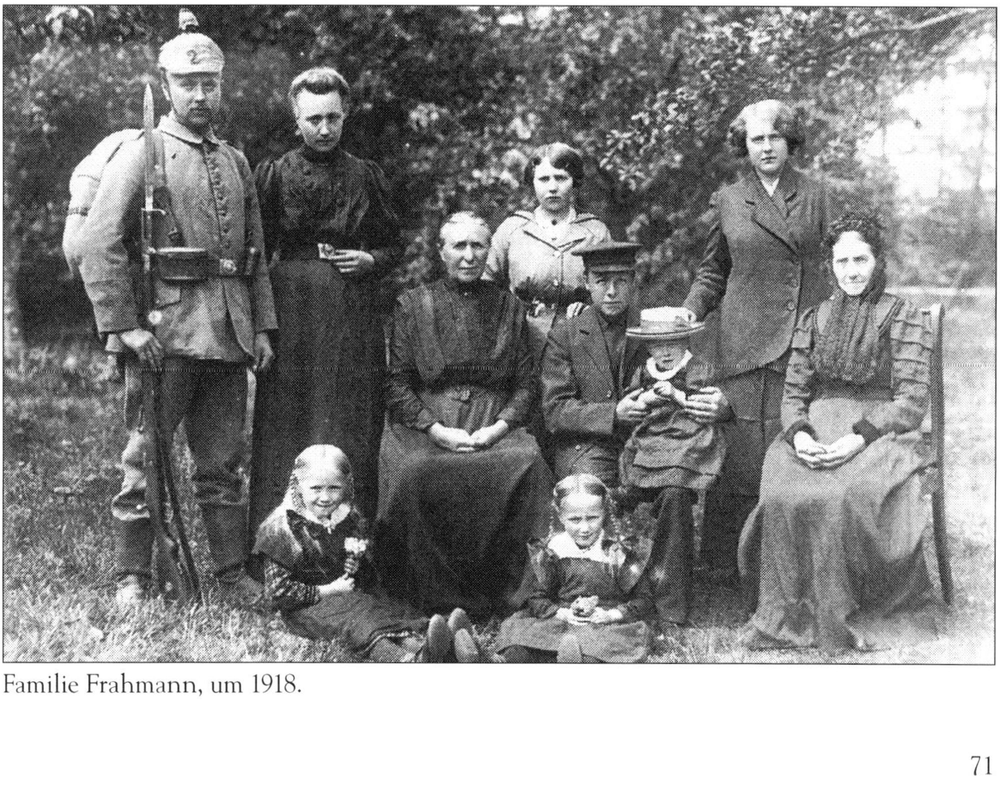

Familie Frahmann, um 1918.

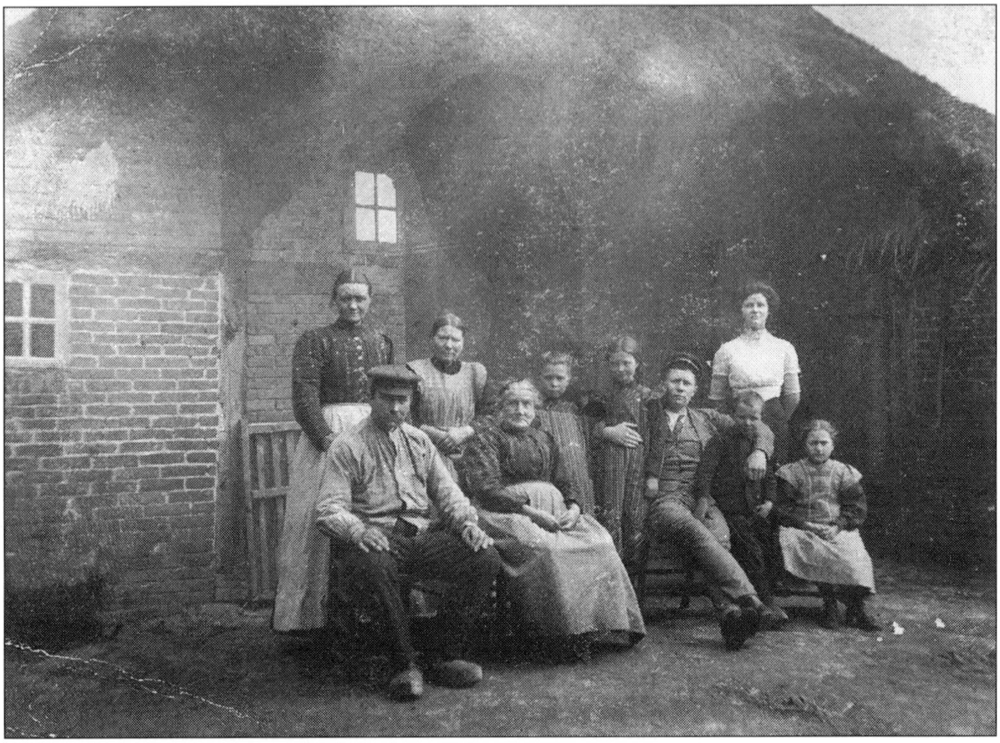

Ein echtes Ammerländer Rauchhaus in Portsloge, welches seinerzeit der Familie Behrens gehörte. Jetzt Lohmüller, Viehdamm.

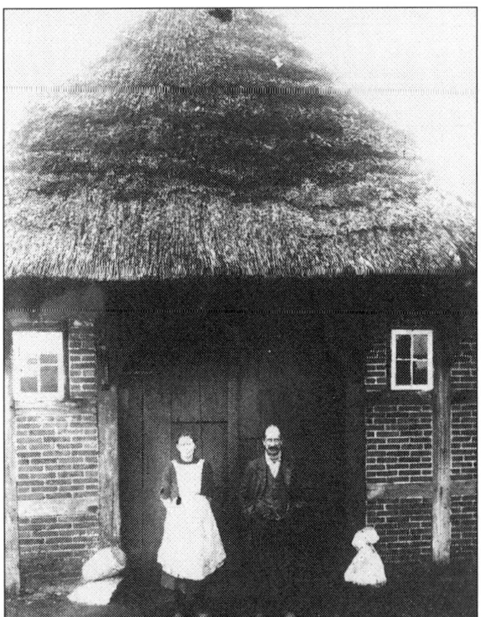

Heuerleute Elso und Schwanette Hanemann aus Süd Edewecht.

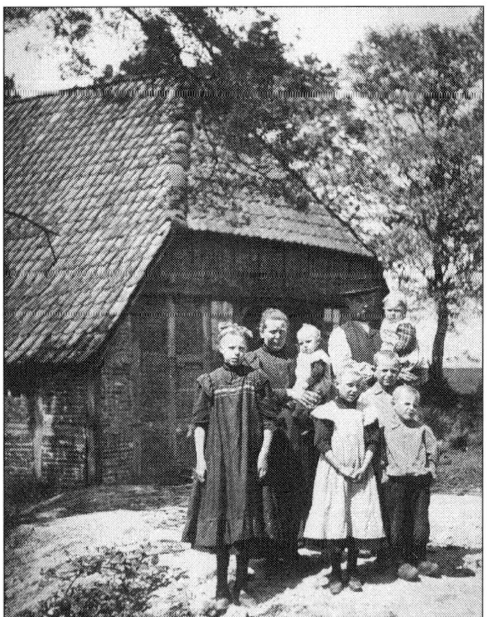

Hofstelle Oetken, Querweg 2 in Kleefeld, um 1912.

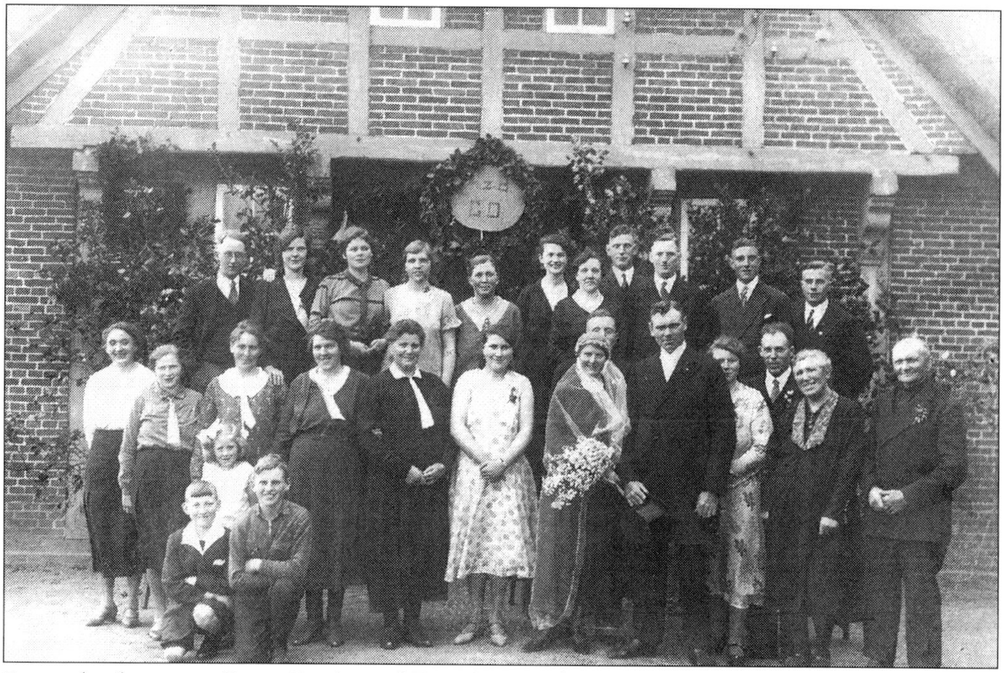

Bauernhochzeit von Georg Dierks und Frau Anna, geborene zur Brügge, mit Familie und Freunden.

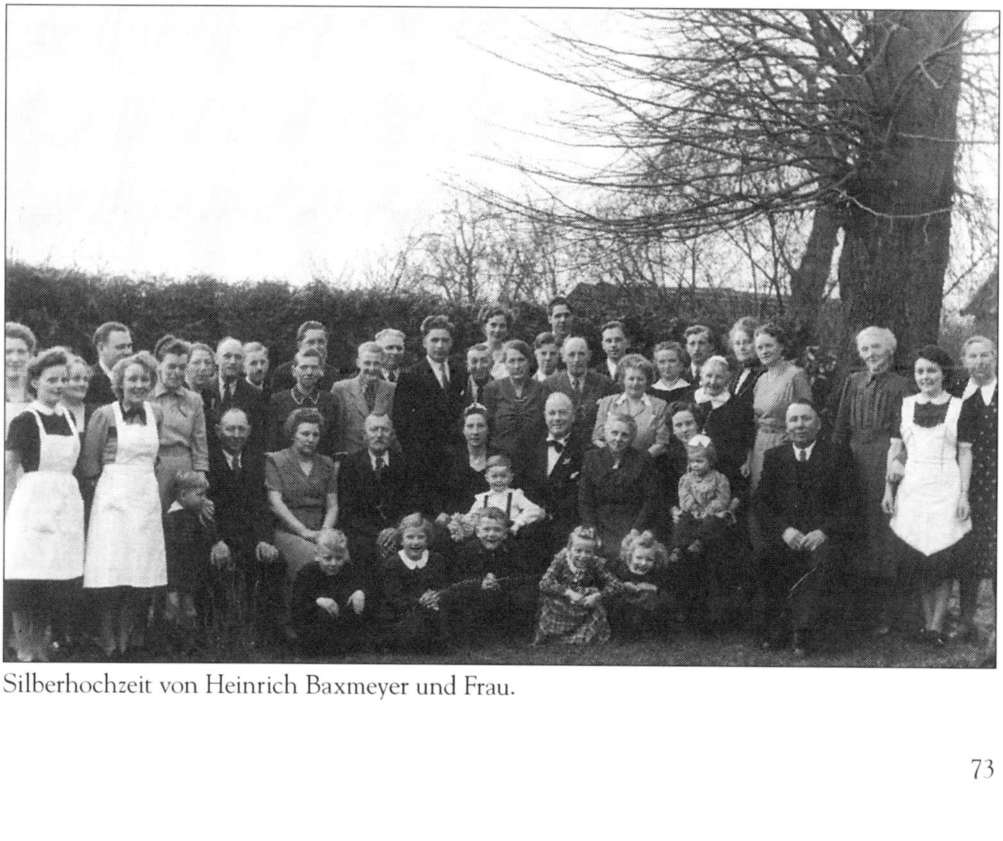

Silberhochzeit von Heinrich Baxmeyer und Frau.

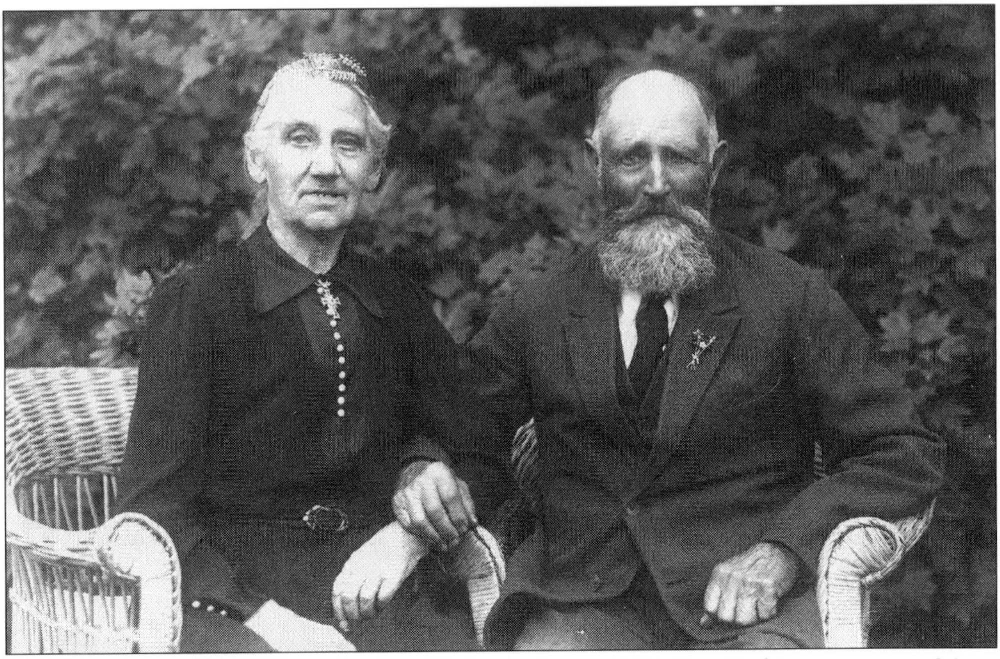

Goldene Hochzeit der Eheleute Drebing, Holljestraße, um 1940. Opa Drebing – genannt „Morsbort“ – war Vogelausstopfer.

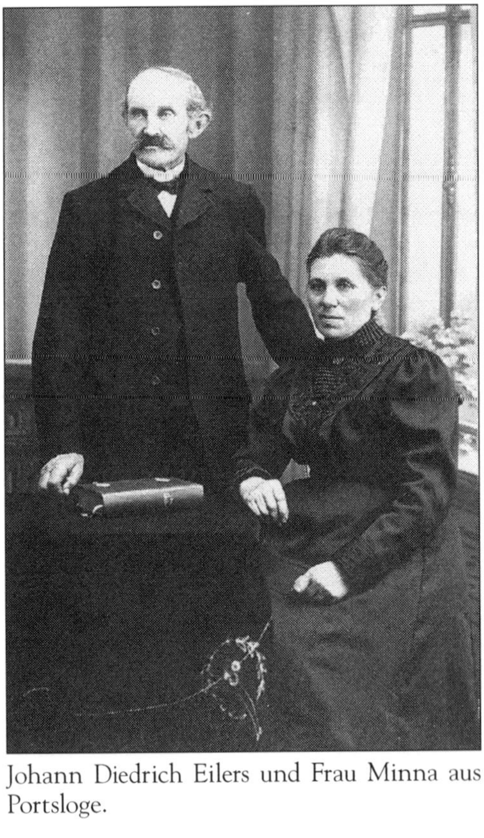

Johann Diedrich Eilers und Frau Minna aus Portsloge.

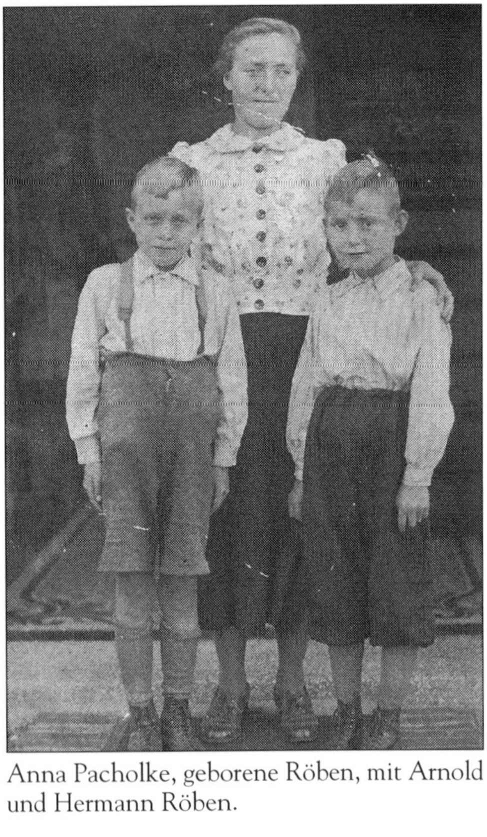

Anna Pacholke, geborene Röben, mit Arnold und Hermann Röben.

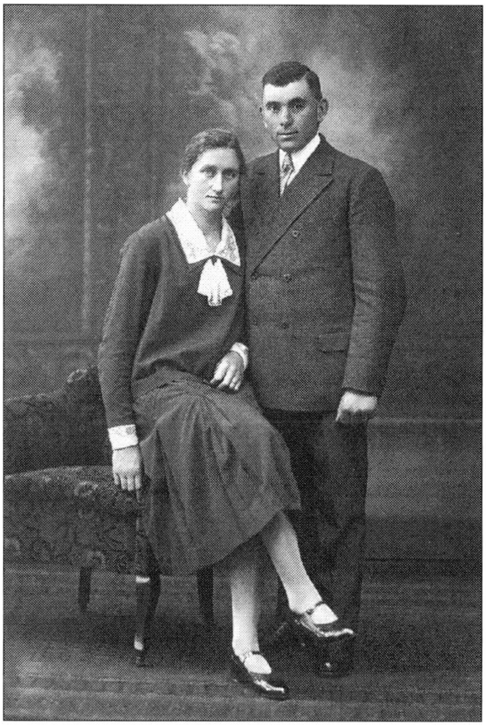

Ehepaar Röben – genannt „Röbenartsen“ – aus Nord Edewecht II.

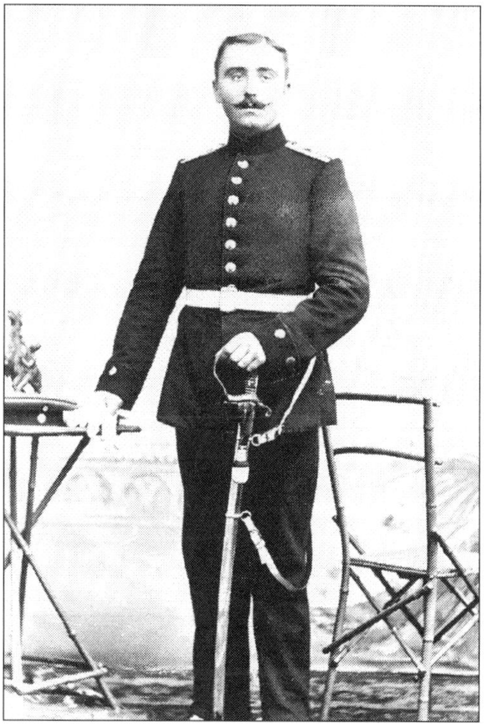

Fritz Hülsmann aus Süd Edewecht.

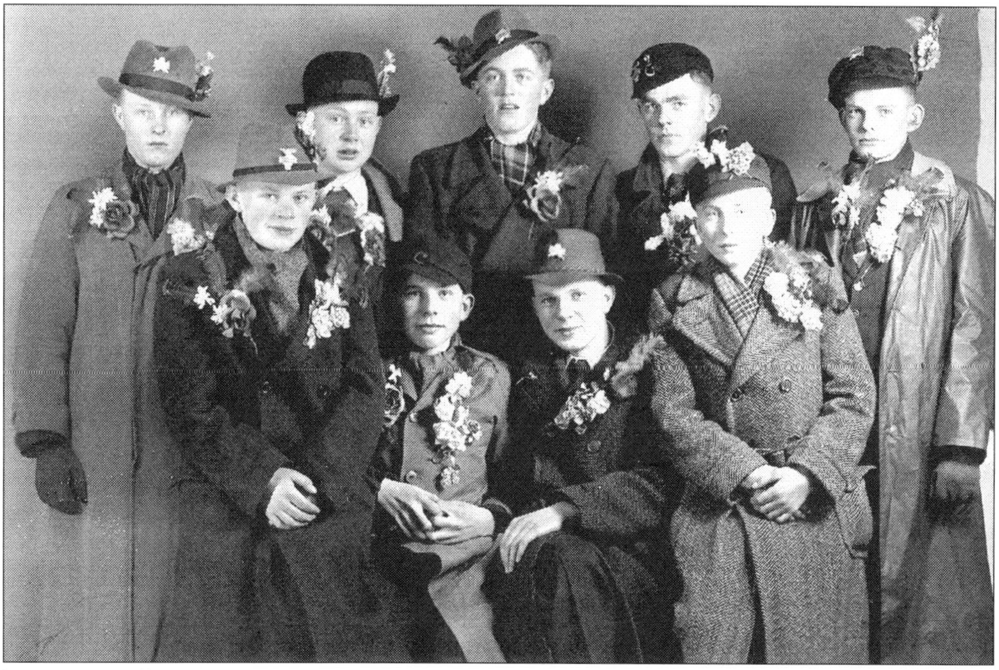

Musterung Jahrgang 1924.

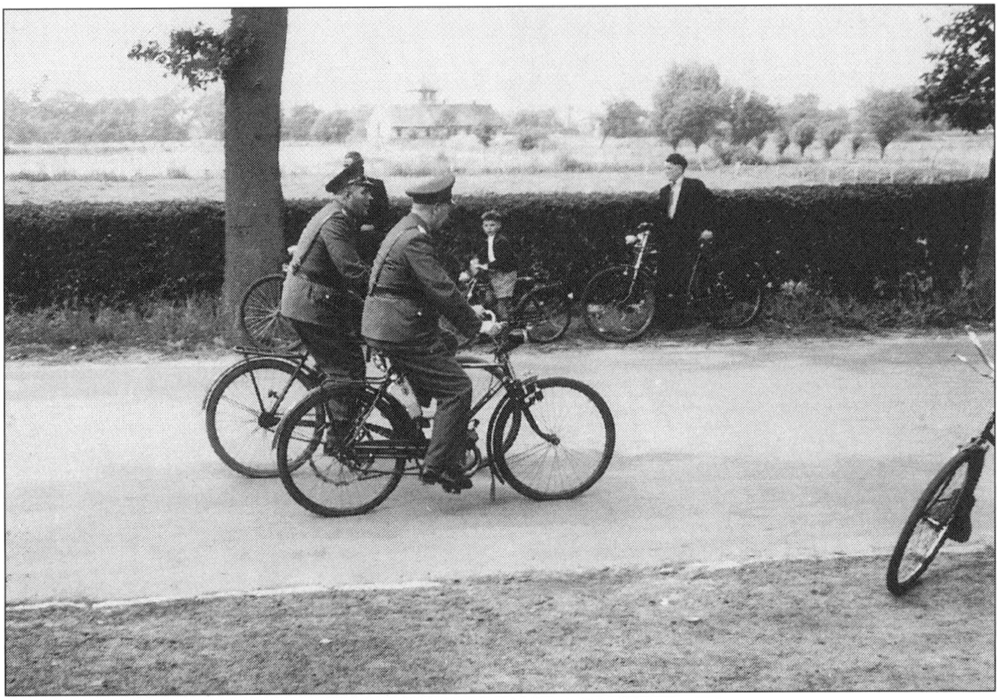

Die Polizisten Müller und Schaa auf Streife im Jahre 1955.

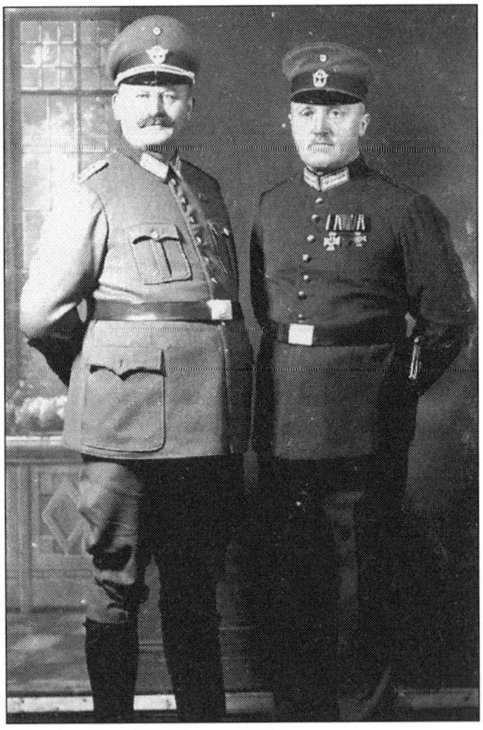

Gendarmen Tiarks und Hempen.

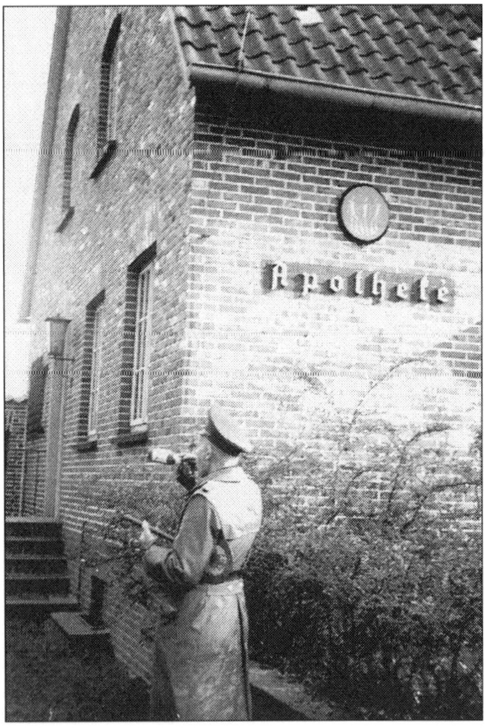

„Medizin ist nötig."

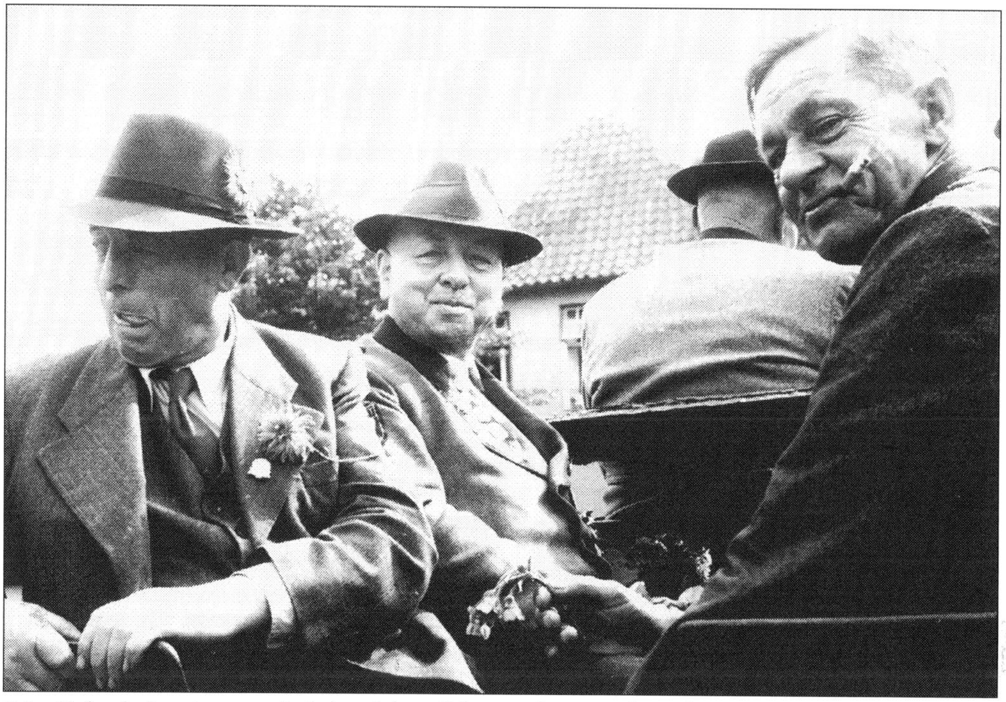

Fritz Gehrels (zweiter von links) auf dem Schützenfest in Edewecht, 1955. Herr Gehrels war bis zum Zweiten Weltkrieg hauptamtlicher Bürgermeister der Gemeinde Edewecht, später übte er das Amt des Gemeindedirektors aus.

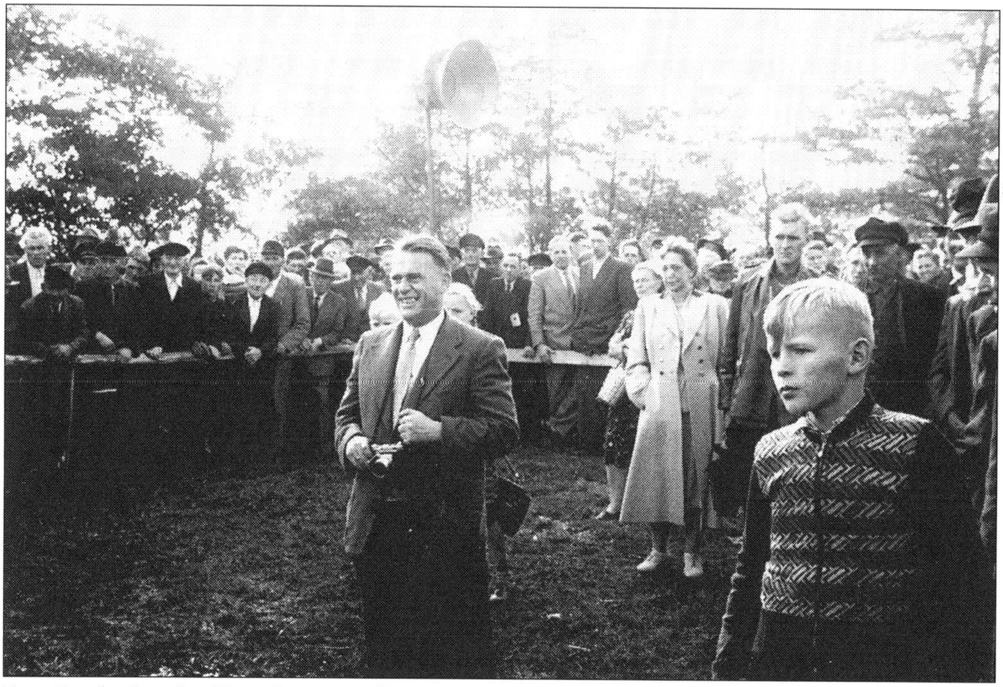

Fritz Binder bei der Tierschau im Jahre 1957. Herr Binder war Lokal-Redakteur der „Nordwest-Zeitung“ und hat sich um die Belange seiner Heimatgemeinde verdient gemacht.

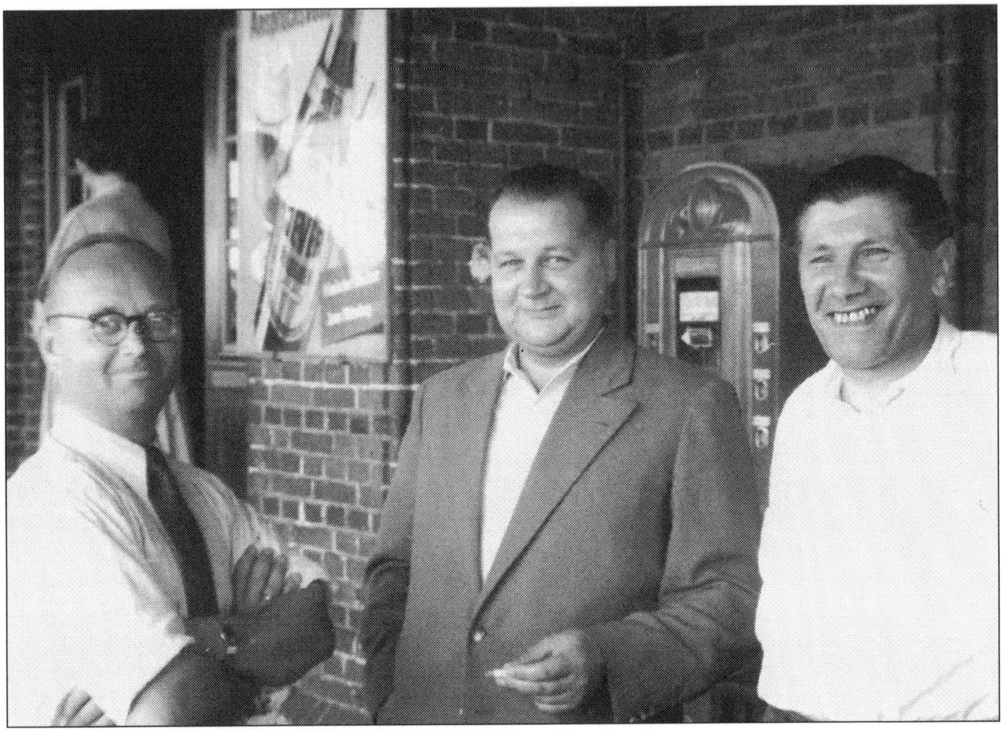

Dr. Hans von Cosel, Willi Klix und Hans Eilers.

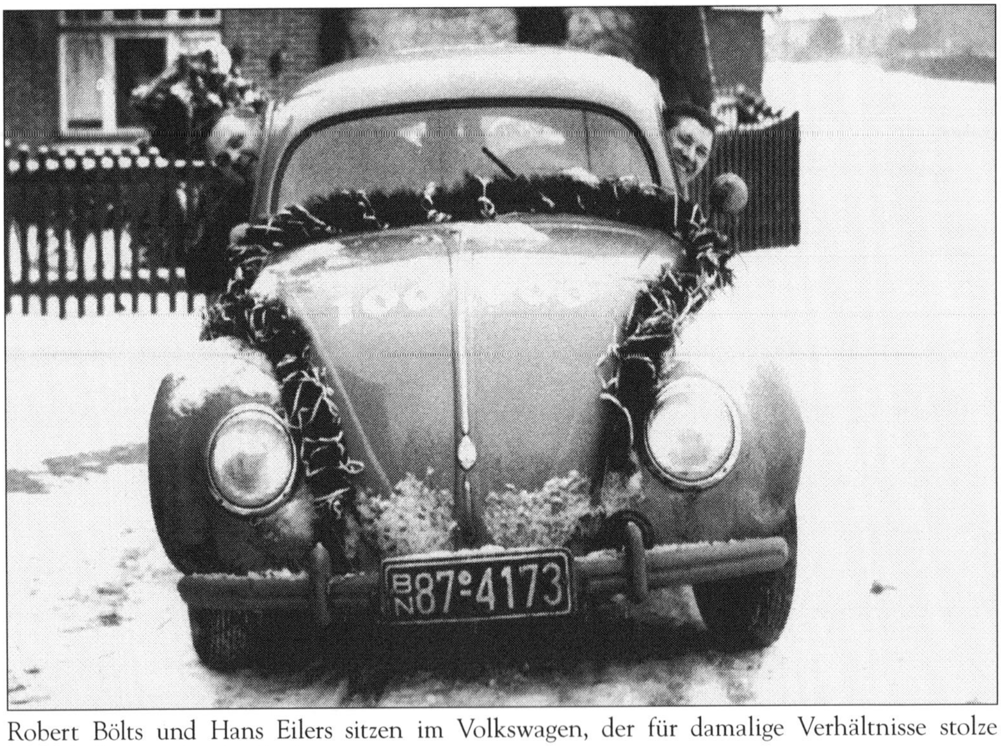

Robert Bölts und Hans Eilers sitzen im Volkswagen, der für damalige Verhältnisse stolze 100.000 km auf dem Tacho hatte.

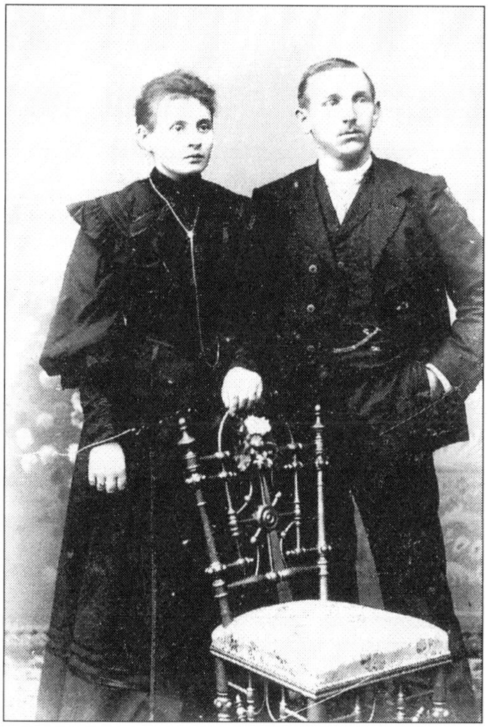

Fritz (Fied) Bölts und seine Frau.

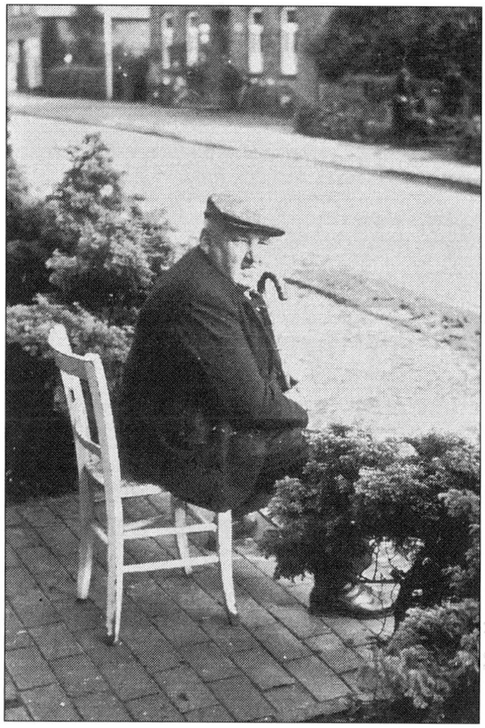

Fritz (Fied) Bölts, wie ihn jeder kannte.

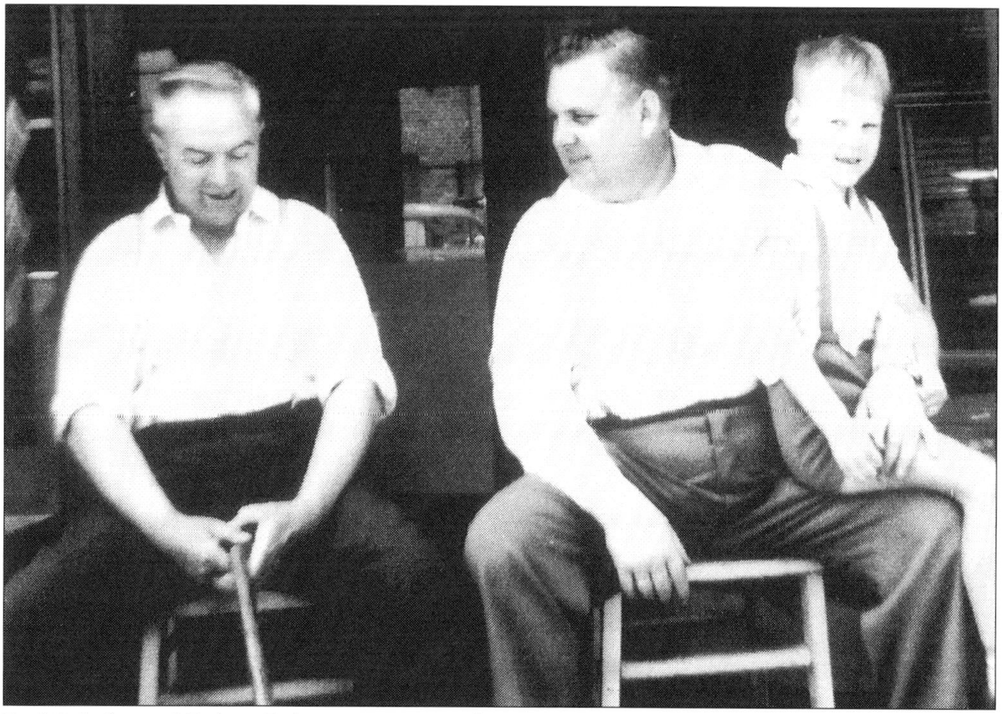

Fied Schulte und Robert Bölts mit seinem Sohn Werner.

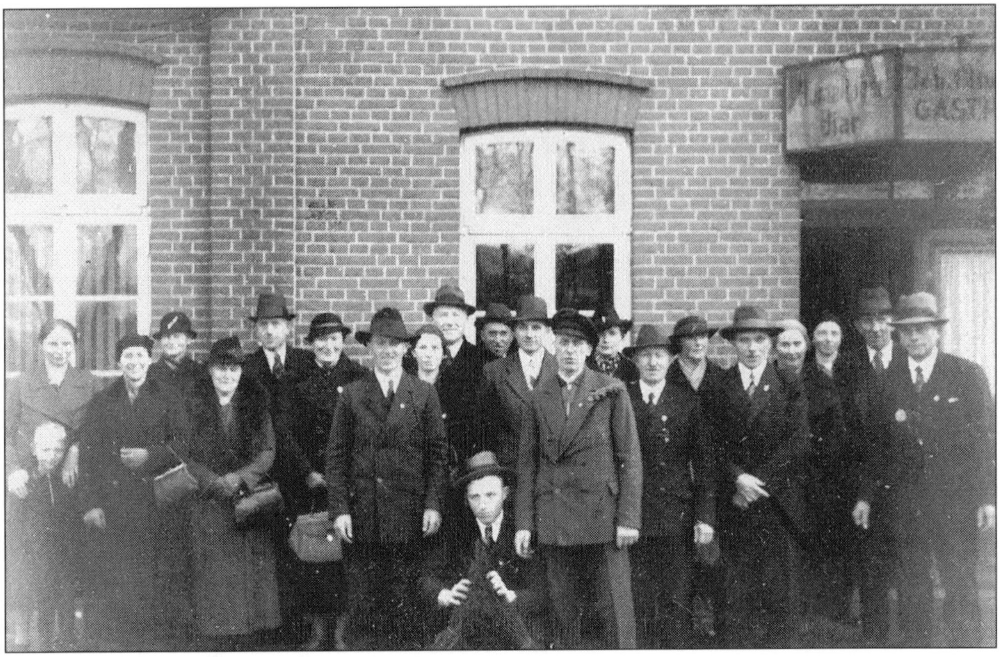

Edewechter Postboten mit Frauen.

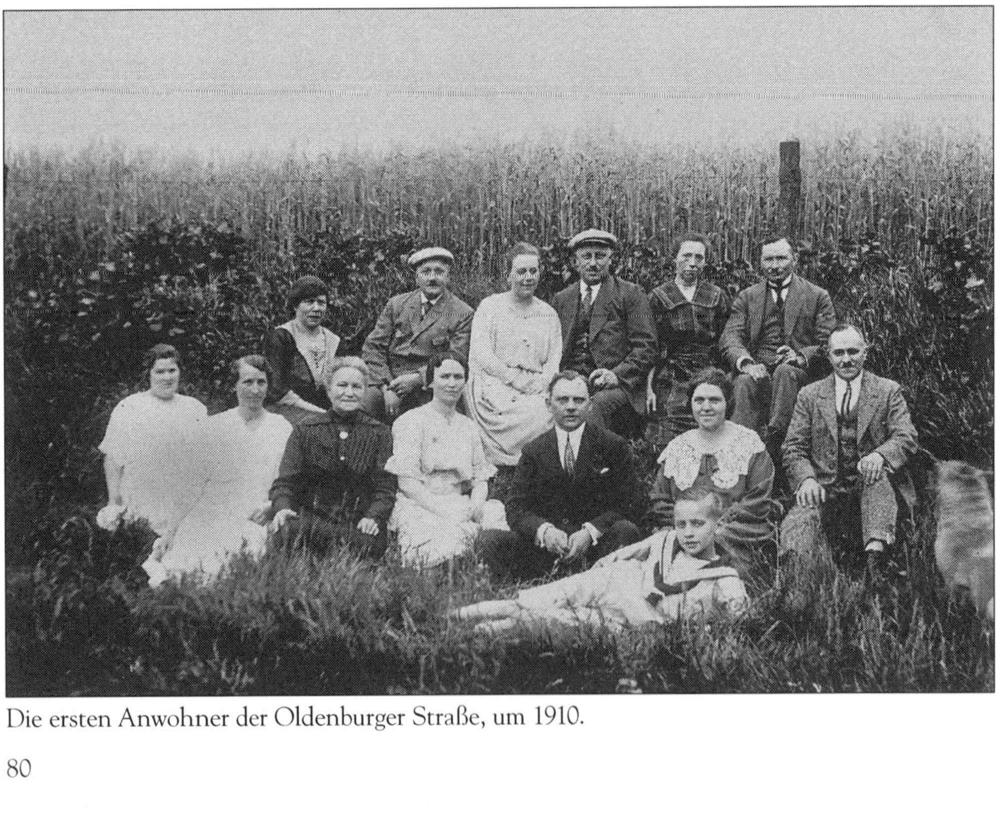

Die ersten Anwohner der Oldenburger Straße, um 1910.

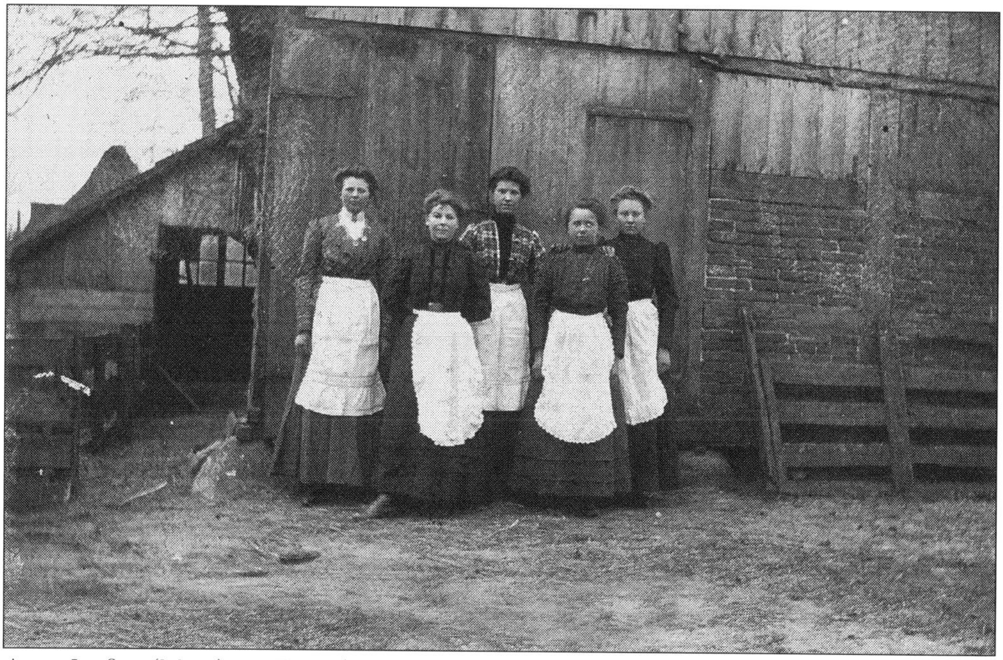

Anna Janßen (Mitte) mit Freundinnen in Nord Edewecht I.

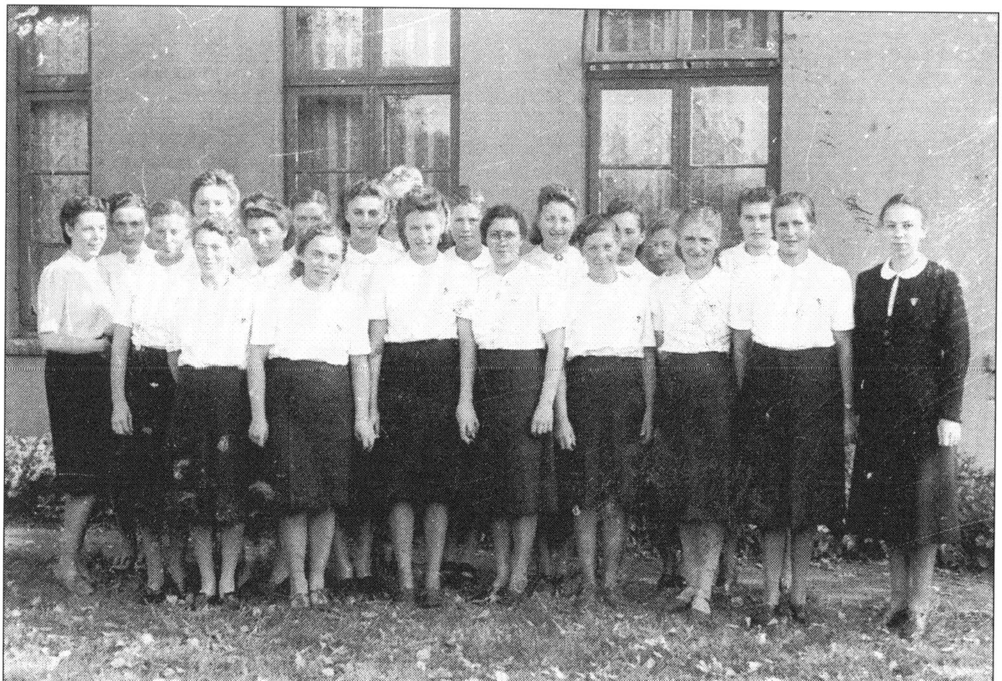

Edewechter Frauen.

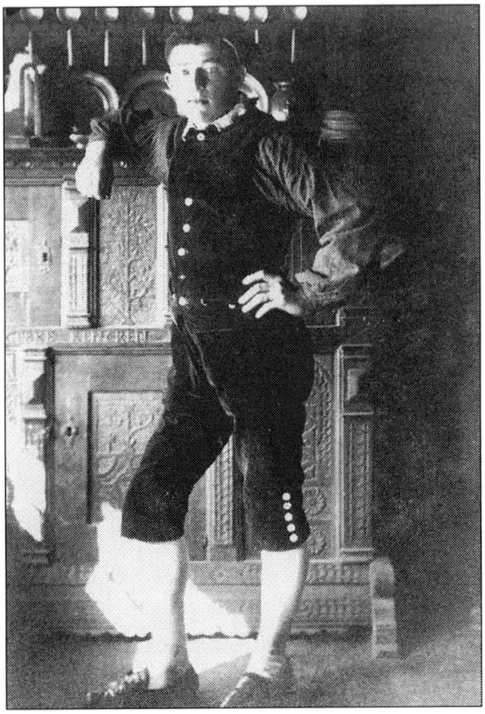

Willi Rabben als junger Liebhaber beim ersten Theaterstück im Bauernhaus Bad Zwischenahn, um 1919.

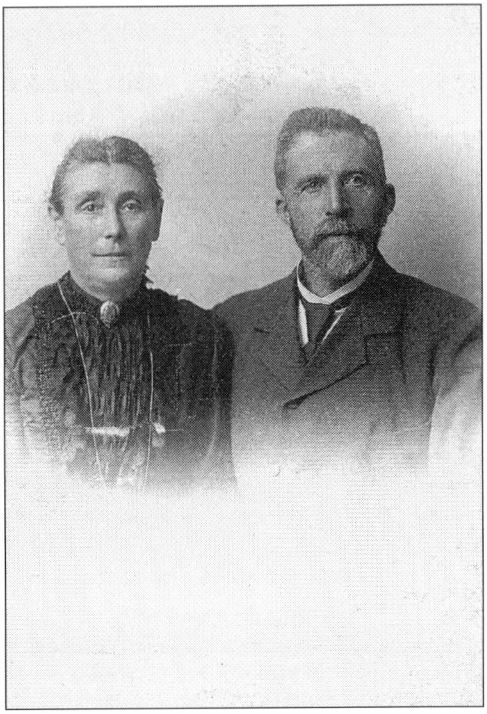

Gerhard Oltmanns und Frau Margarethe, geborene Setje, Gründer der Kornbrandwein-Brennerei, die ihre Tätigkeit um 1811 aufnahm.

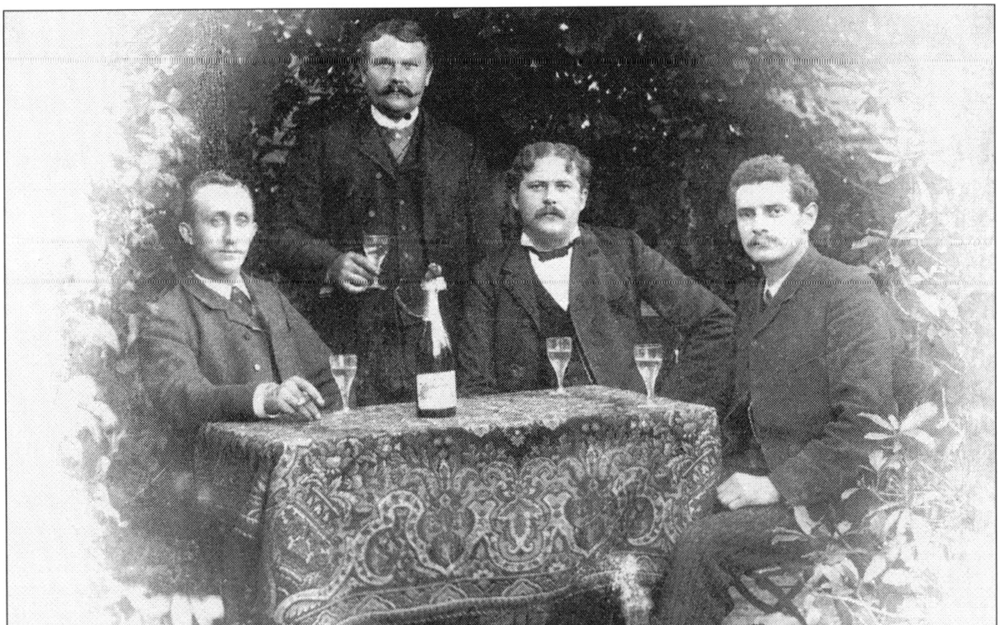

Aufnahme anläßlich der Gründung der Spar- und Darlehnskasse im Jahre 1898. Lehrer Oldenburg, Gastwirt Mügge, Hptl. Aschenbeck, H. Meinrenken.

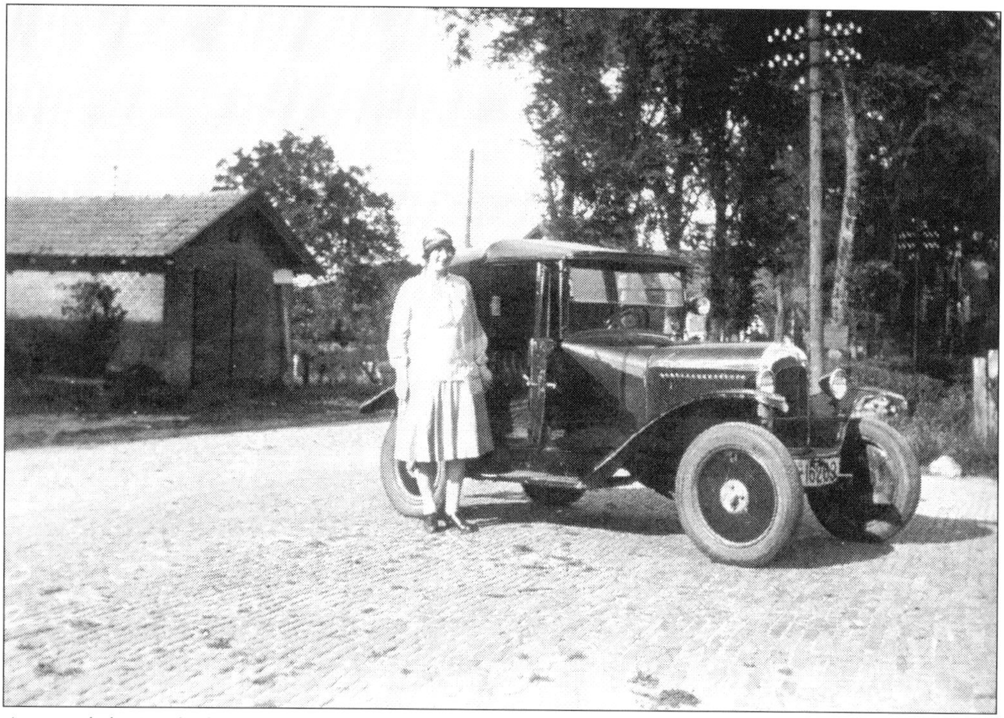

Automobil „Opel 4/16“ am Marktplatz in Edewecht, um 1927. Die Fahrerin ist Frau Emma Bünting aus Edewecht. Links ist der Feuerwehr-Geräteschuppen zu sehen.

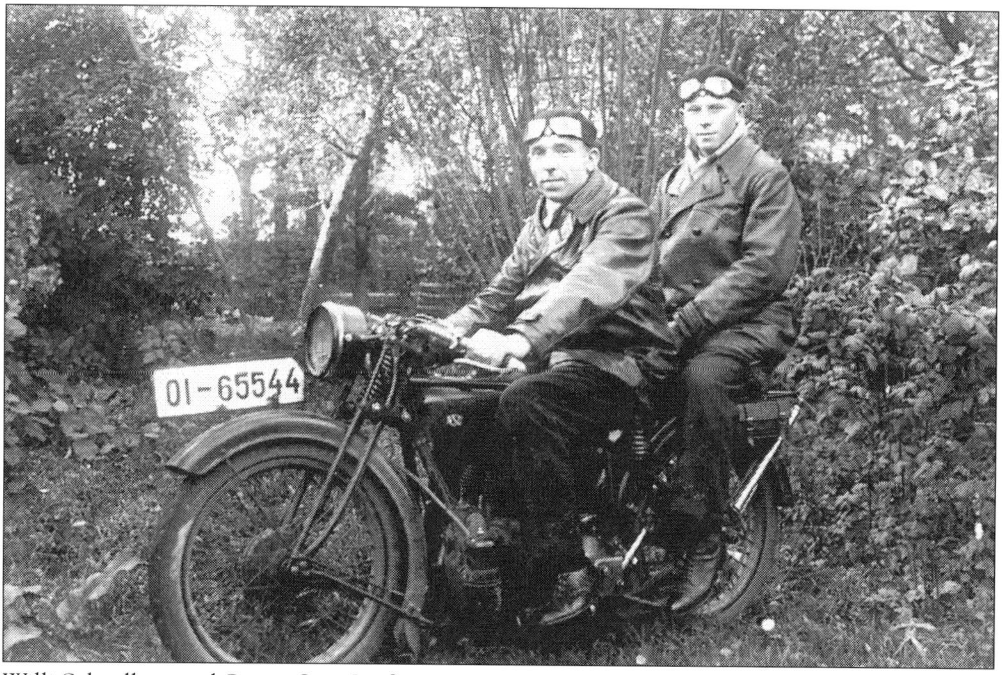

Willi Scheelken und Sozius Otto Janßen.

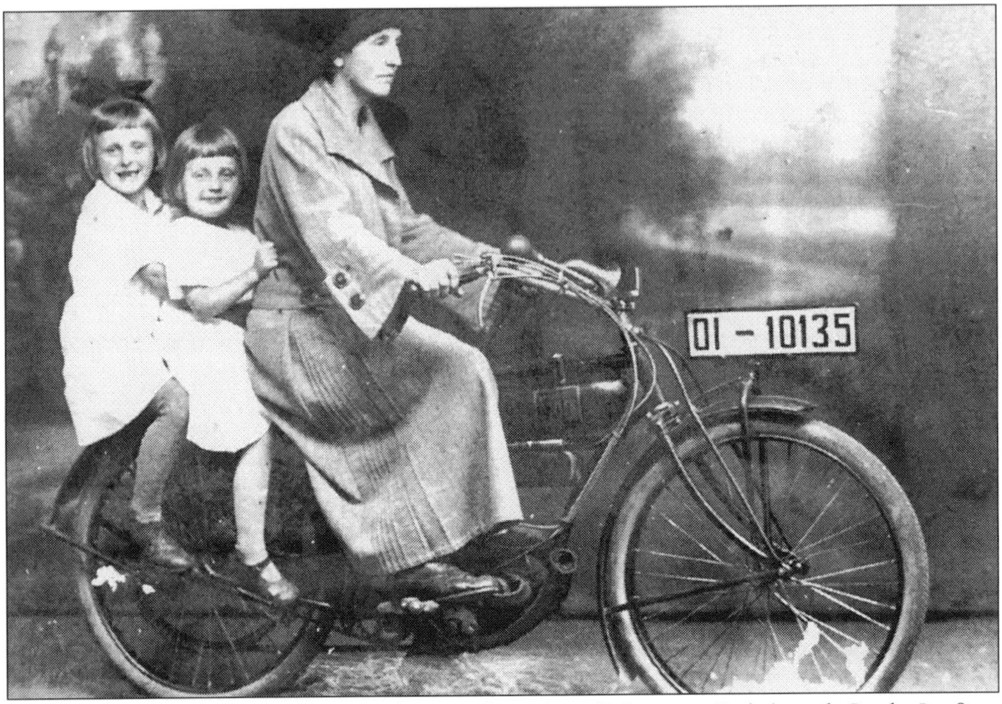

Hebamme Leni Rath mit ihren Nichten Erika Eilers (Schwester Erika) und Gerda Janßen, geborene Eilers (Schwester Gerda), auf einem Stock-Motorrad, gekauft bei Johann Eilers – genannt „Jan-Opel" – im Jahre 1925.

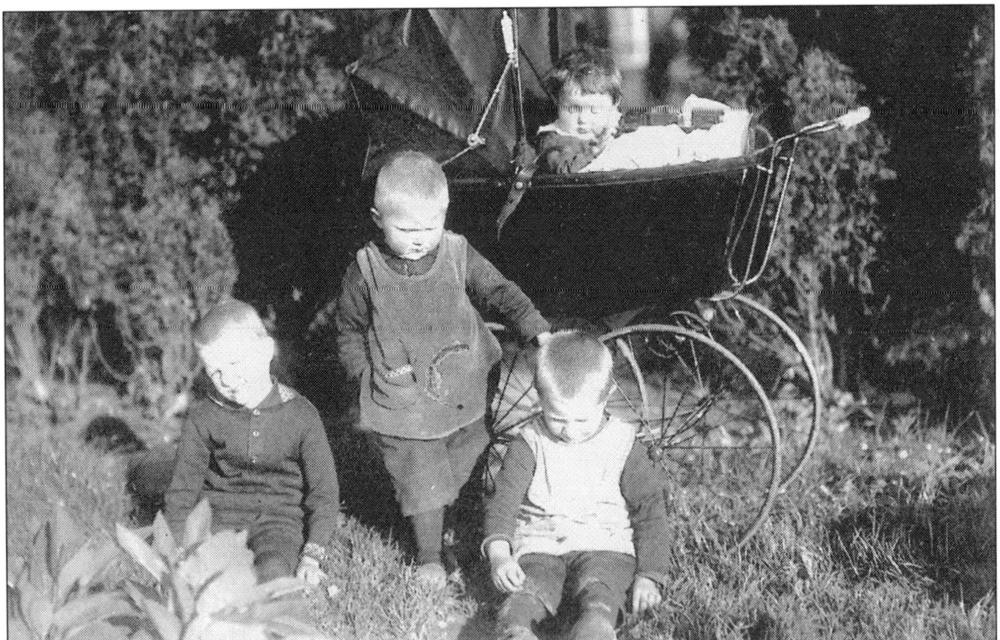

Anna Harmdiers im Hochwagen, 1927/28.

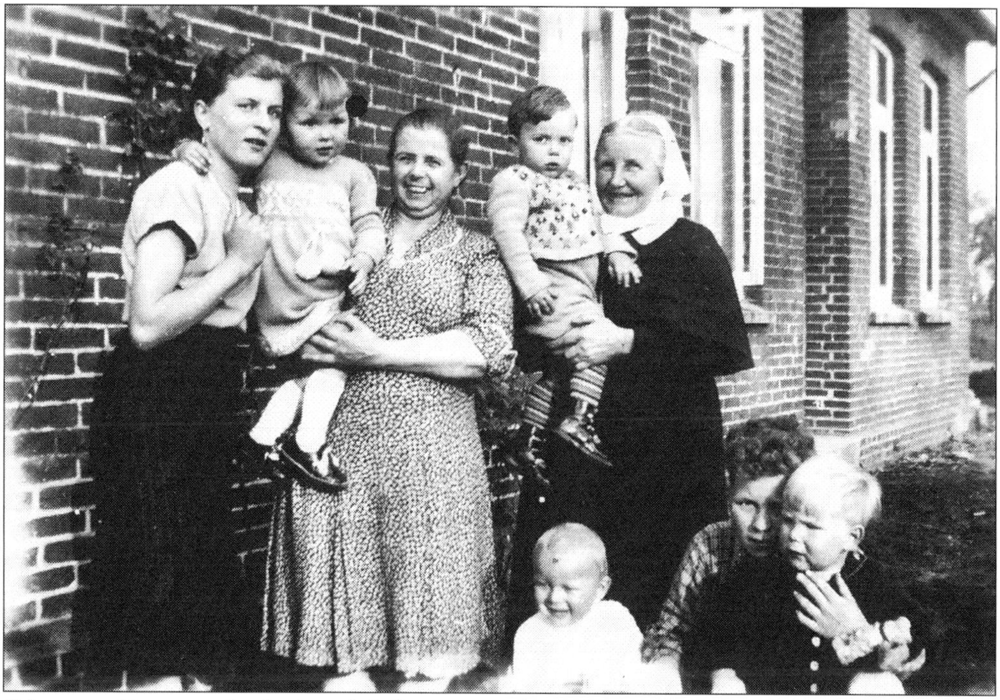

Schwester Hermine (rechts) und Lilli Marxen (Mitte) mit zwei Enkelkindern, deren Spielkameraden und Elle Janßen (links).

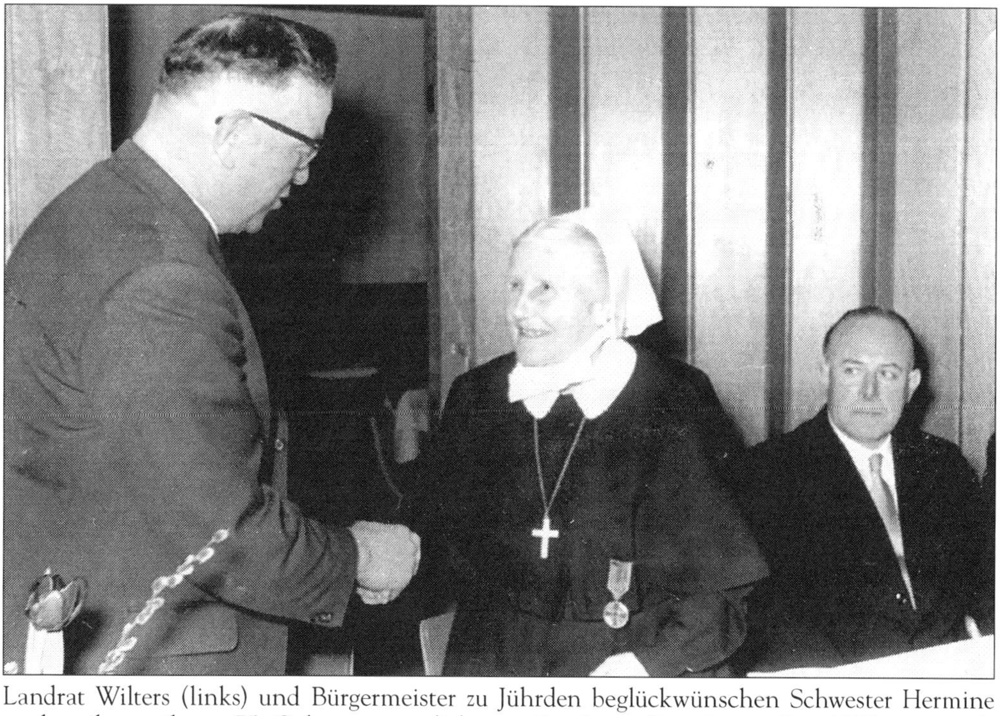

Landrat Wilters (links) und Bürgermeister zu Jührden beglückwünschen Schwester Hermine zu dem ihr an ihrem 75. Geburtstag verliehenen Bundesverdienstkreuz. Seit 1925 war sie als Gemeindeschwester tätig.

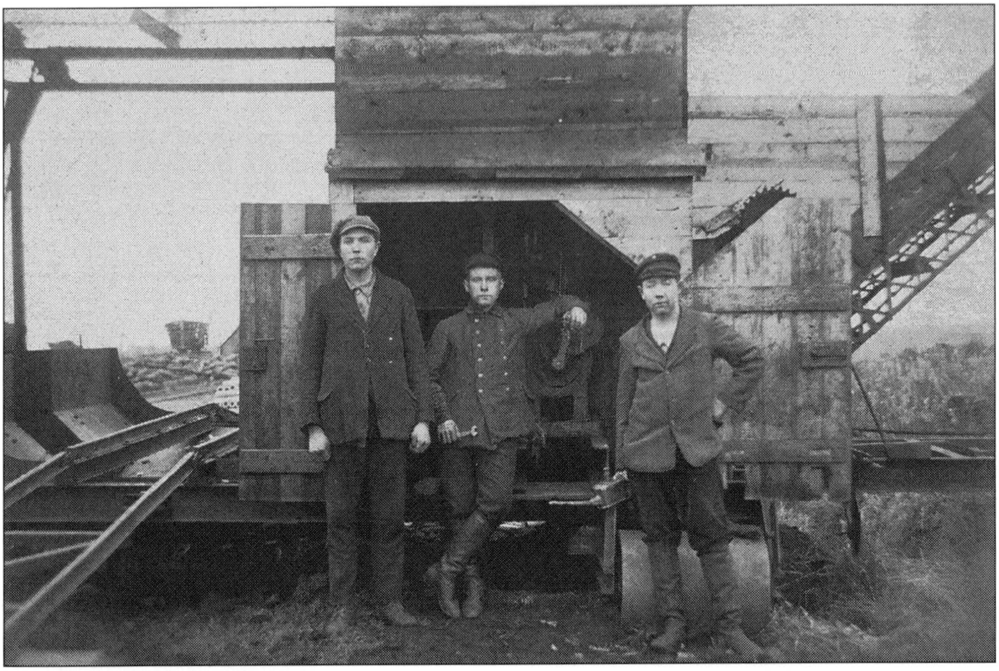

Otto Janßen (Mitte) mit Kollegen vor einer Verladerampe für Torf.

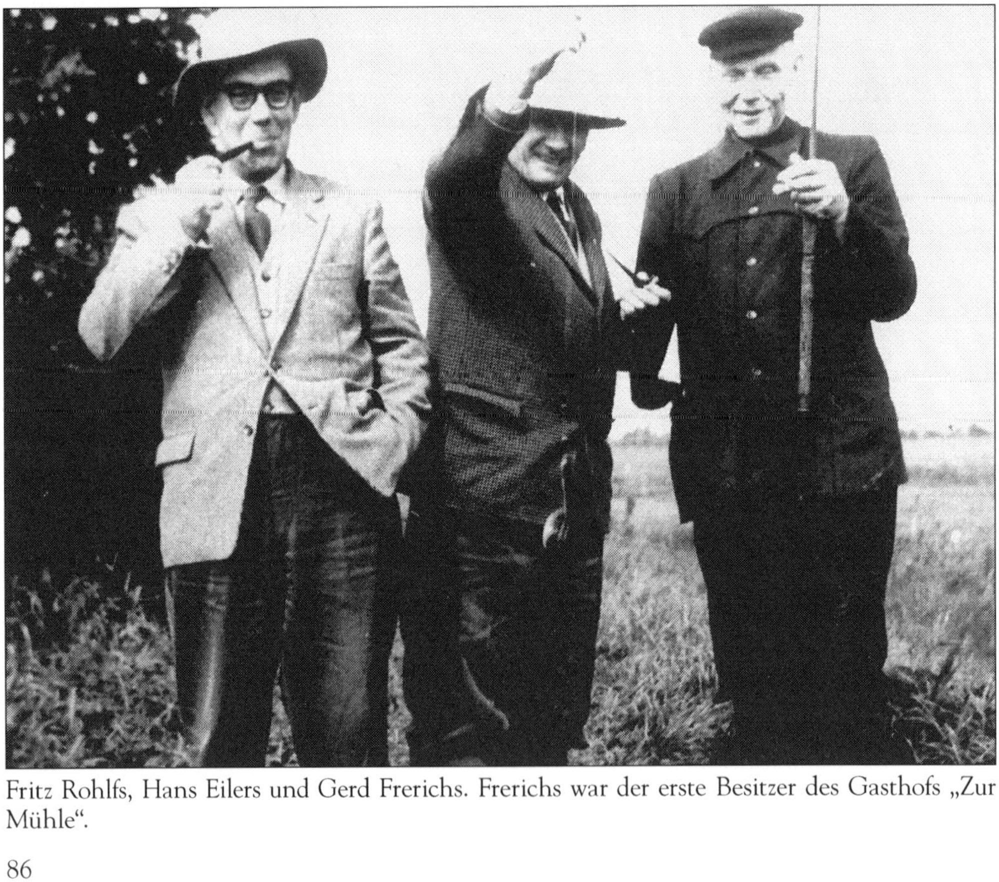

Fritz Rohlfs, Hans Eilers und Gerd Frerichs. Frerichs war der erste Besitzer des Gasthofs „Zur Mühle“.

5

Leben und Arbeiten auf dem Lande

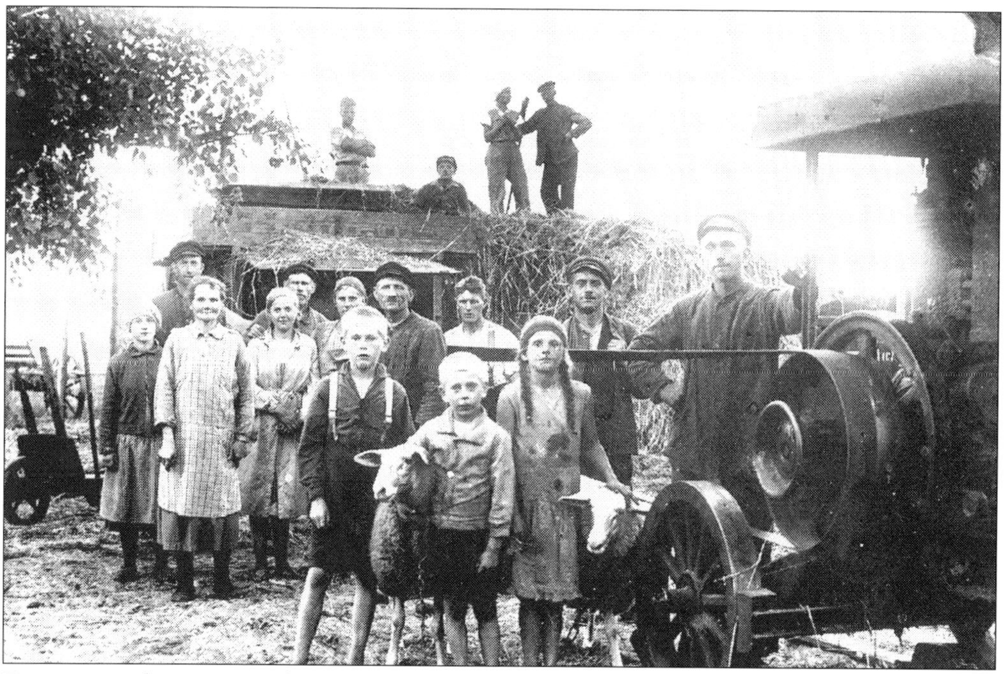

Es war einmal … um 1920 beim Dreschen.

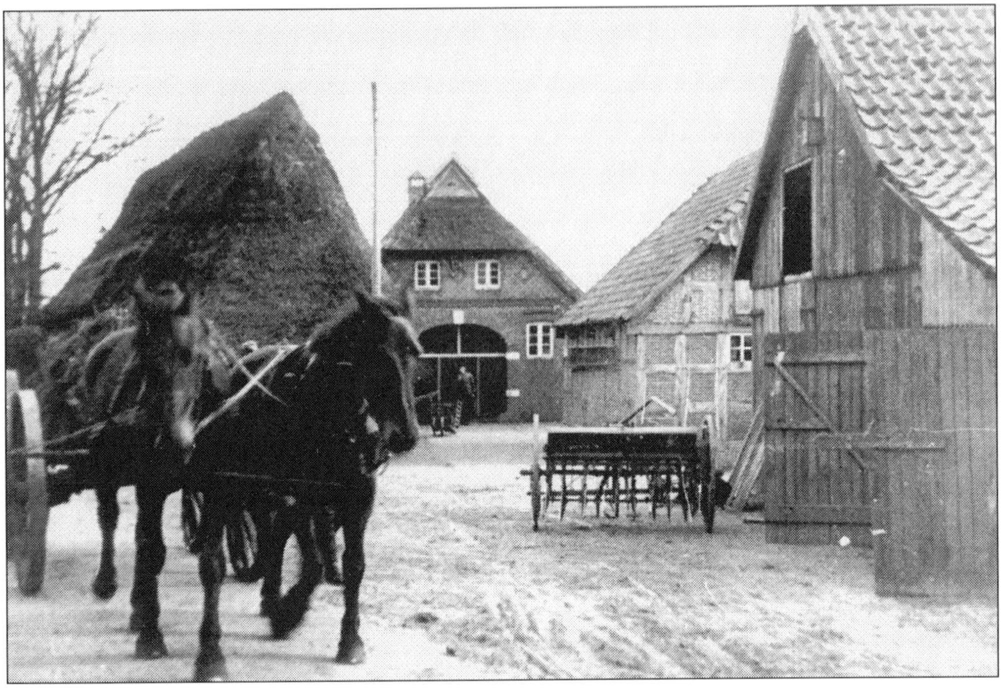

Bauernhof Röbenartsen in Nord Edewecht II.

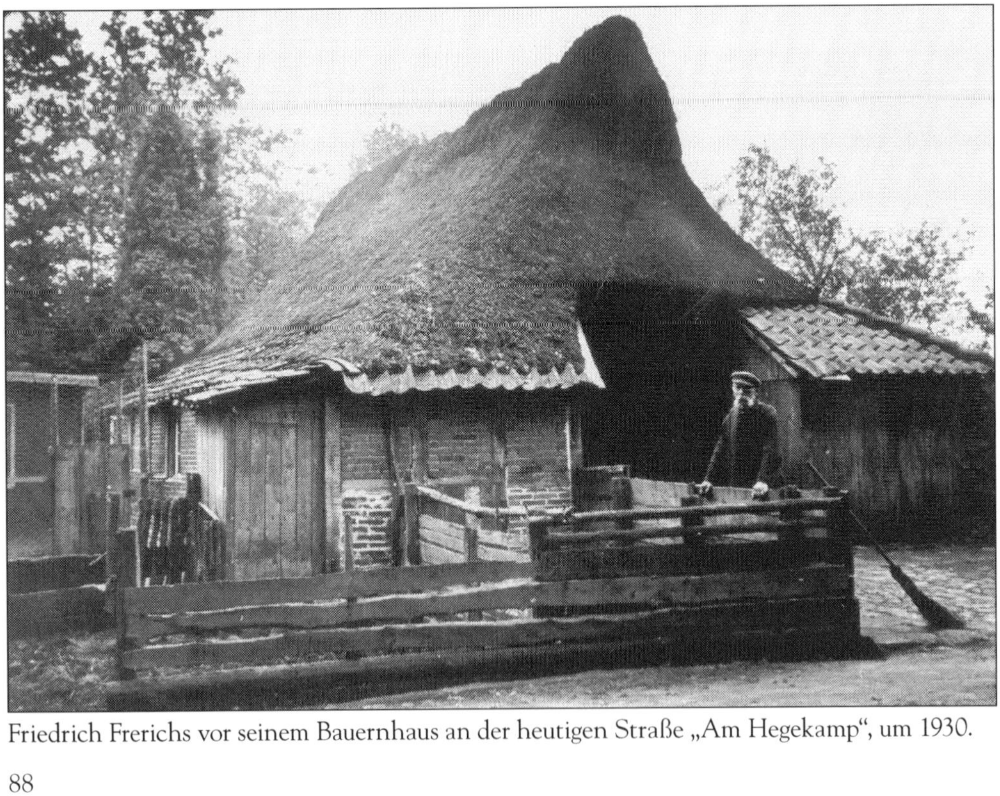

Friedrich Frerichs vor seinem Bauernhaus an der heutigen Straße „Am Hegekamp“, um 1930.

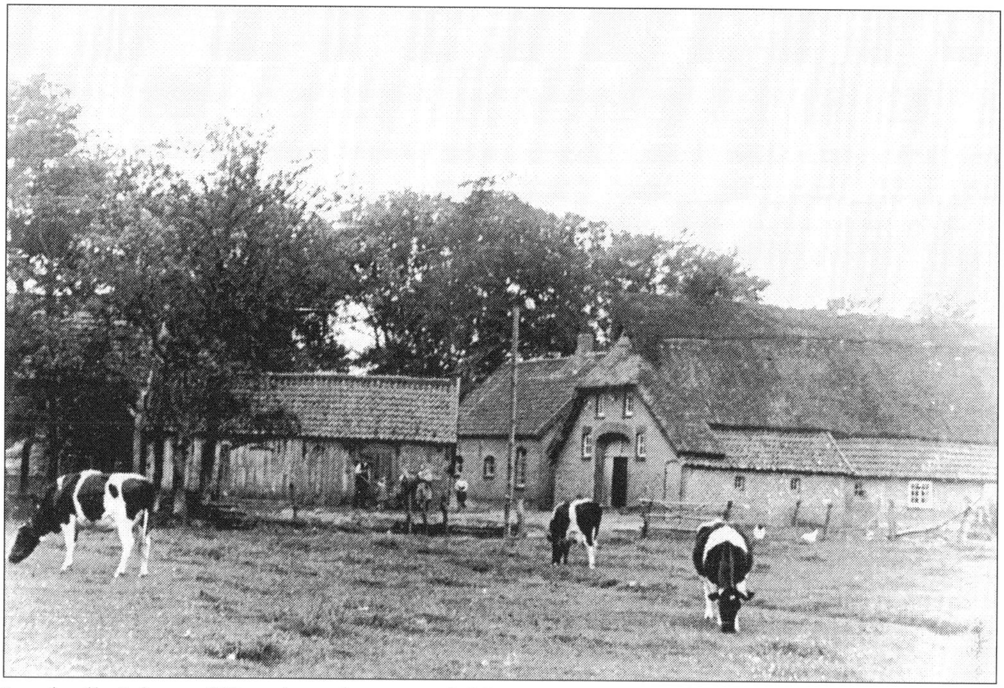

Landstelle Johann Wittenberg (genannt Schlomans Fietsen Jan) an der Hausmannstraße in Westerscheps, um 1935.

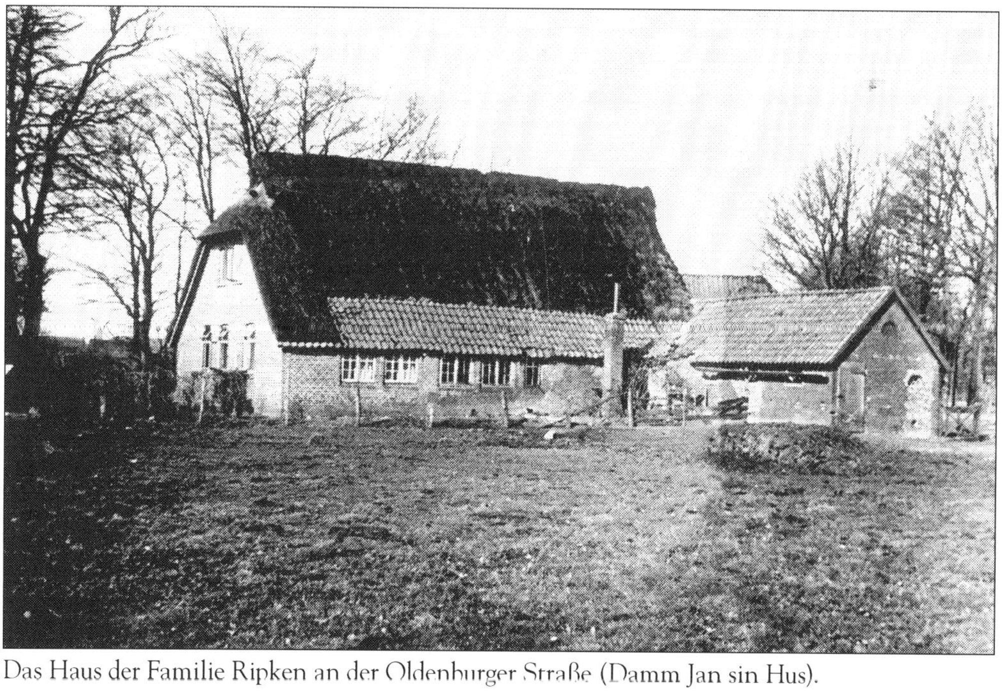

Das Haus der Familie Ripken an der Oldenburger Straße (Damm Jan sin Hus).

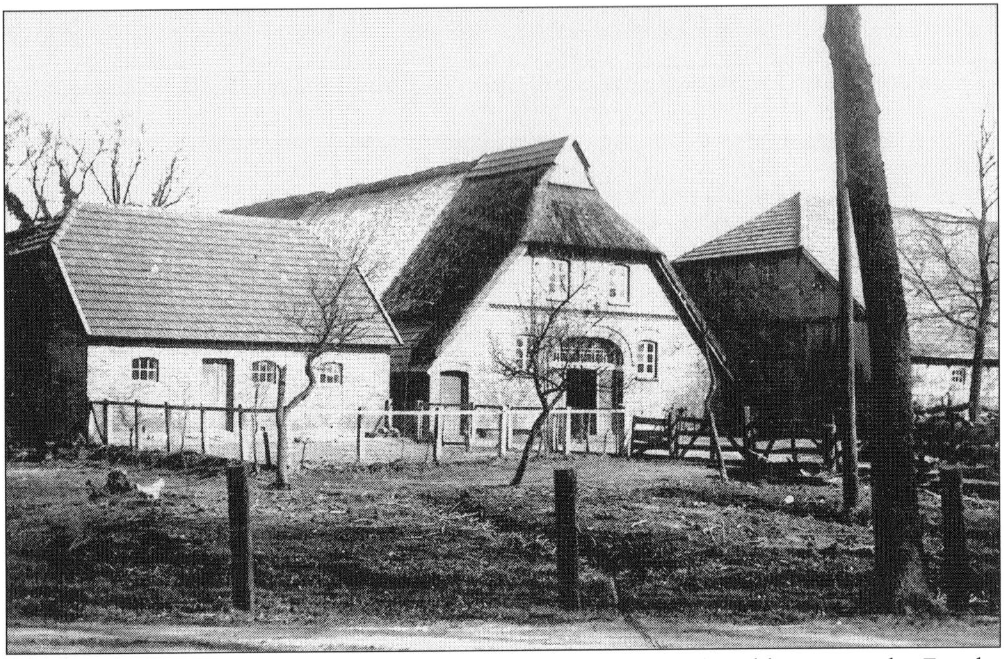

Bauernhof Hobbie in Süd Edewecht an der Hauptstraße. Der Hof wird heute von der Familie Barsties bewirtschaftet.

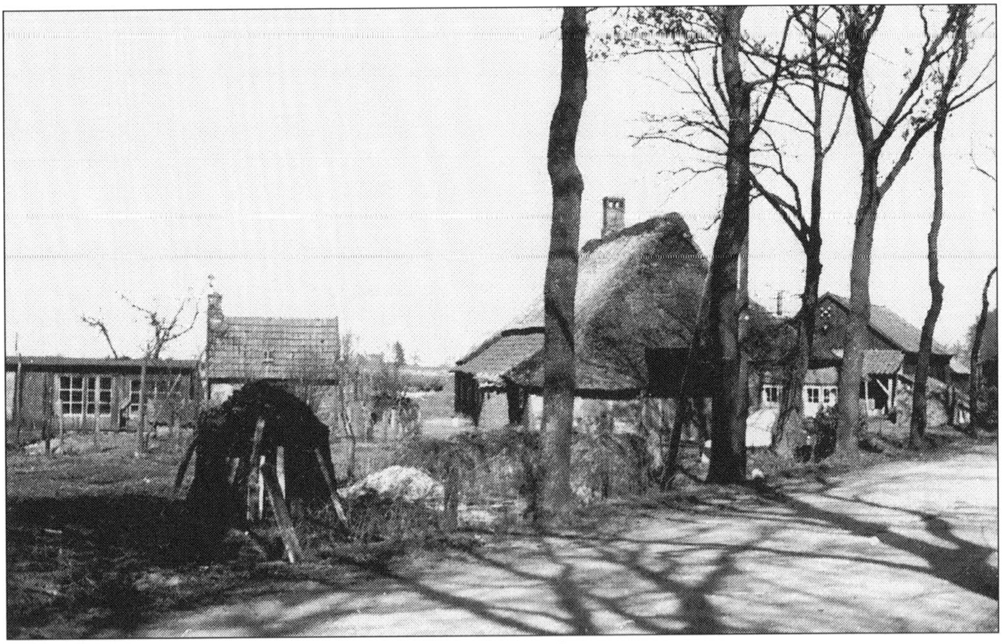

Die Landstelle Gerhard Hellmerichs in Nord Edewecht.

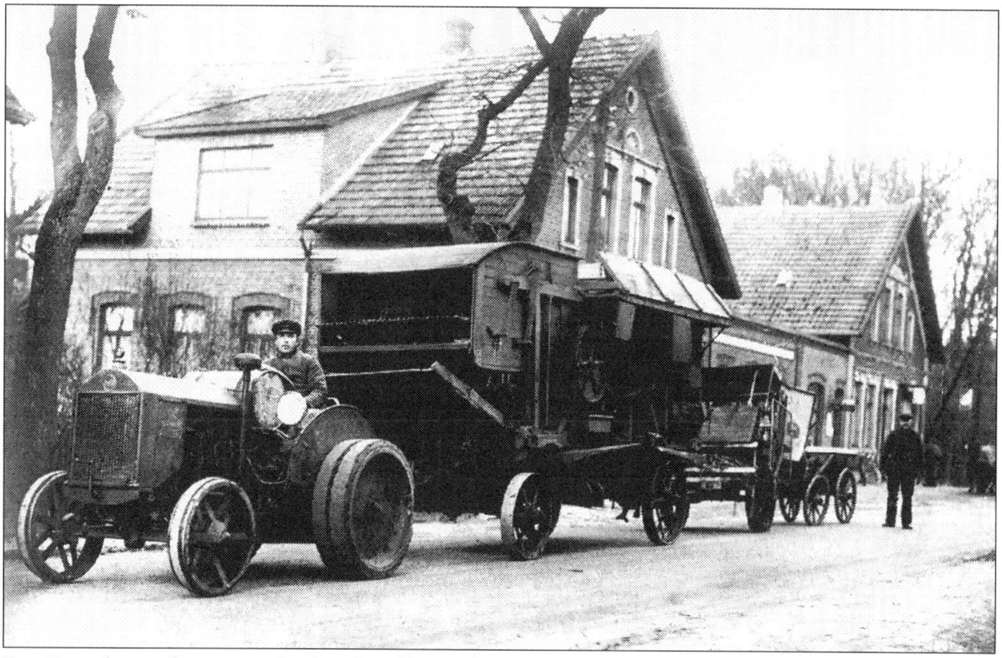

Die Dreschmaschine von Gerhard Hellmerichs.

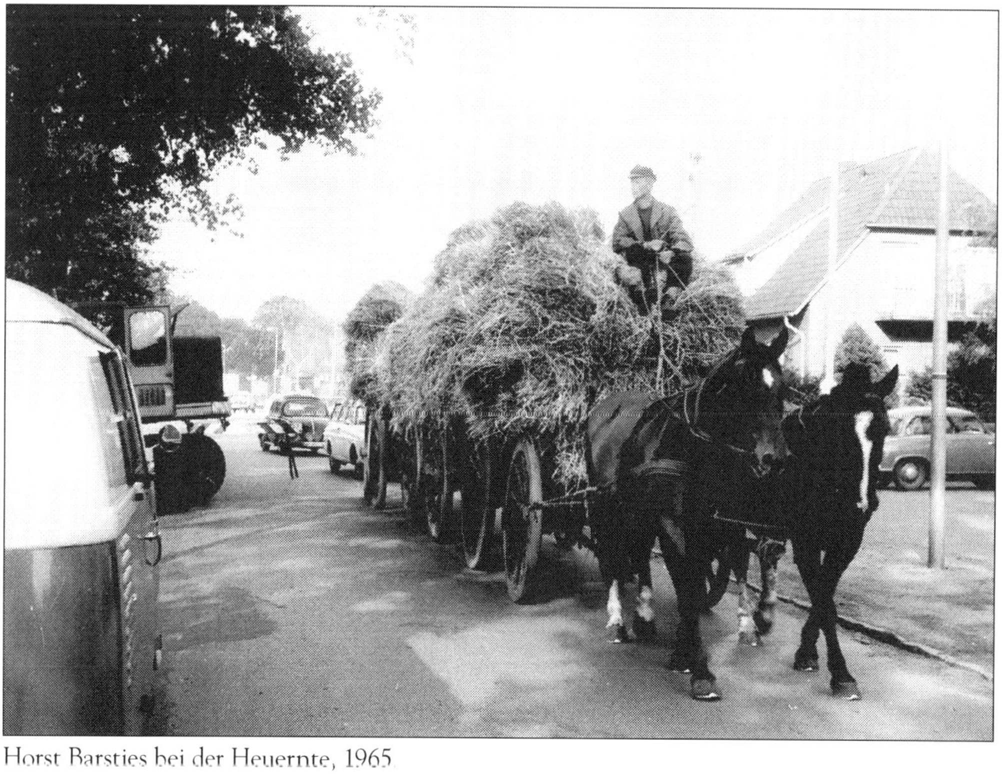

Horst Barsties bei der Heuernte, 1965.

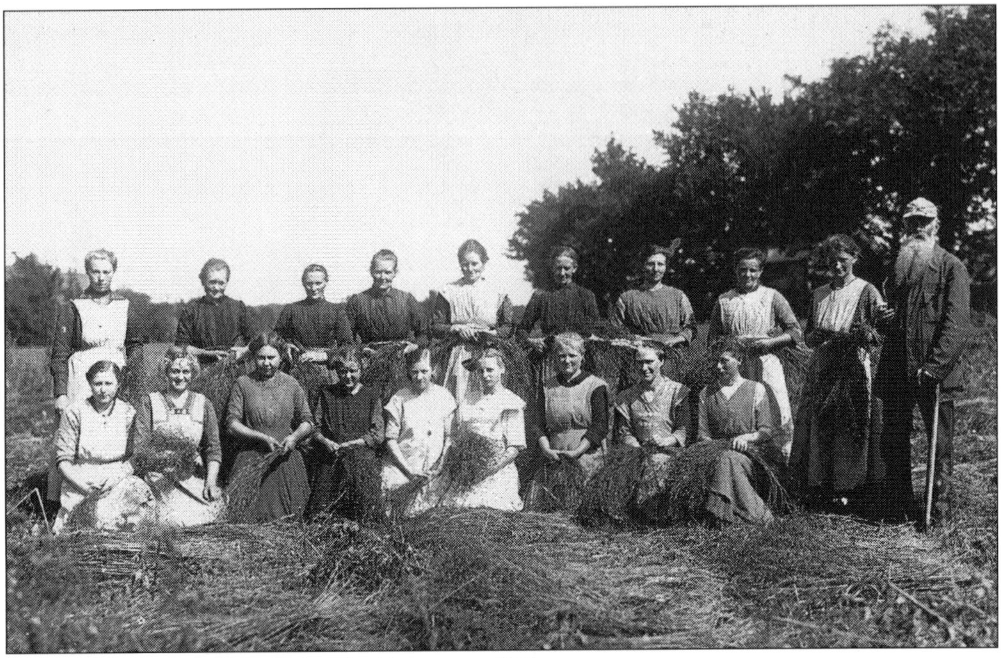

Bauer Oellien aus Edewecht bei der Ernte, um 1918.

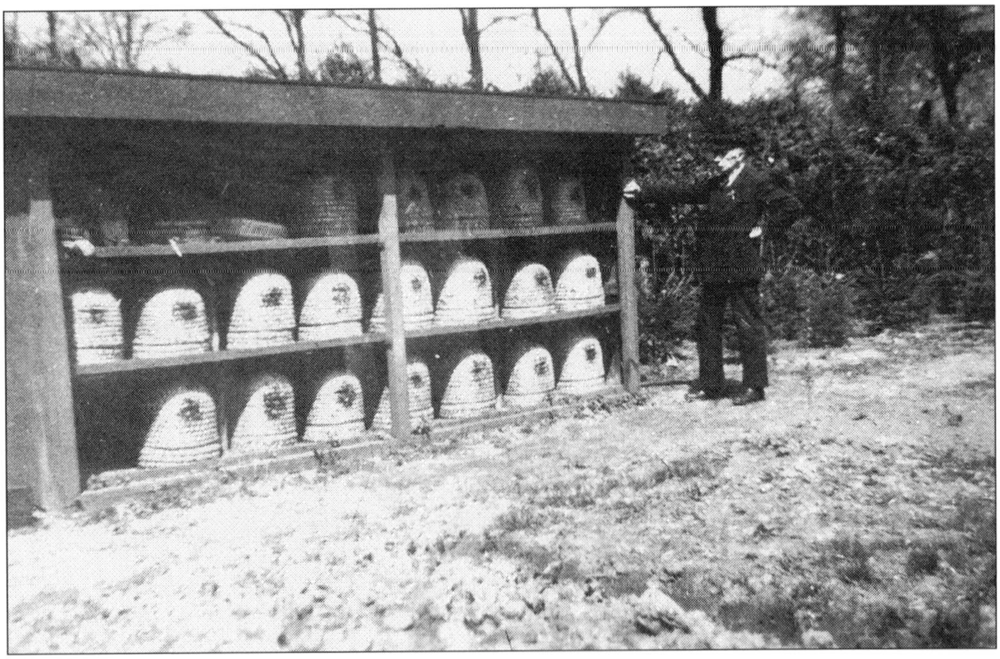

Imker Johann Eilers aus Portsloge, um 1935.

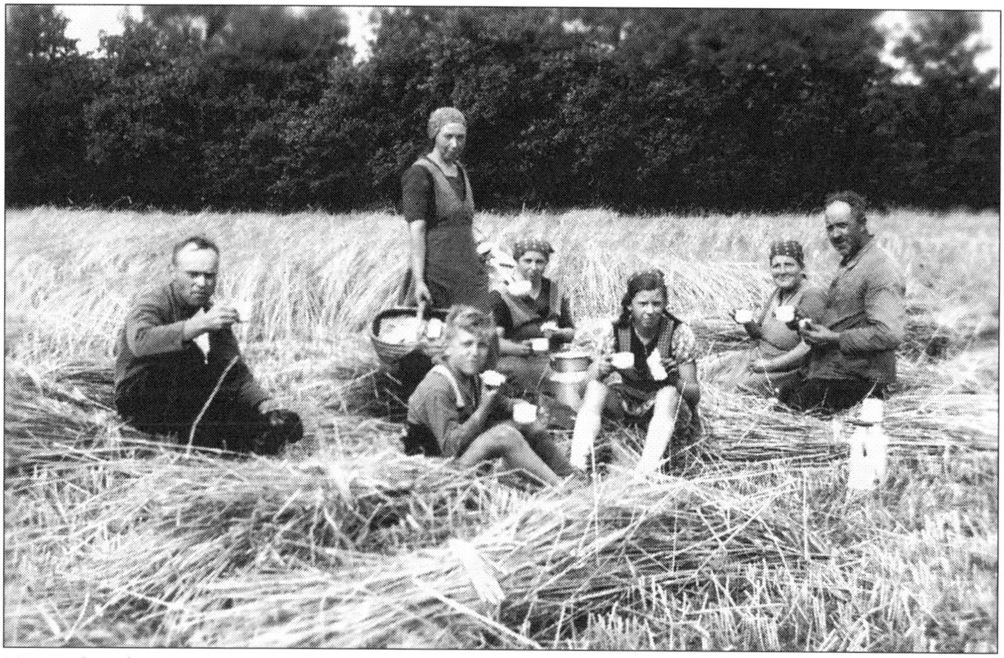

Vesper bei der Roggenernte.

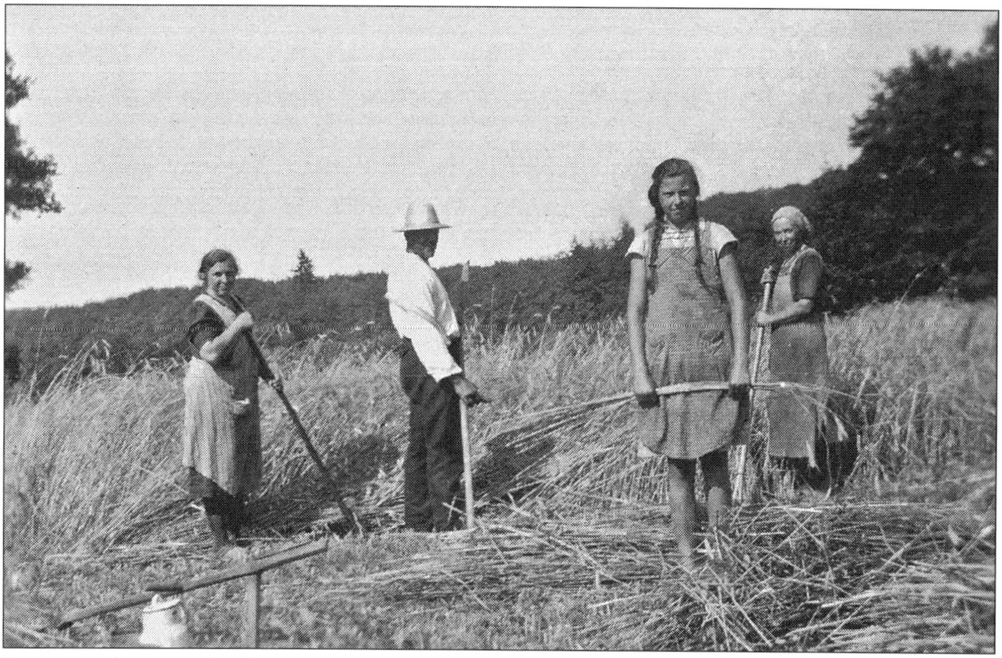

Roggenmähen mit der Sense.

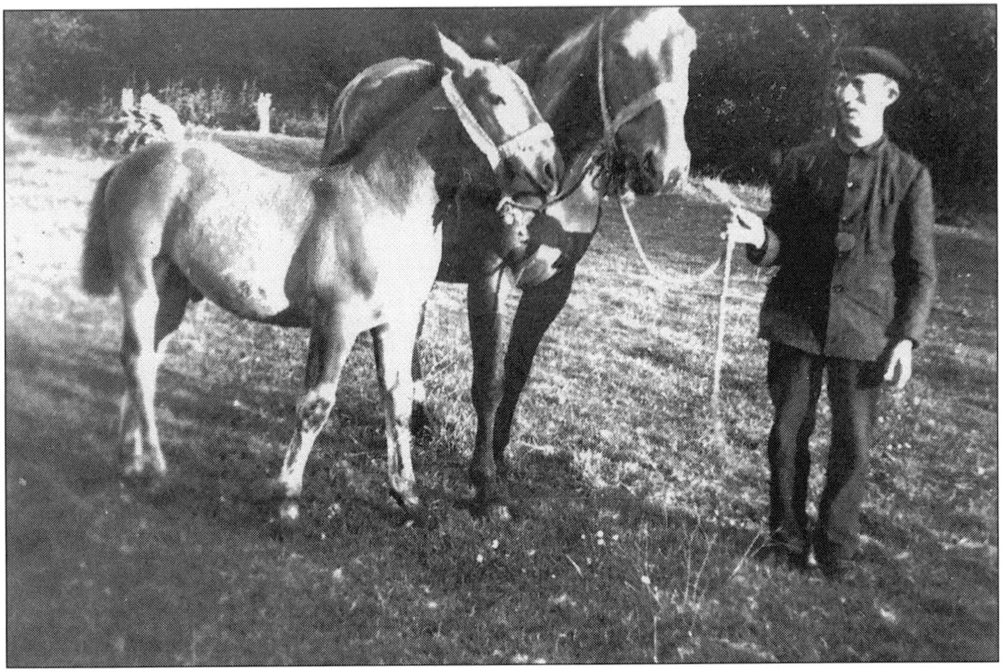

„Opa Hobbie“, der unter dem Namen „Lübben Gerhard“ bekannt war.

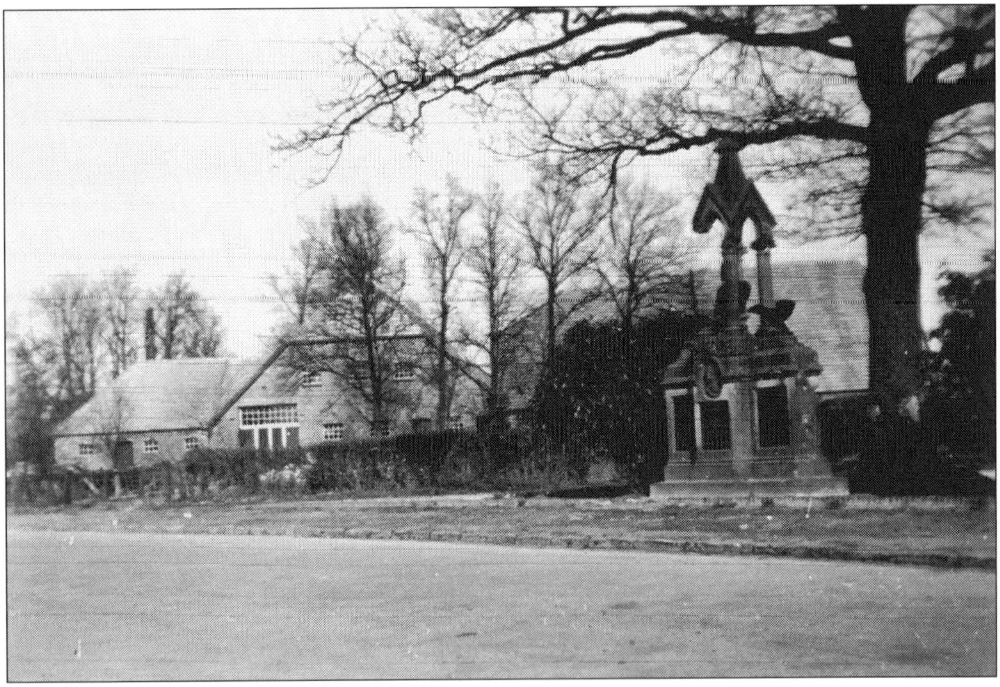

Kriegerdenkmal. Im Hintergrund der Bauernhof Hobbie.

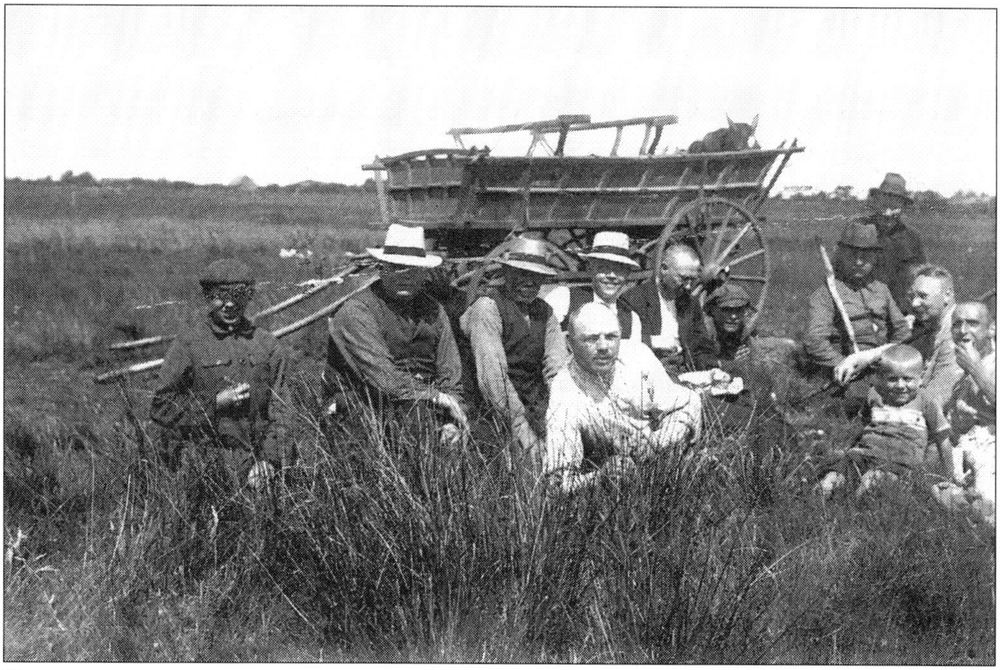

Vesperzeit.

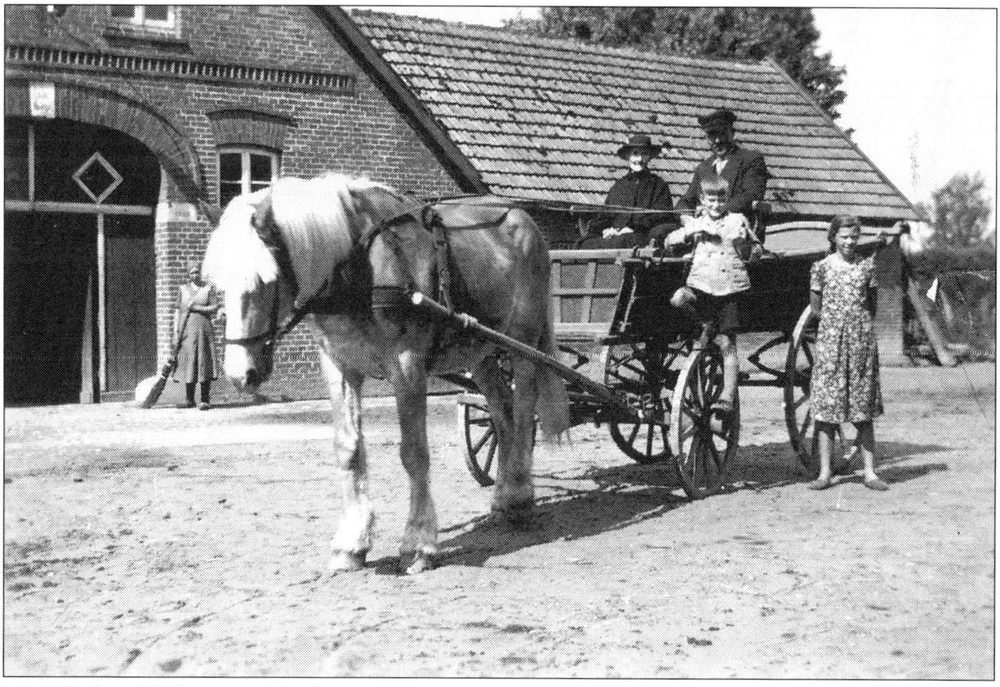

Mit Pferd und Wagen ins Dorf.

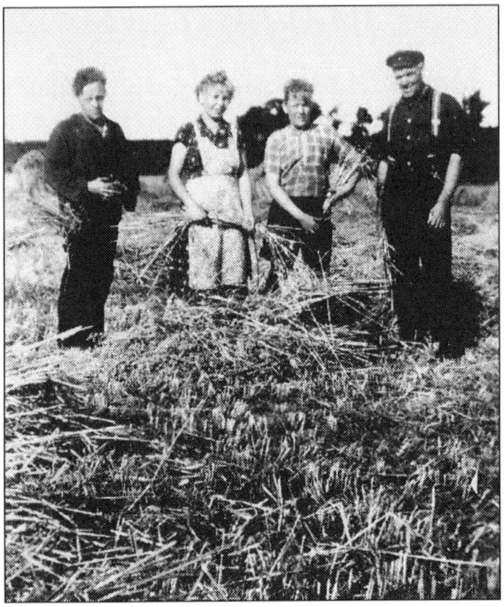

Familie Dierks bei der Haferernte auf dem Esch in Edewecht, um 1948.

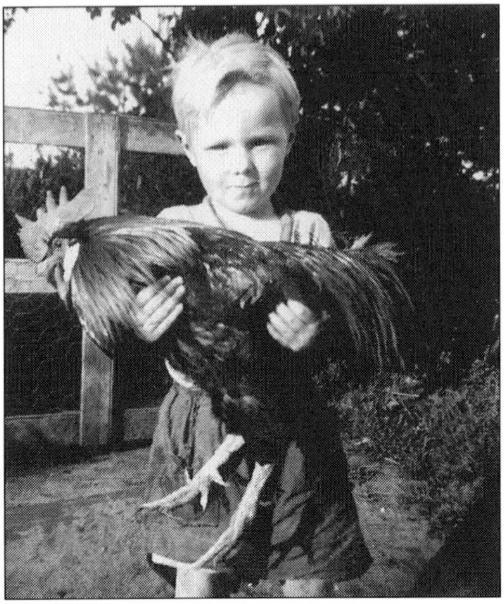

Peter Pacholke mit seinem Gockel.

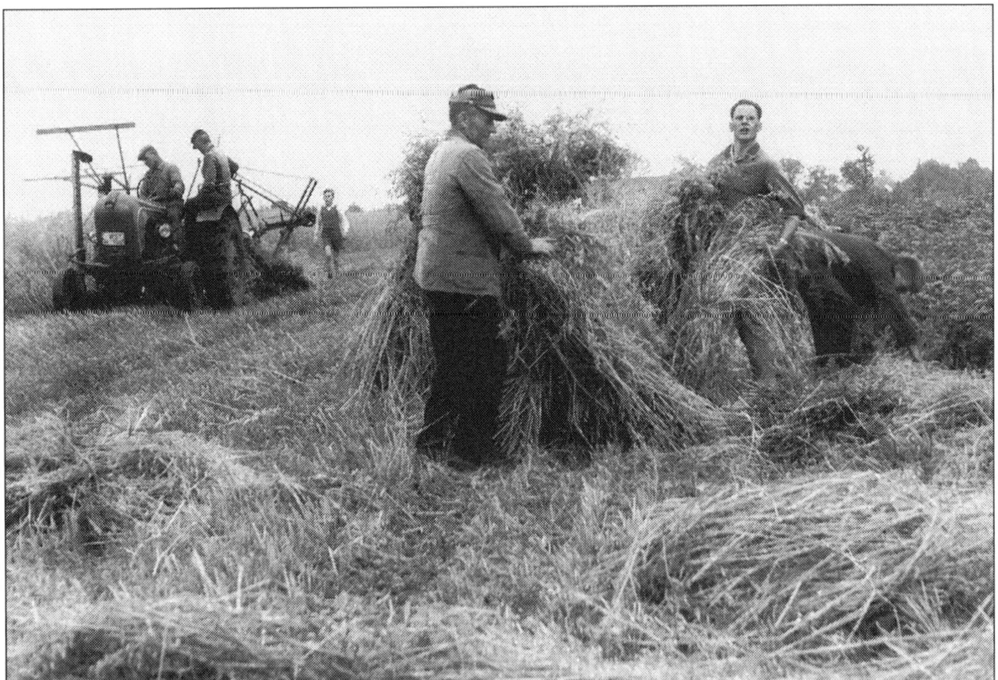

Bei der Ernte.

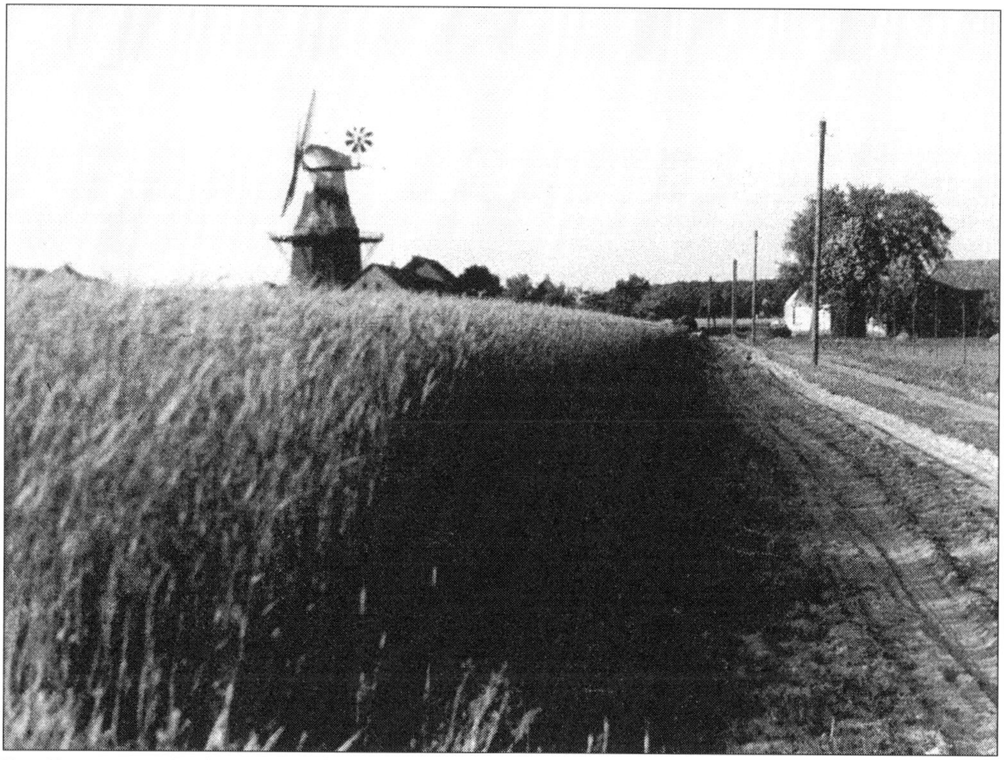

Der Breeweg in Richtung Gasthof „Zur Mühle“.

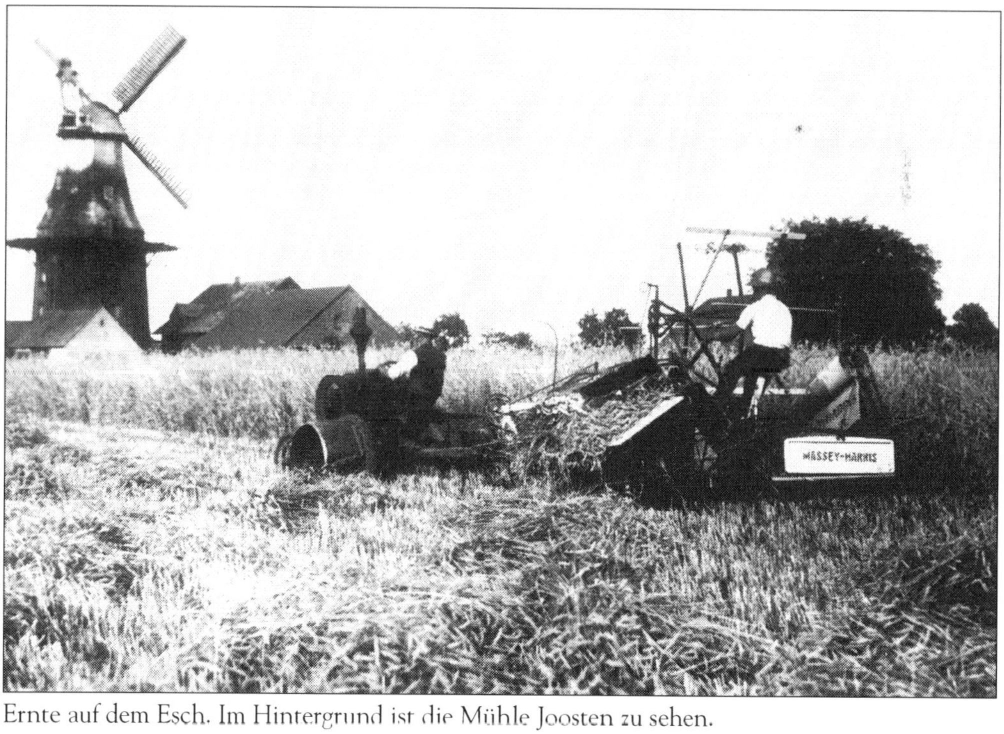

Ernte auf dem Esch. Im Hintergrund ist die Mühle Joosten zu sehen.

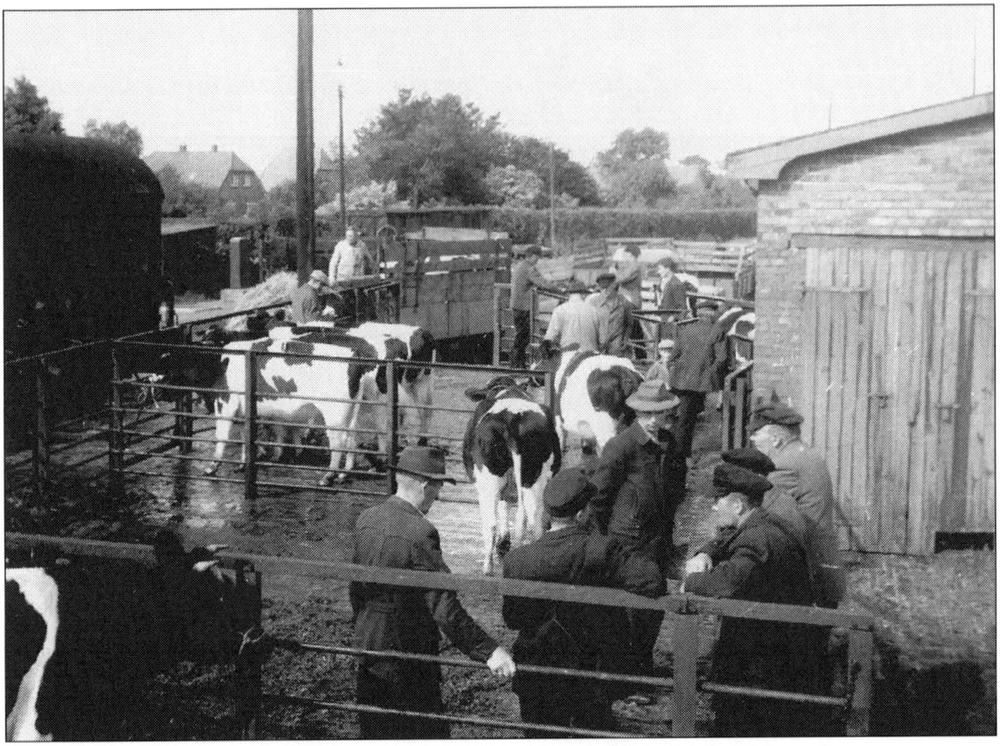

Tierschau Anfang der 1960er Jahre auf der Viehrampe am Bahnhof in Edewecht.

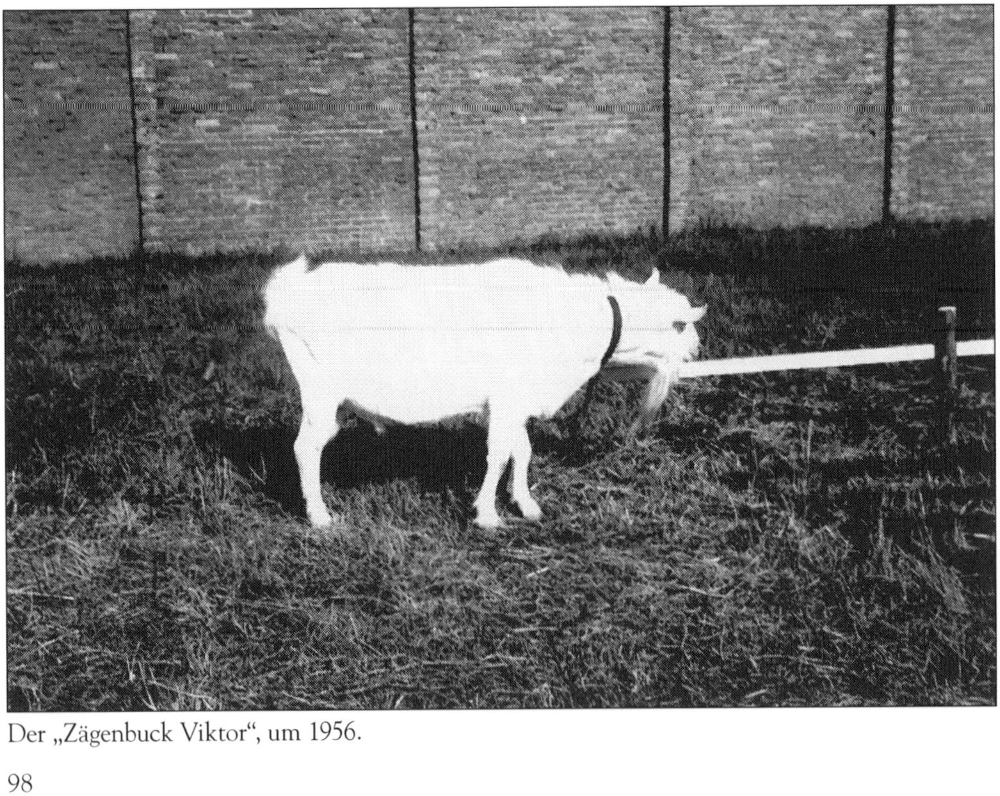

Der „Zägenbuck Viktor“, um 1956.

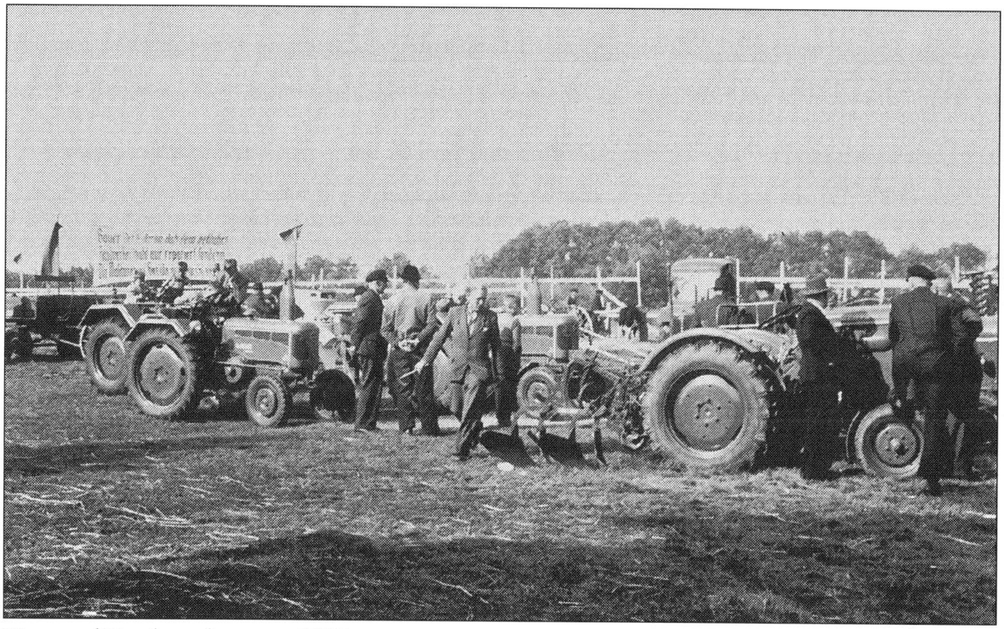

Tier- und Treckerschau, um 1957.

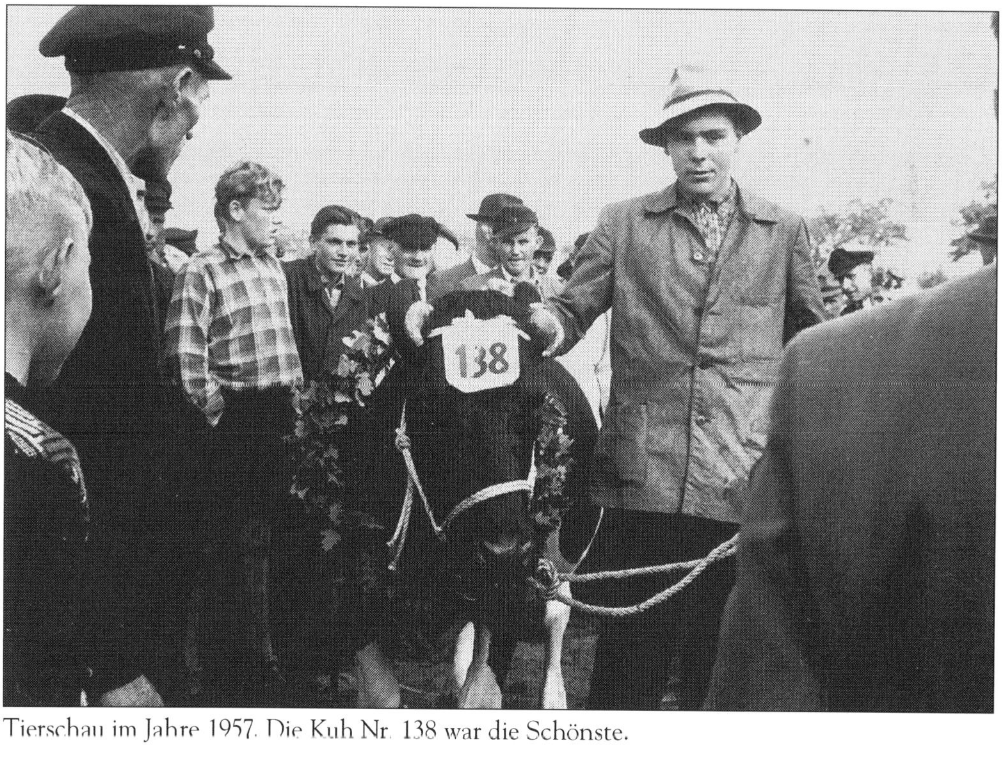

Tierschau im Jahre 1957. Die Kuh Nr. 138 war die Schönste.

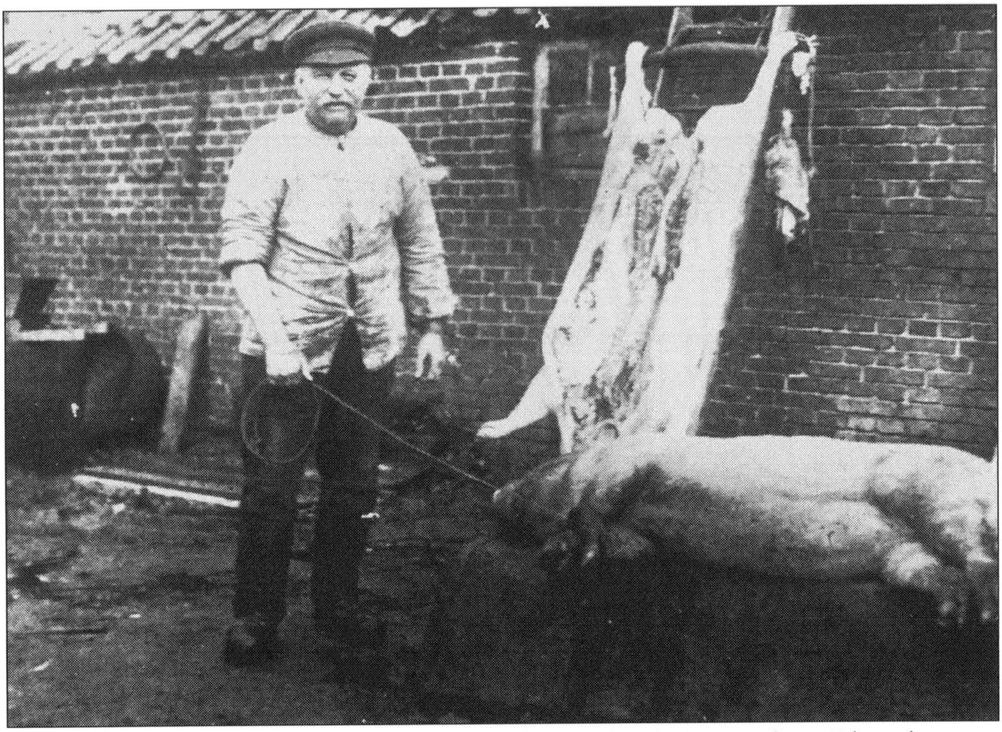

„Opa" Jürgenstatje bei der Hausschlachtung im Jahre 1925 in der Lajestraße in Edewecht.

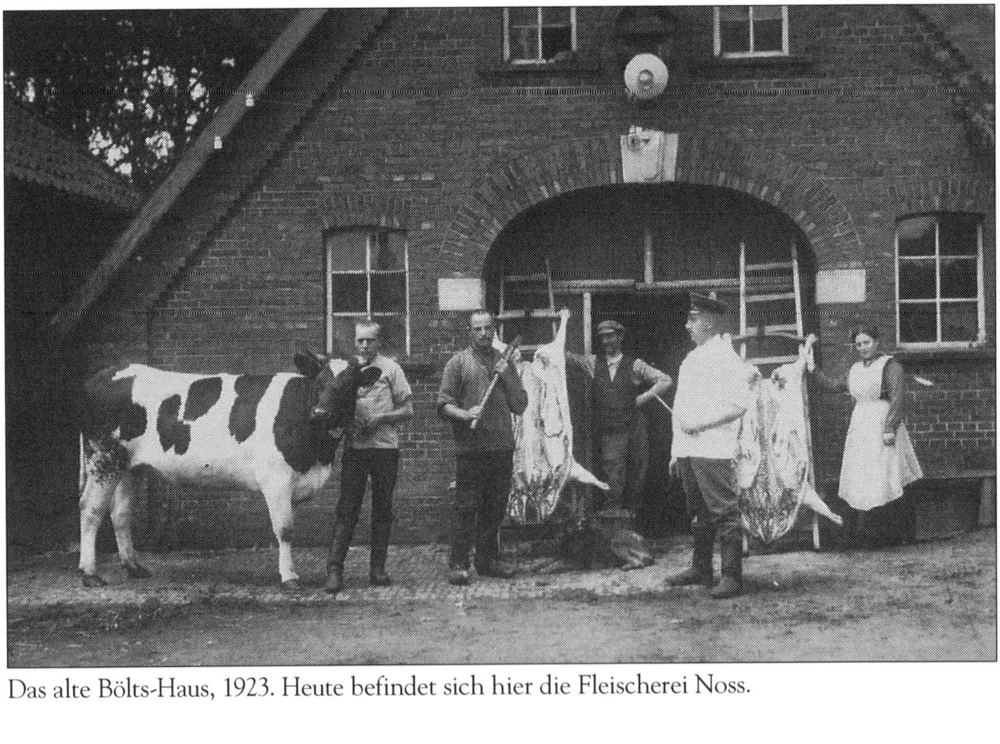

Das alte Bölts-Haus, 1923. Heute befindet sich hier die Fleischerei Noss.

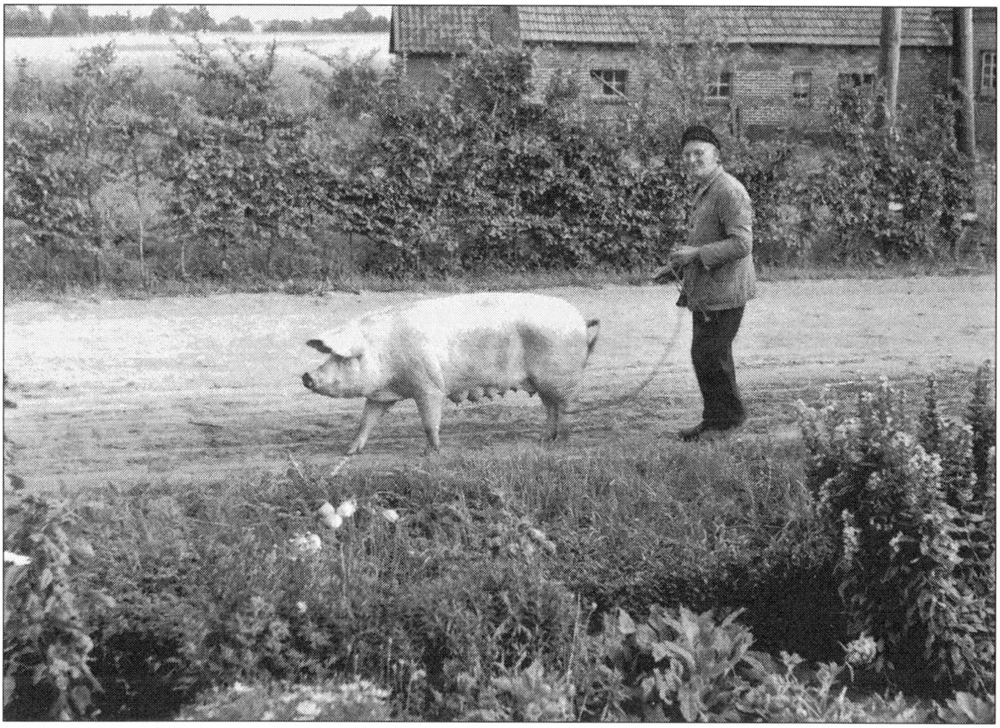

Gerhard Grahlmann mit „sin Mutt no'n Hauer bi Hedemann“ auf dem Weg zur „Kotelettvermehrung“.

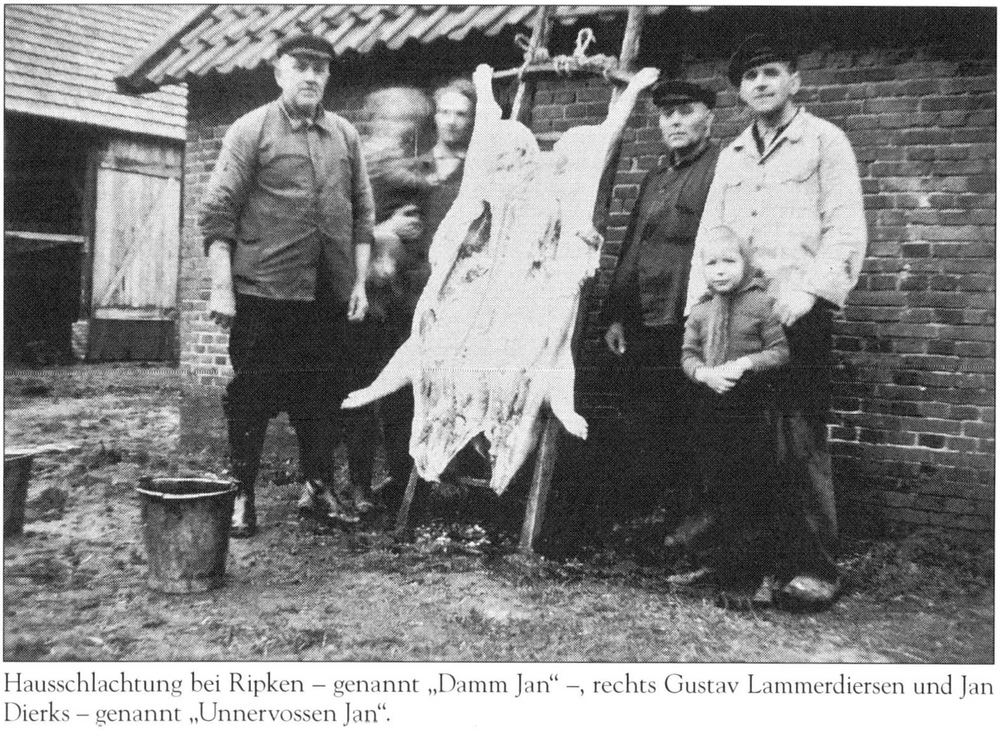

Hausschlachtung bei Ripken – genannt „Damm Jan“ –, rechts Gustav Lammerdiersen und Jan Dierks – genannt „Unnervossen Jan“.

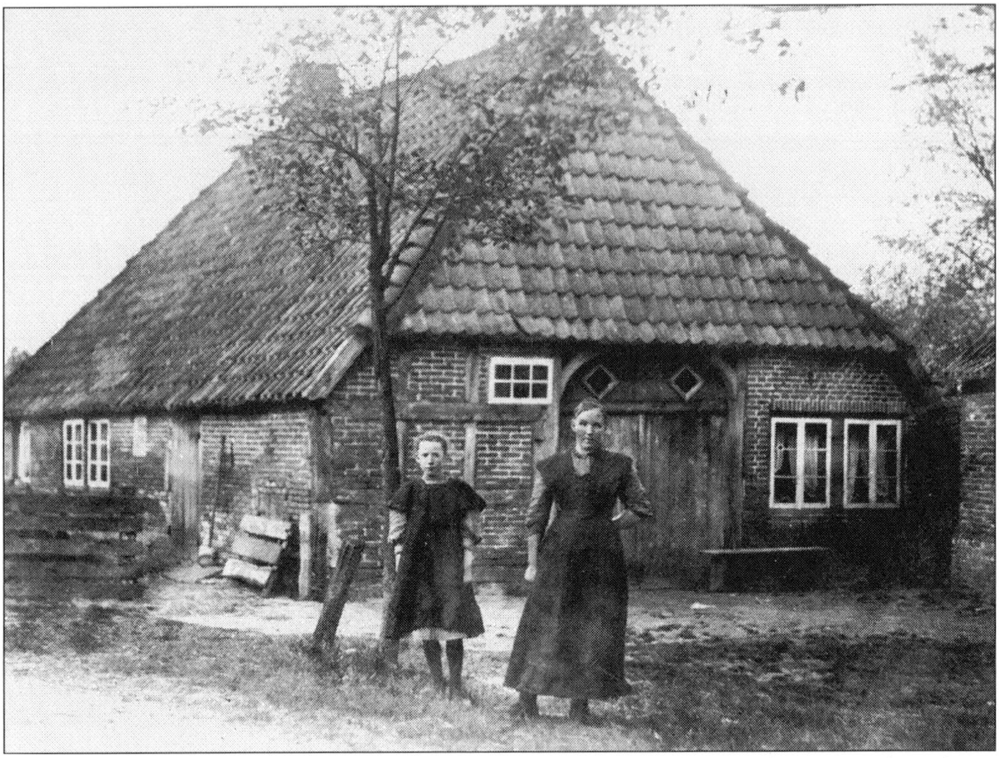

Zu den größeren Bauernhöfen gehörten oftmals mehrere Heuerhäuser, deren Bewohner beim Bauern tätig waren. Auf dem Bild ist das Heuerhaus der Landwirtschaft von Gustav Deye in Westerscheps zu sehen.

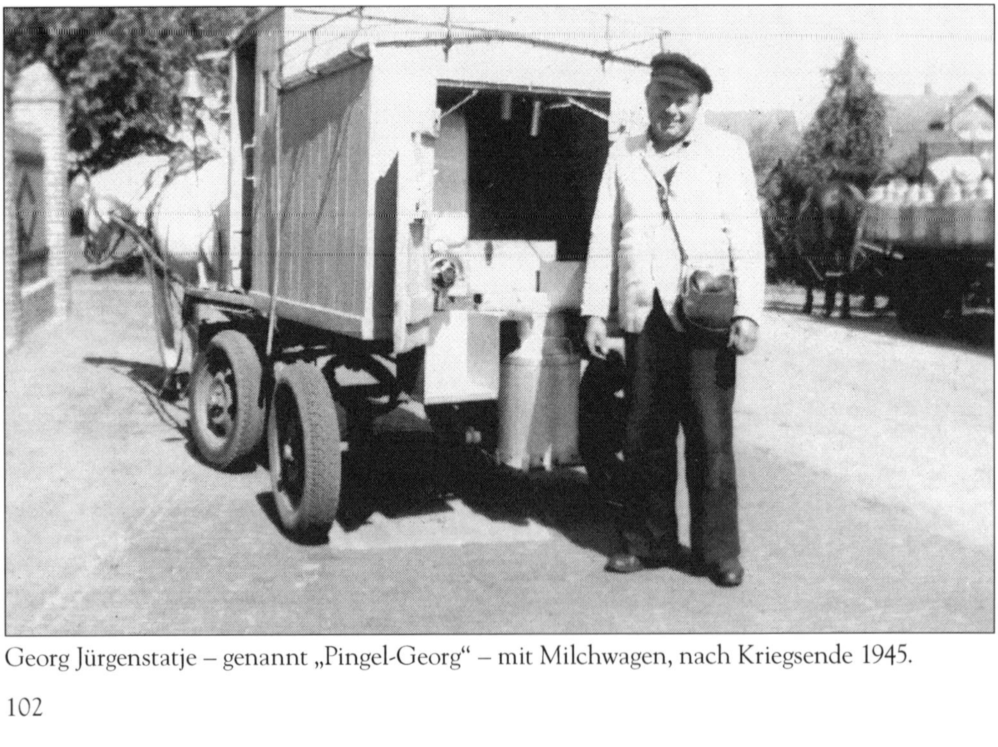

Georg Jürgenstatje – genannt „Pingel-Georg" – mit Milchwagen, nach Kriegsende 1945.

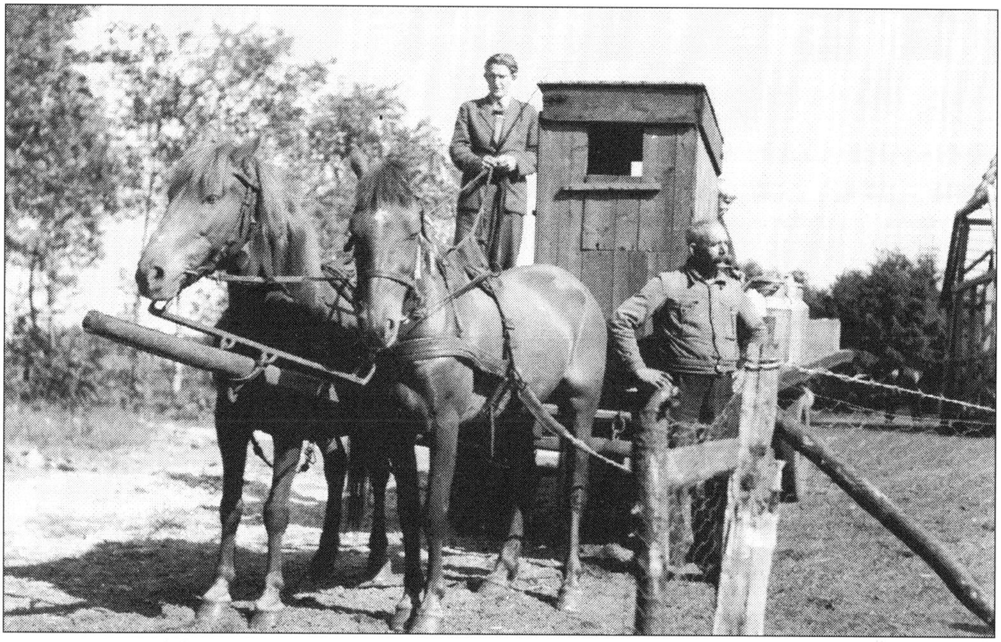

Hein Junge, Milchwagenfahrer aus Jeddeloh II.

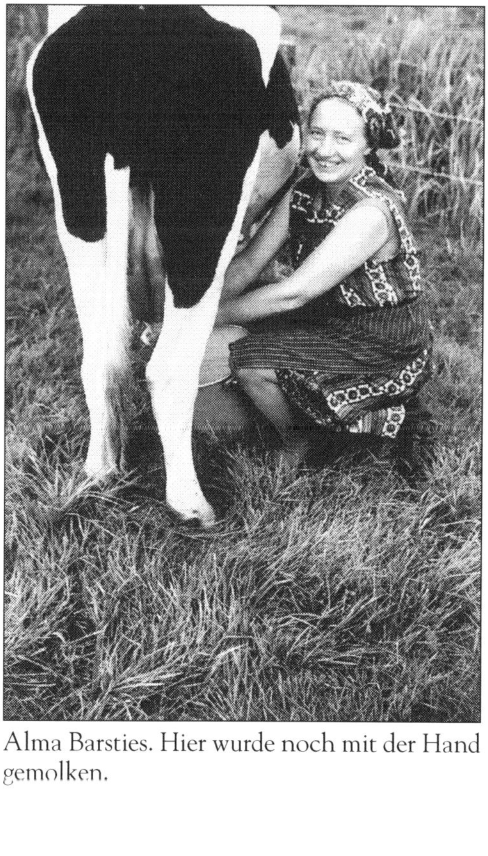

Alma Barsties. Hier wurde noch mit der Hand gemolken.

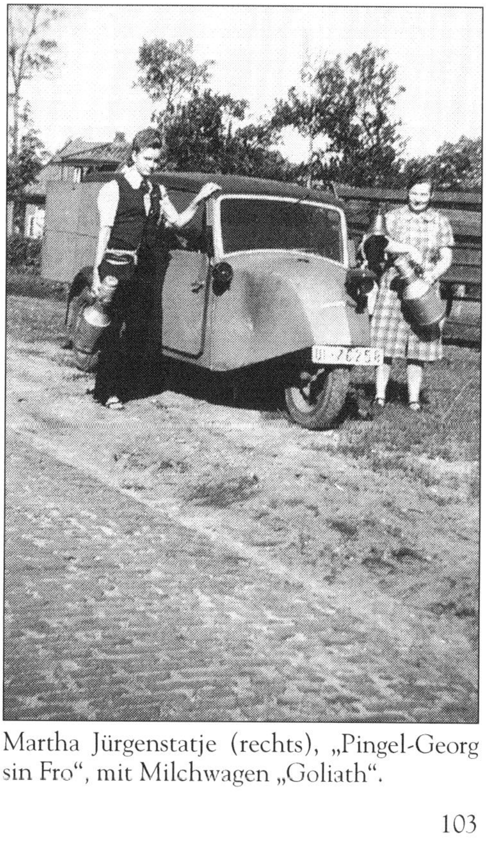

Martha Jürgenstatje (rechts), „Pingel-Georg sin Fro“, mit Milchwagen „Goliath“.

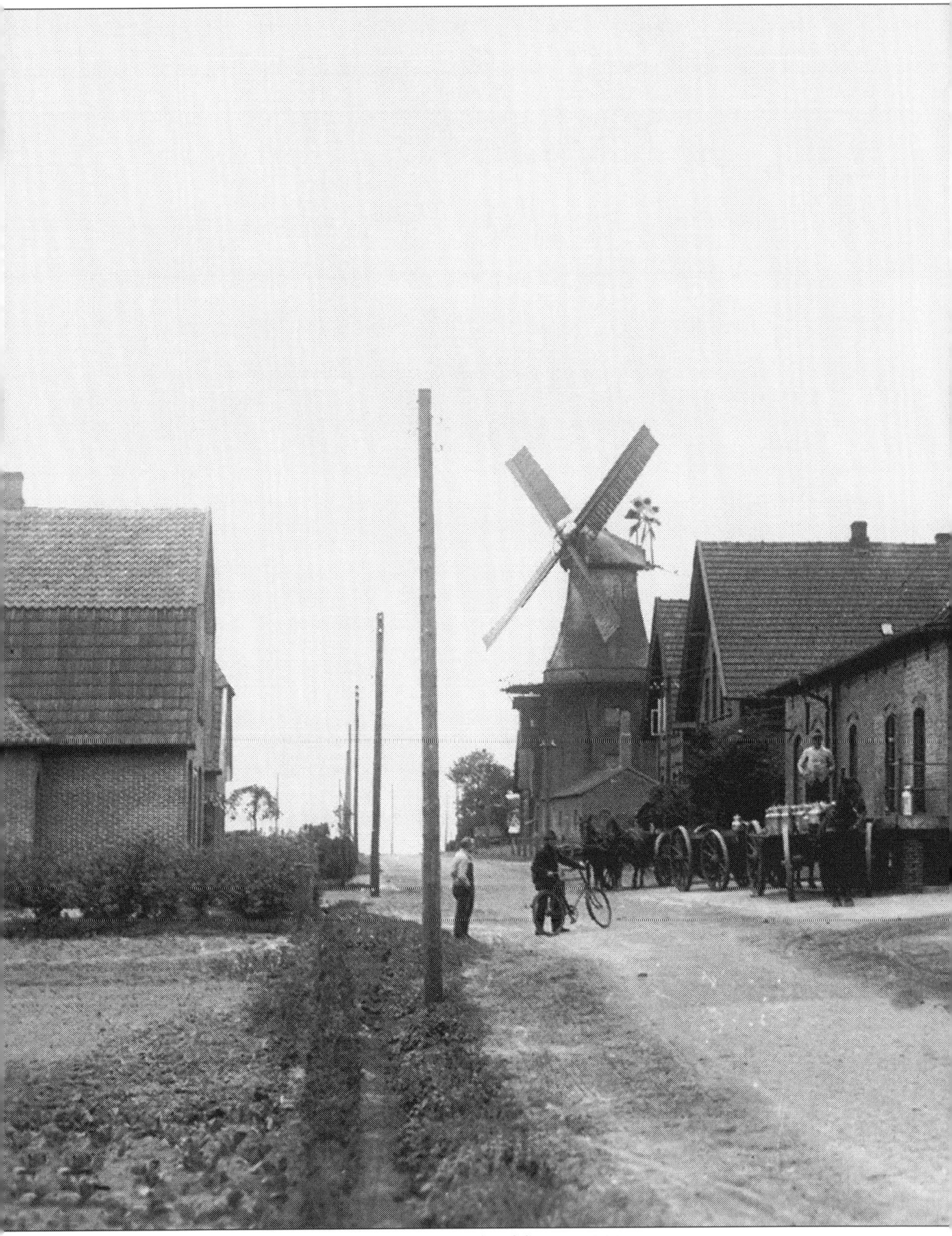

Die alte Molkerei in der Holljestraße mit Windmühle, um 1900.

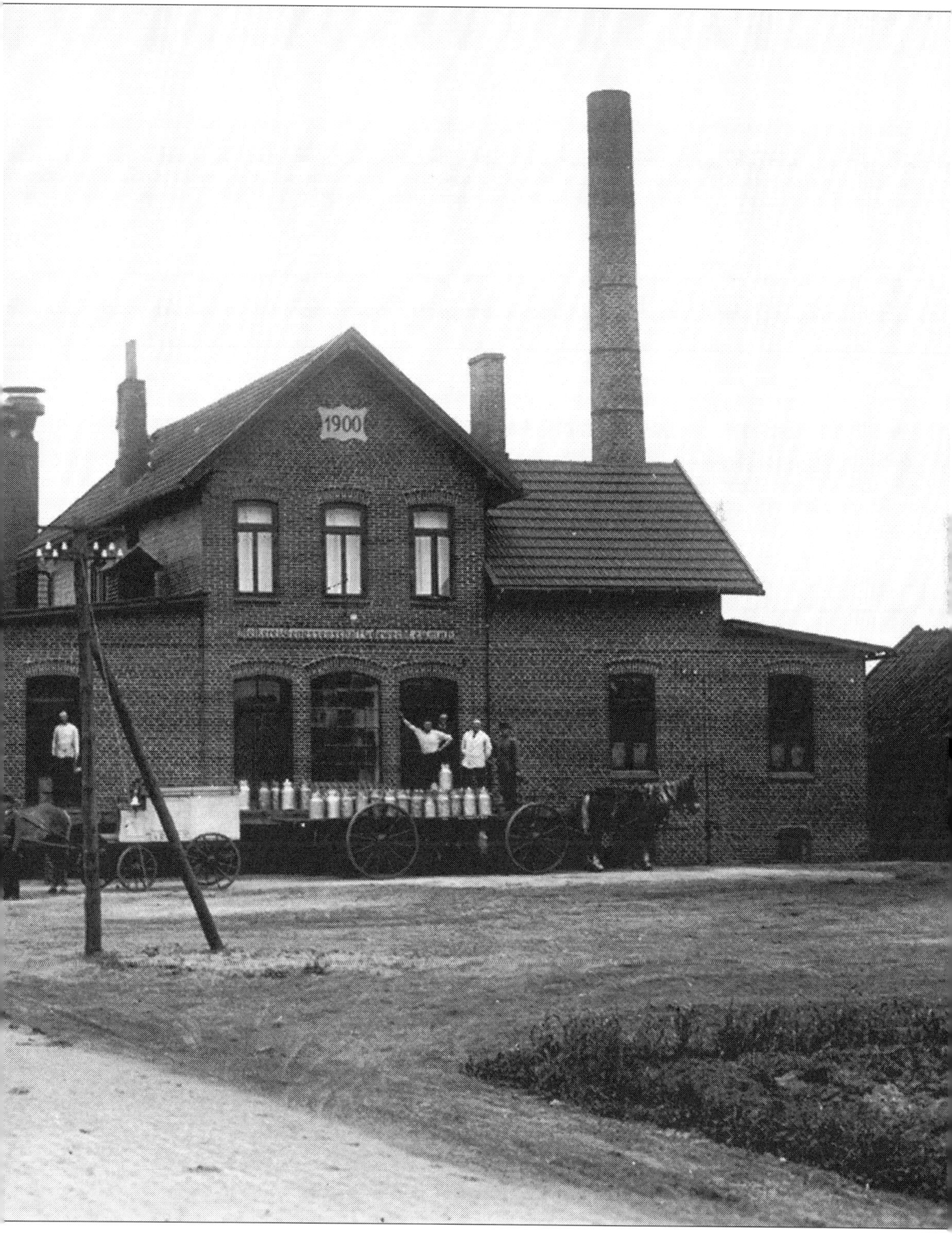
1900

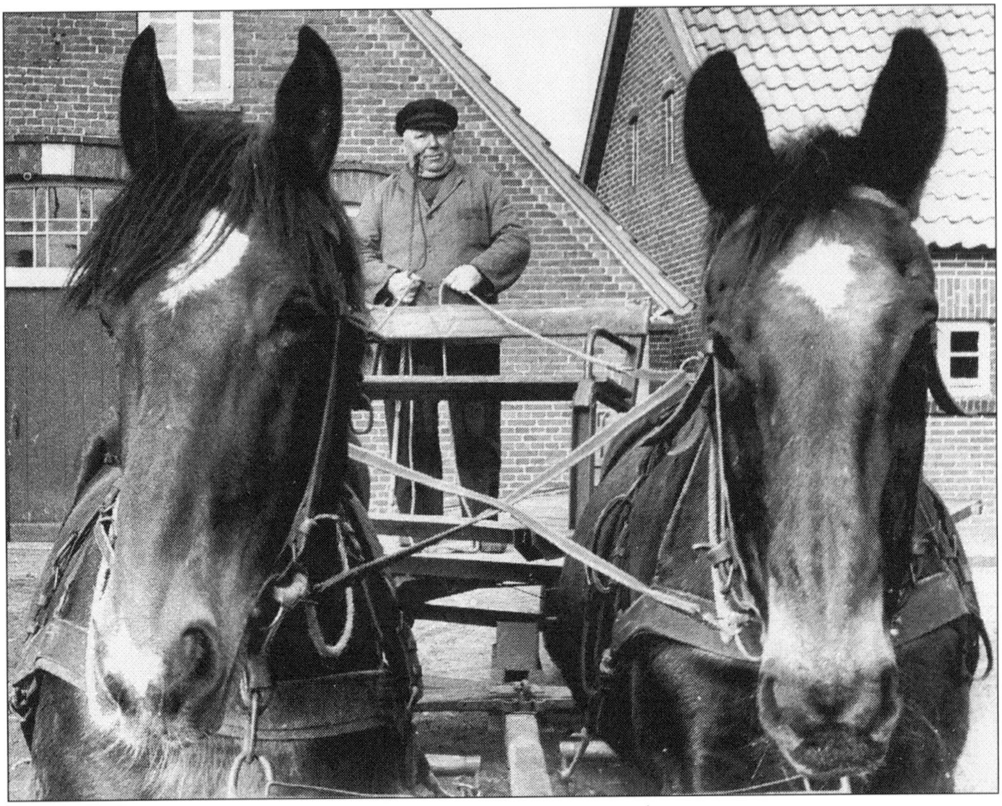

Der langjährige Milchwagenfahrer August Brunßen aus Portsloge.

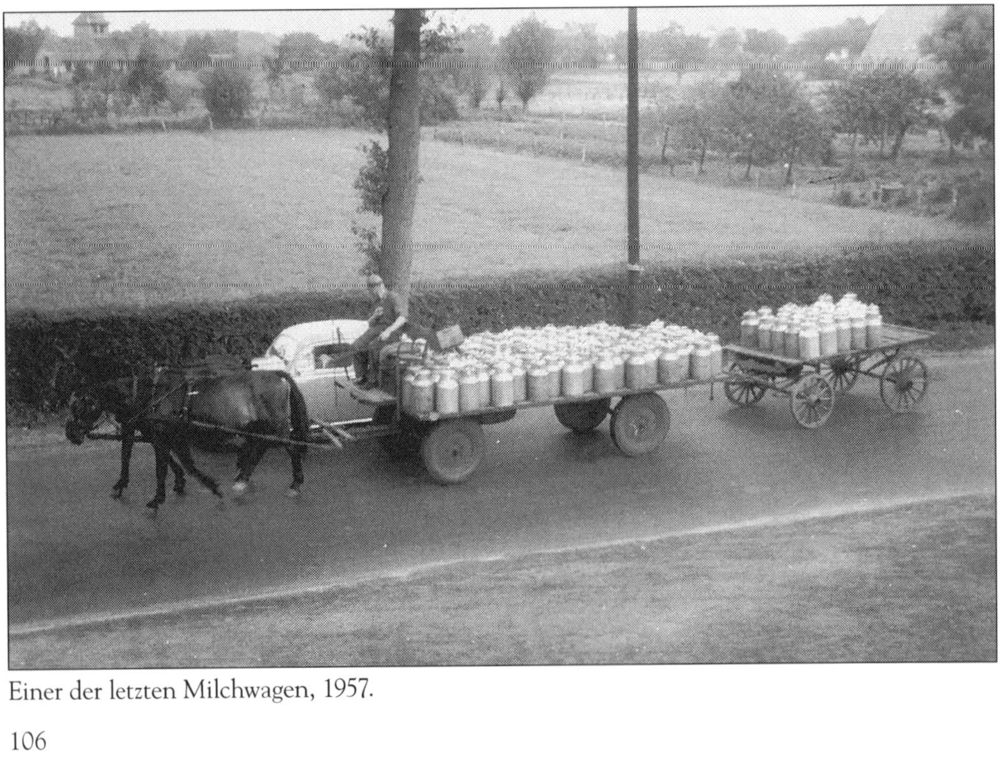

Einer der letzten Milchwagen, 1957.

6

Handel, Handwerk und Institutionen

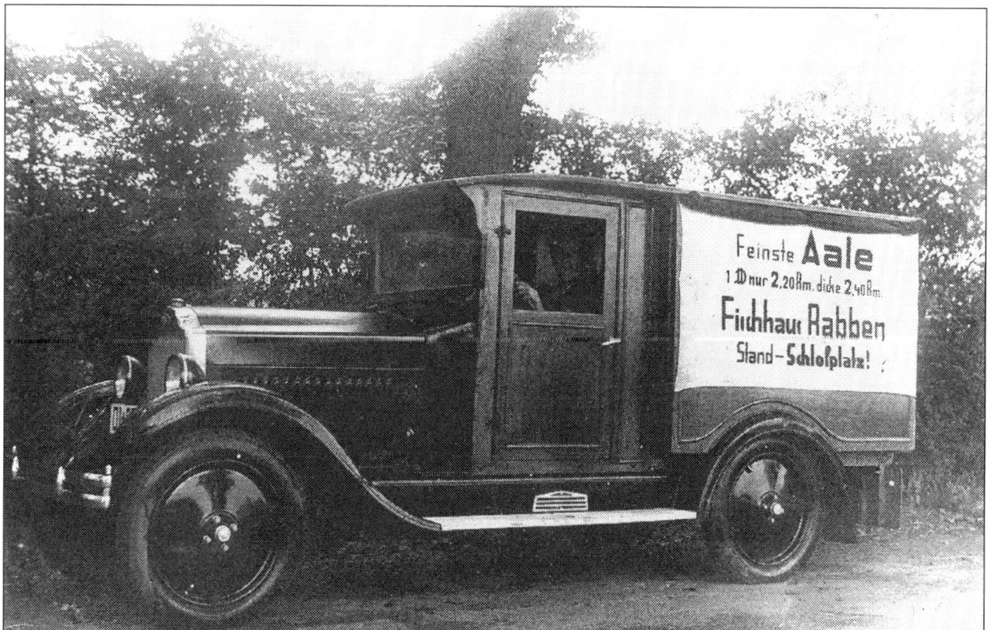

Fisch und Gemüse Rabben, um 1930.

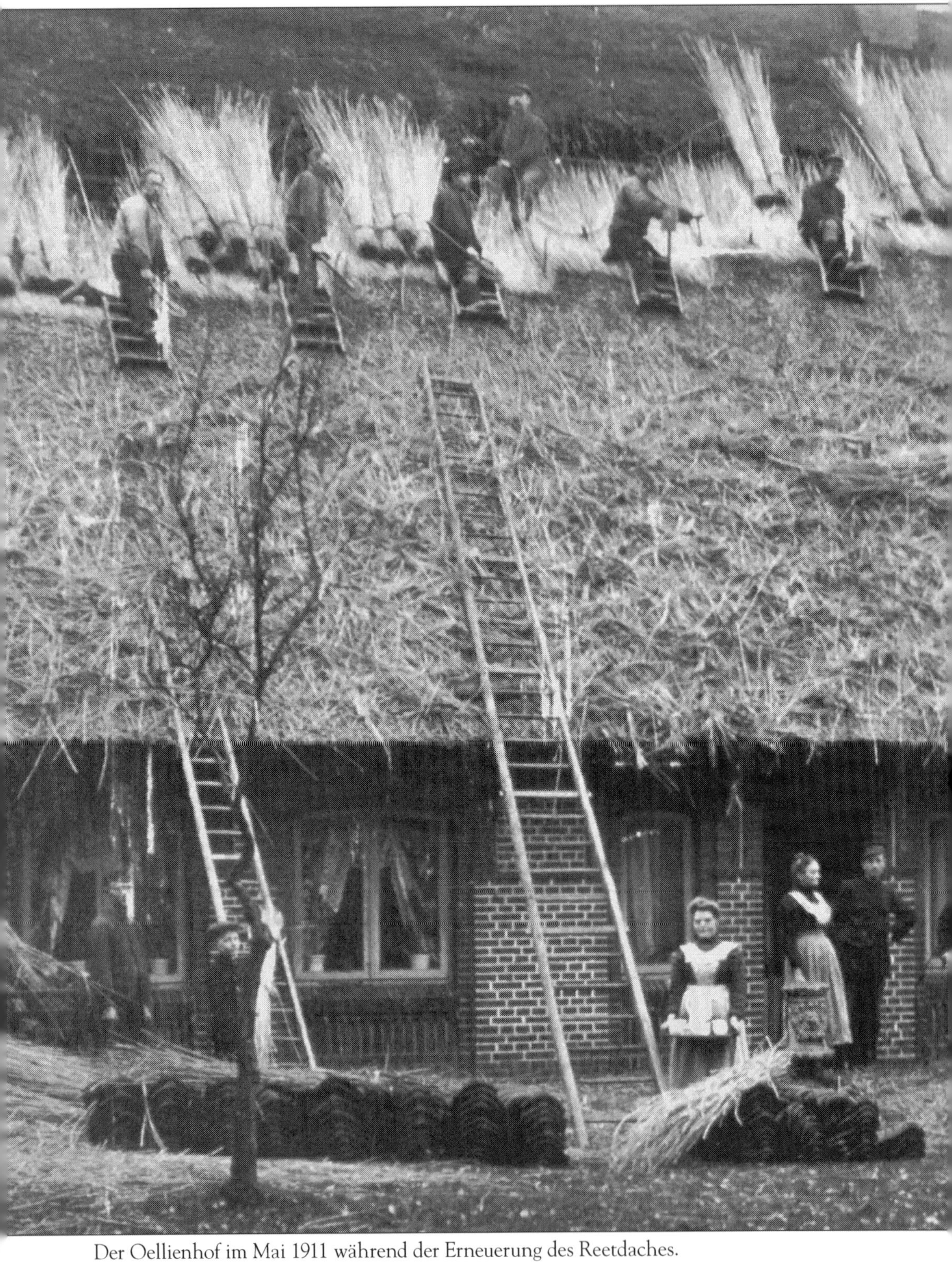

Der Oellienhof im Mai 1911 während der Erneuerung des Reetdaches.

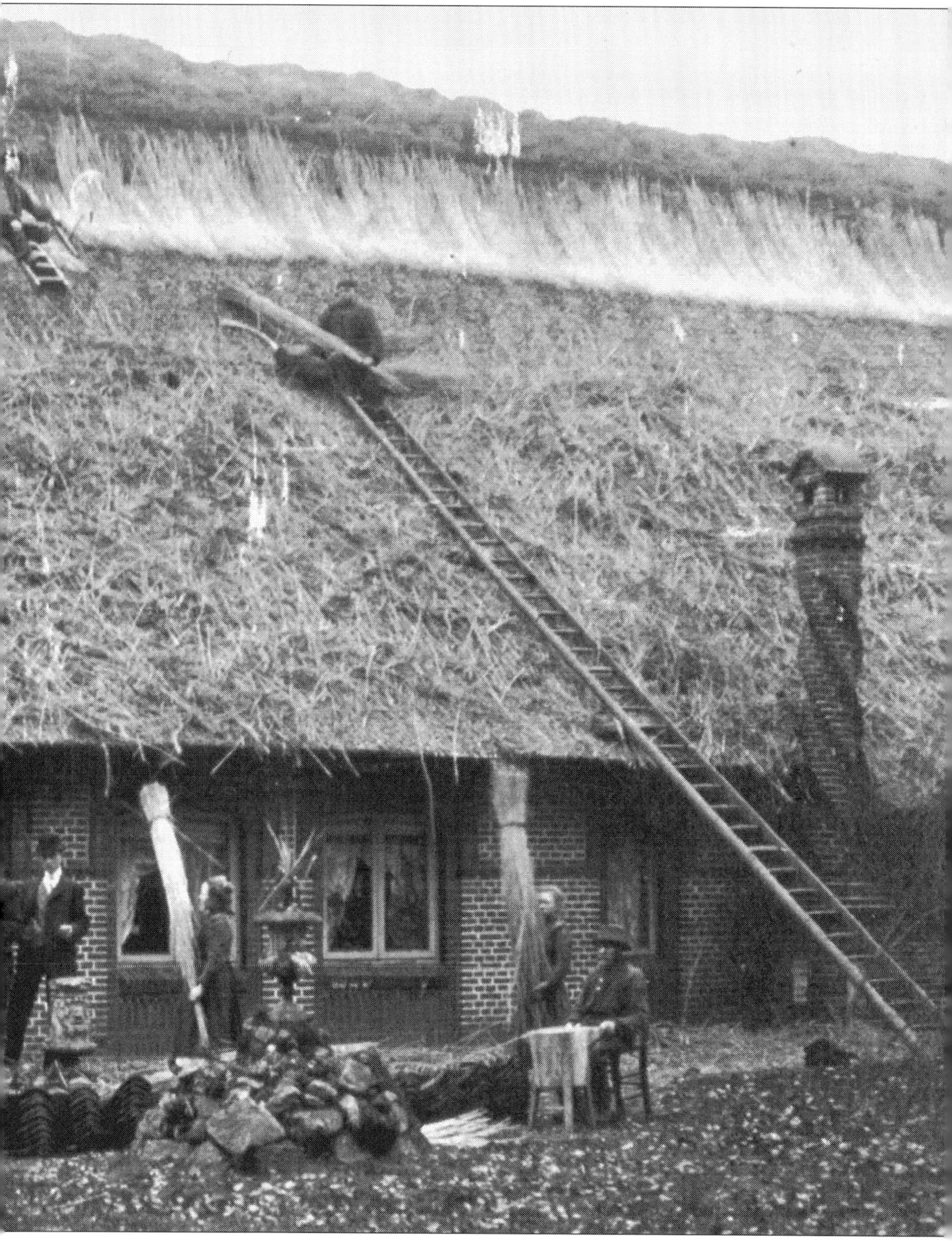

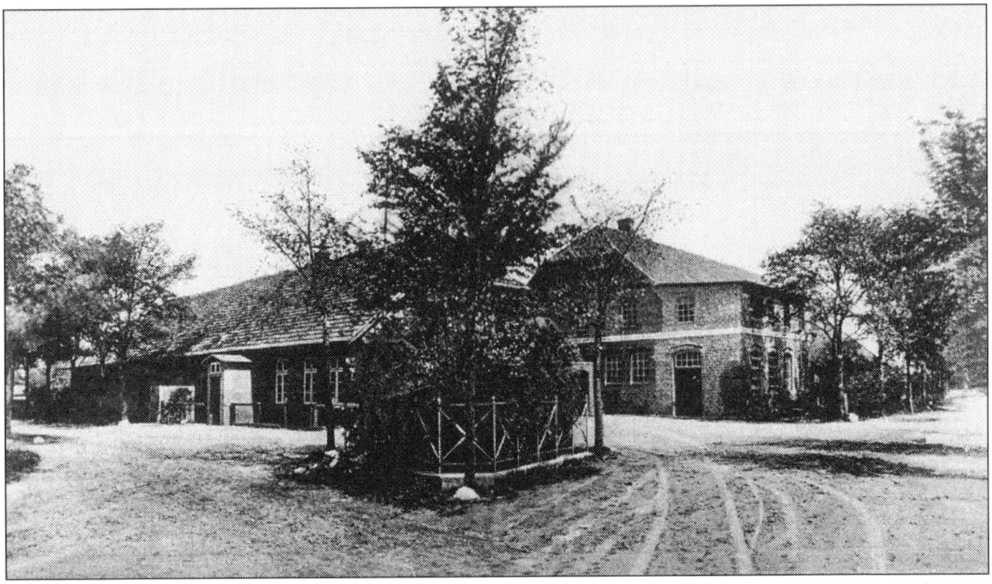

Die Ammerländische Fleischwarenfabrik B. Bölts. Inhaber waren Johann & Georg Bölts aus Westerscheps. Die Fabrik fiel 1945 den Bomben zum Opfer.

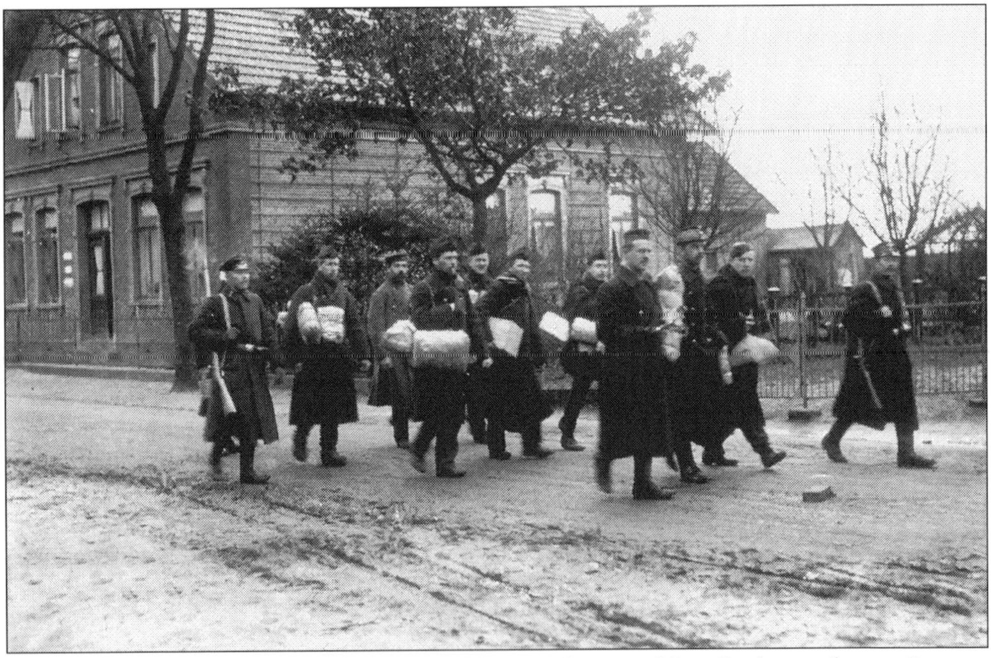

Kriegsgefangene des Ersten Weltkrieges mit Heimatpaketen auf dem Rückmarsch vom Postamt Edewecht zum Lager Süd Edewechter Moor. Im Hintergrund ist das Haus des Auktionators und Rechnungsstellers Meinrenken mit dem Büro der Spar- und Darlehenskasse Edewecht zu sehen, das noch im April 1945 durch Bomben zerstört wurde.

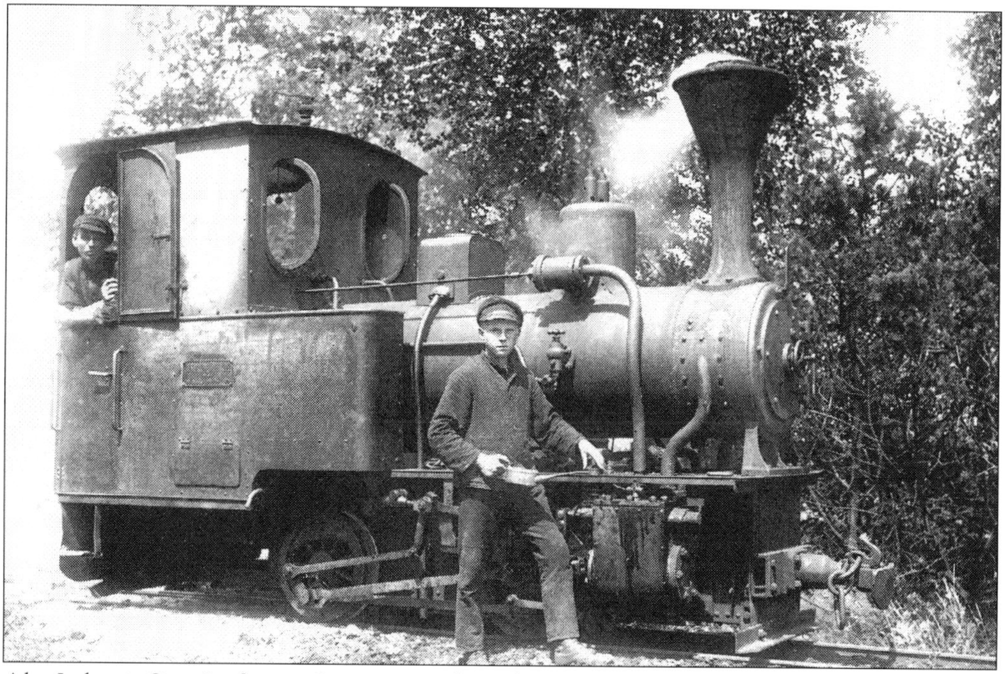

Alte Lok mit Otto Janßen im Langemoor als „Schmiermaxe“.

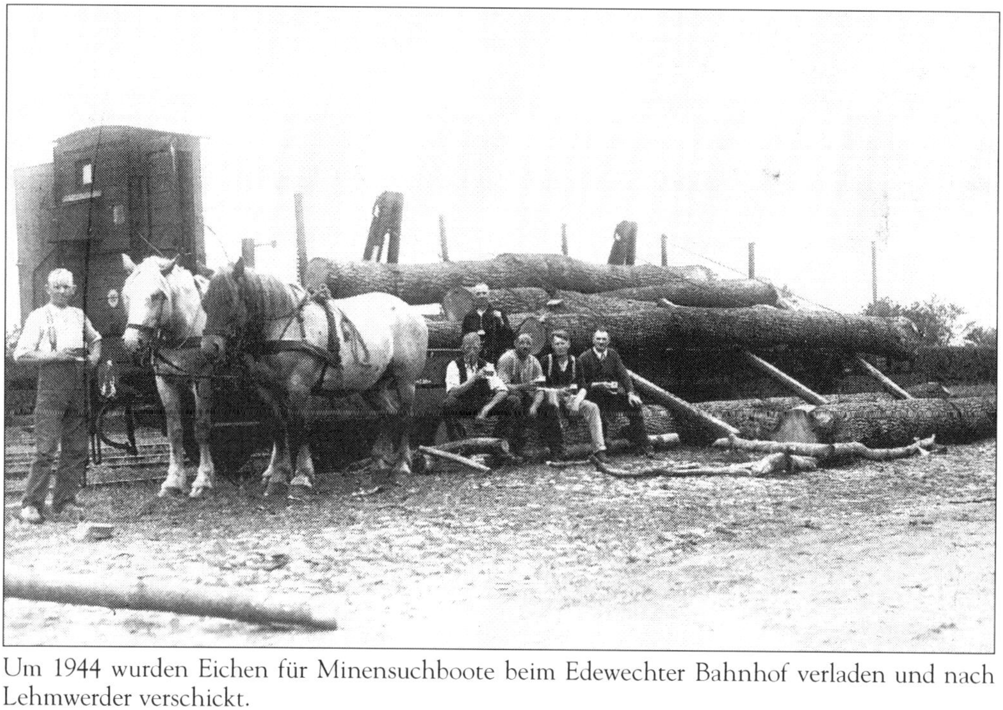

Um 1944 wurden Eichen für Minensuchboote beim Edewechter Bahnhof verladen und nach Lehmwerder verschickt.

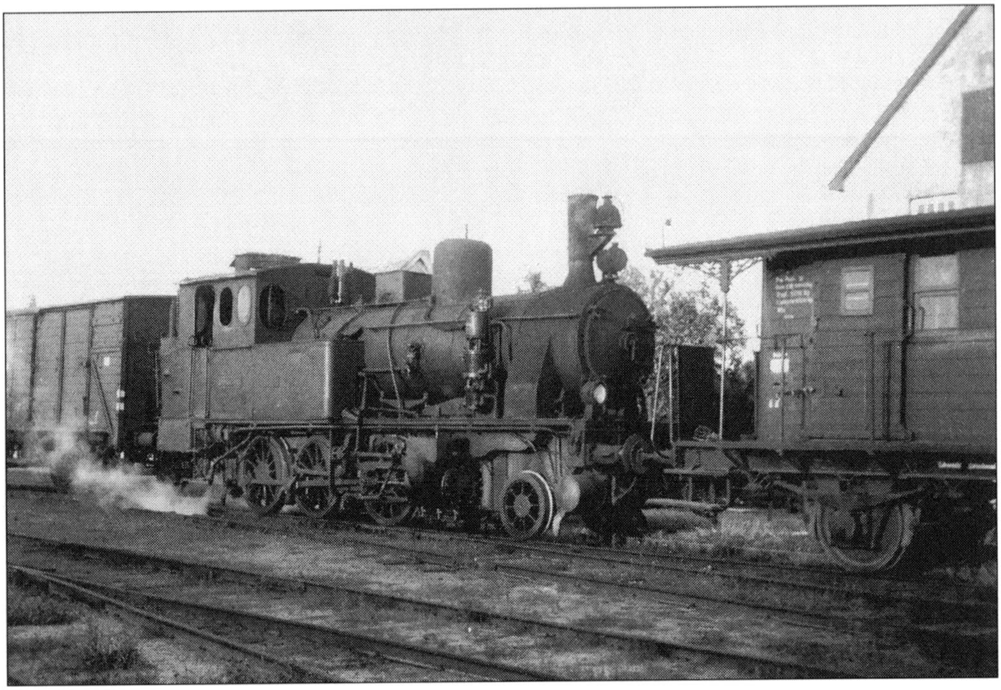

Edewechts alte Dampflokomotive.

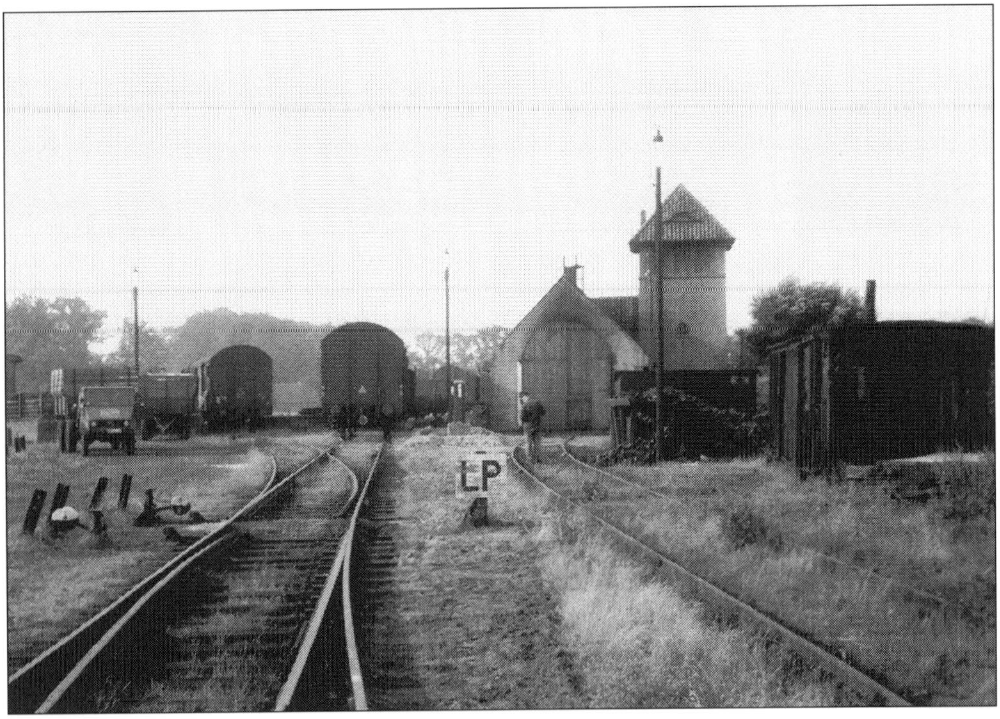

Edewechter Lokschuppen und Viehrampe im Jahre 1957.

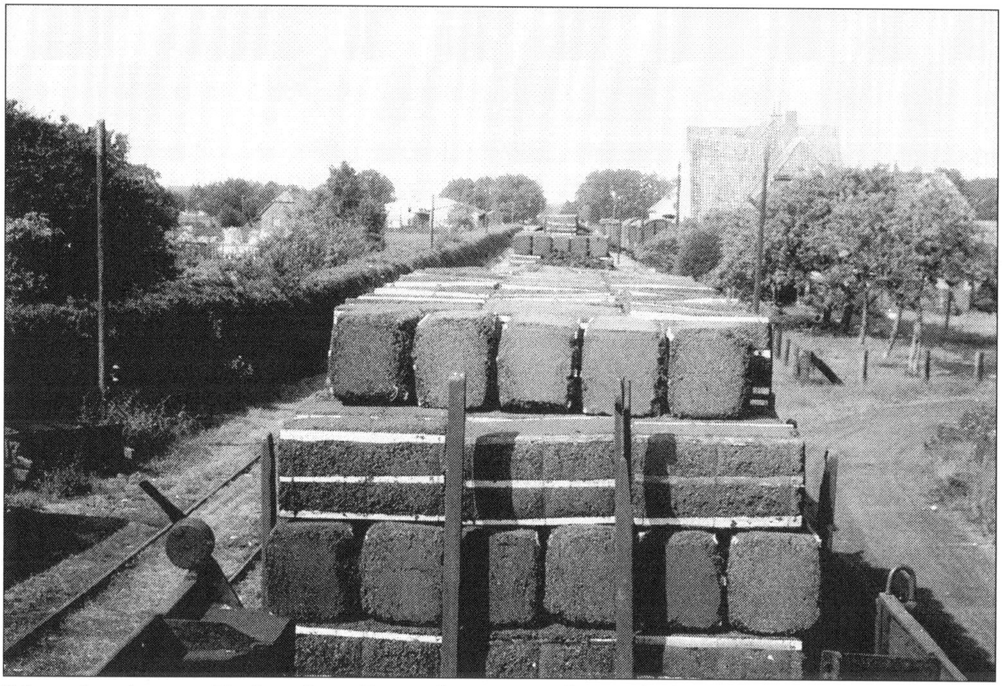
Edewechterdammer Torf wird per Zug in die weite Welt verschickt.

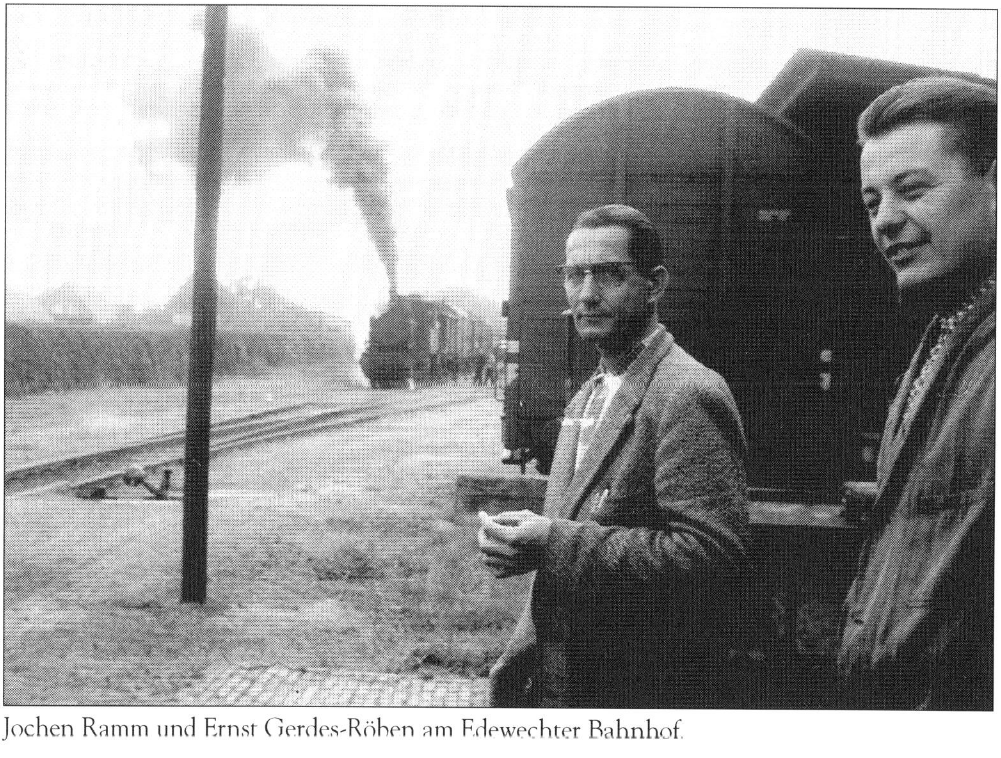
Jochen Ramm und Ernst Gerdes-Röben am Edewechter Bahnhof.

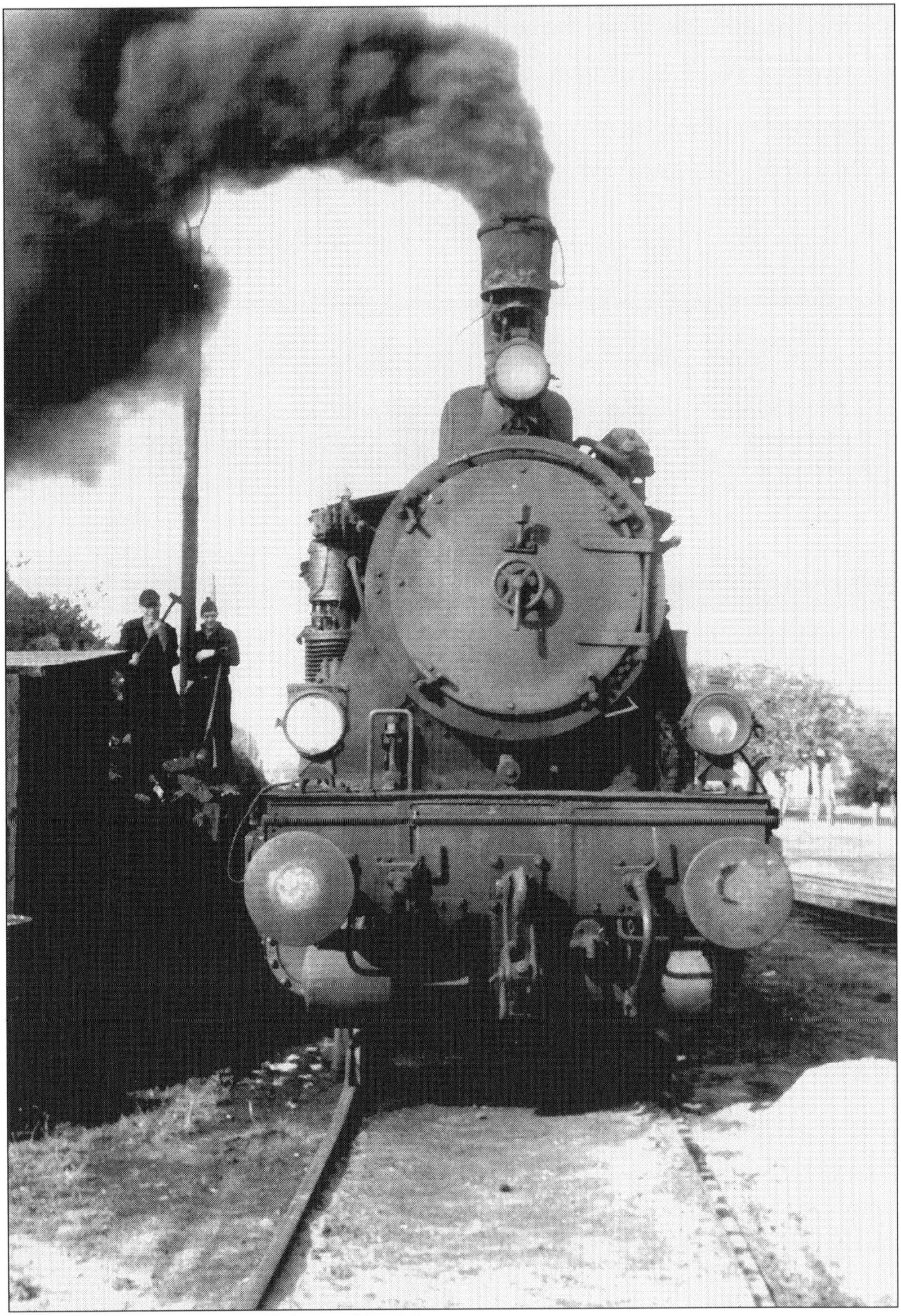

Eine alte Edewechter Dampflok in voller Fahrt.

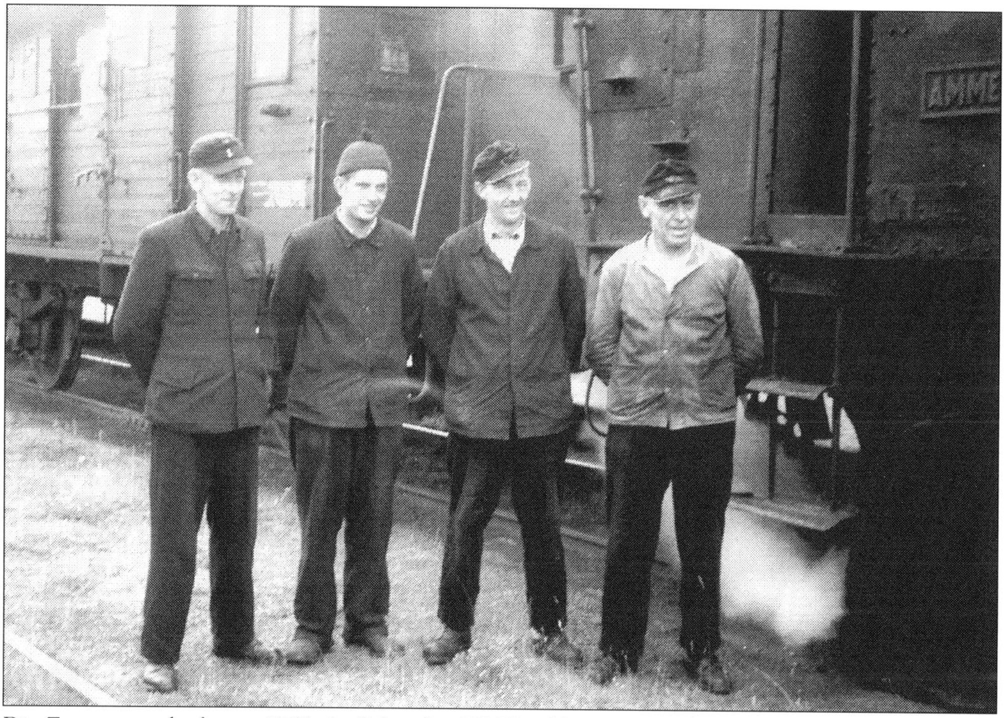

Die Zugmannschaft von 1957: A. Schröder, W. Krecklau, F. Frerichs und J. Eilers.

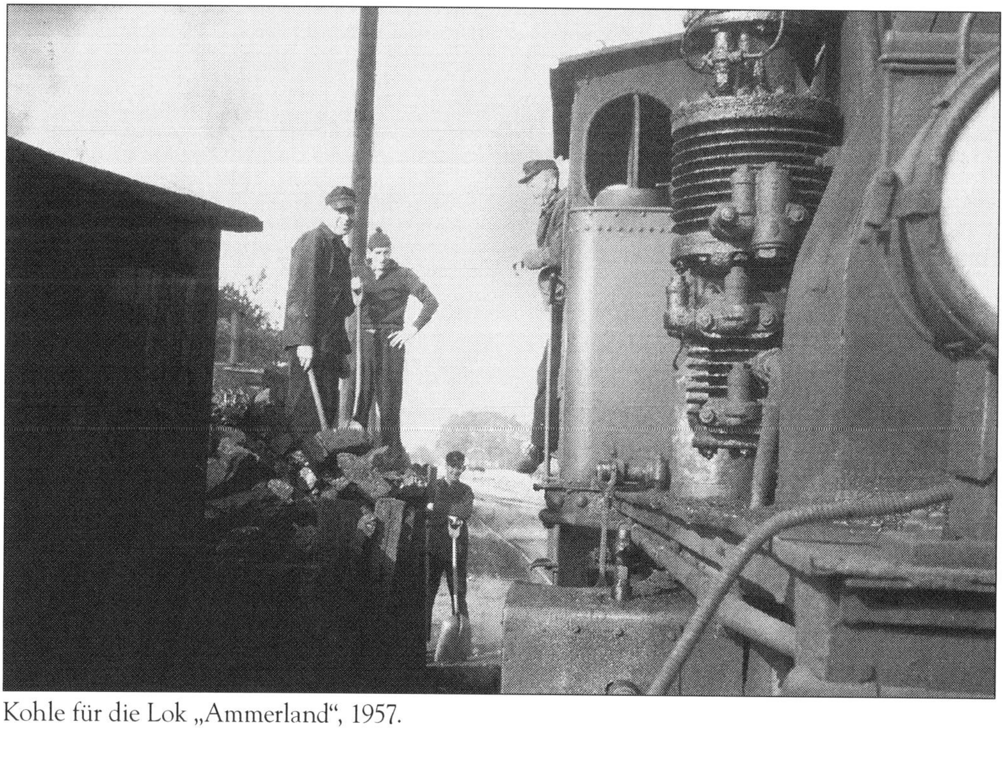
Kohle für die Lok „Ammerland“, 1957.

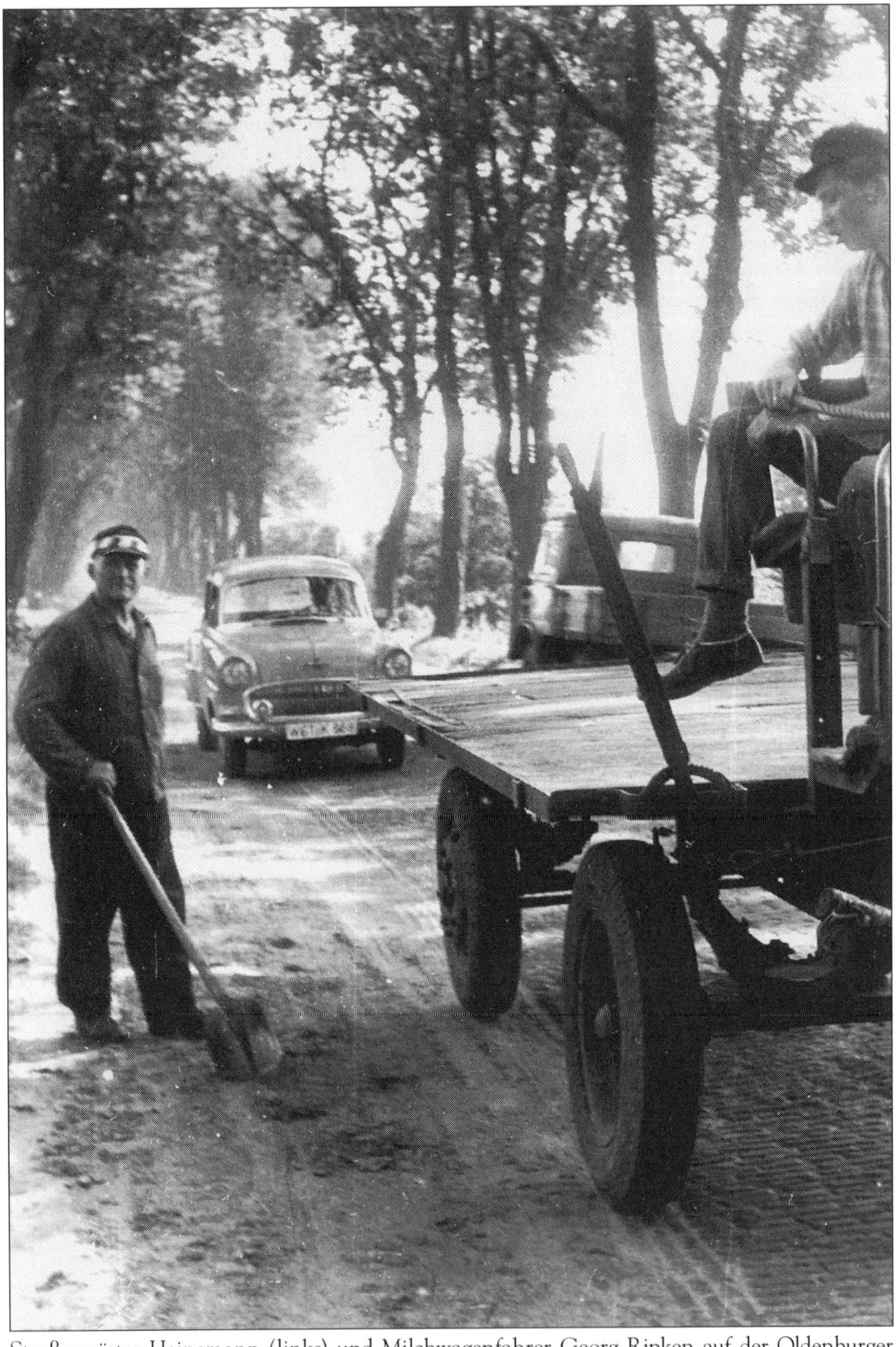

Straßenwärter Heinemann (links) und Milchwagenfahrer Georg Ripken auf der Oldenburger Straße, um 1955.

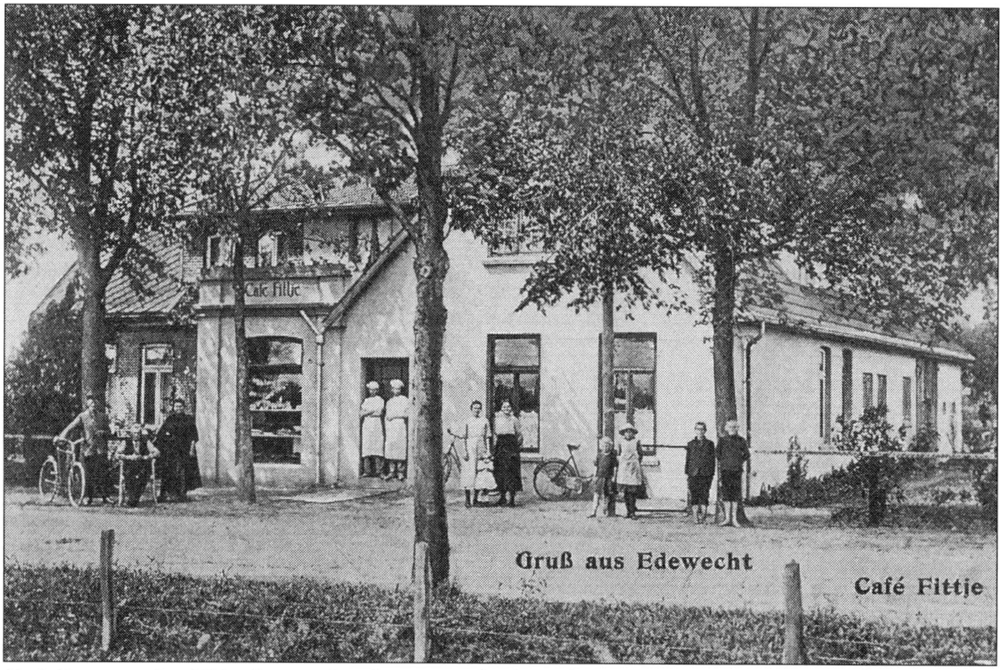

Cafe Fittje in der Oldenburger Straße in Nord Edewecht, um die Wende zum 20. Jahrhundert.

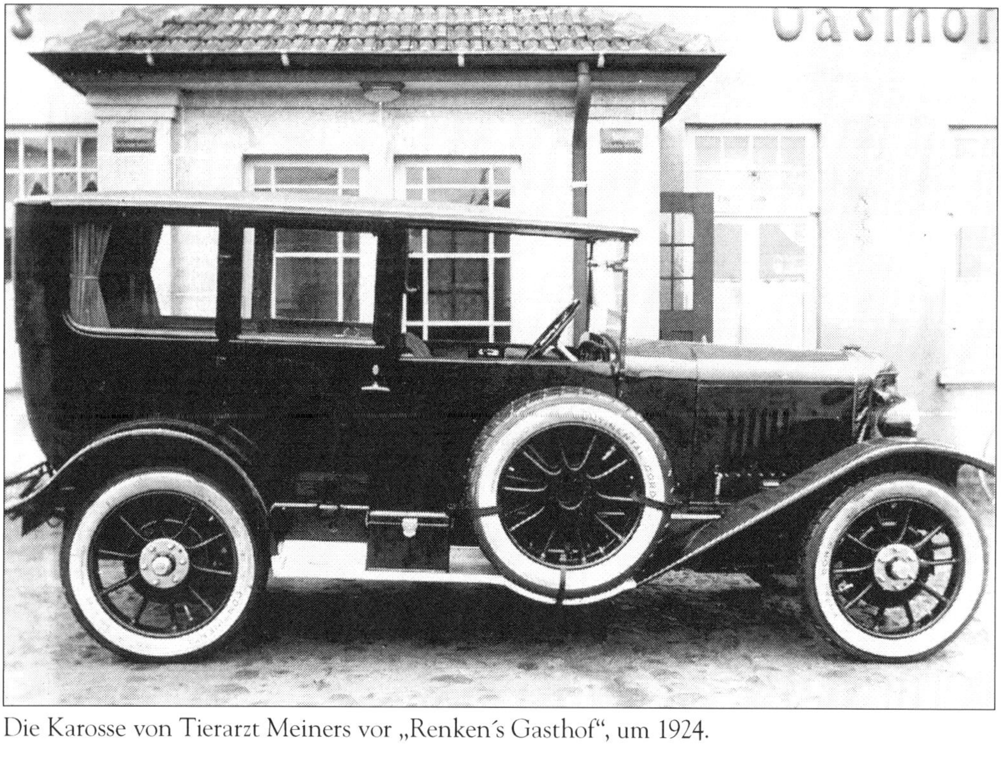
Die Karosse von Tierarzt Meiners vor „Renken´s Gasthof", um 1924.

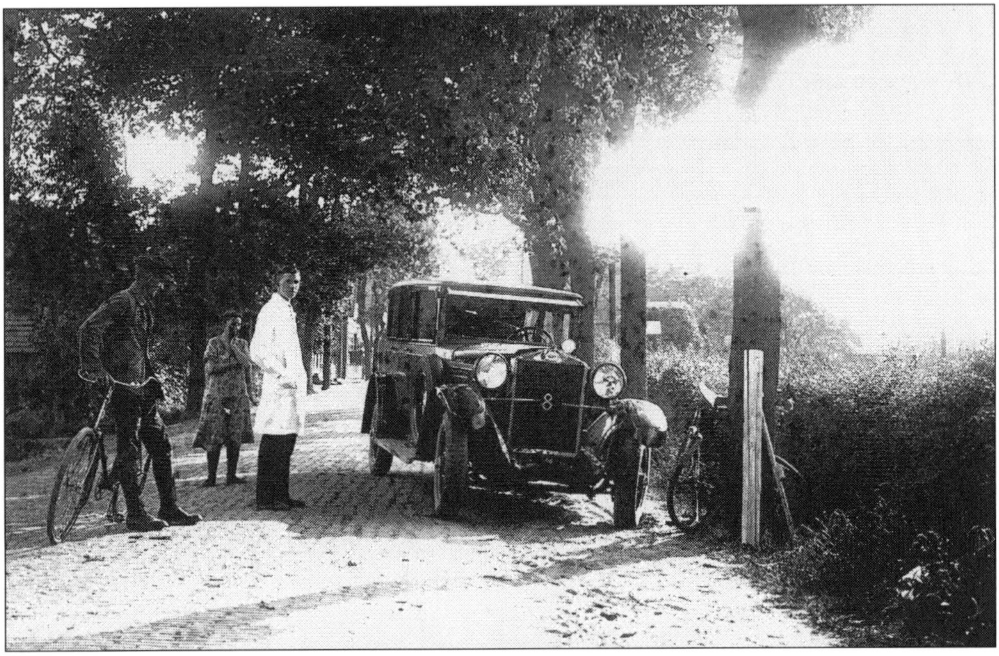

Unfall auf der Hauptstraße in Höhe Harmdierks/Haase, um 1935.

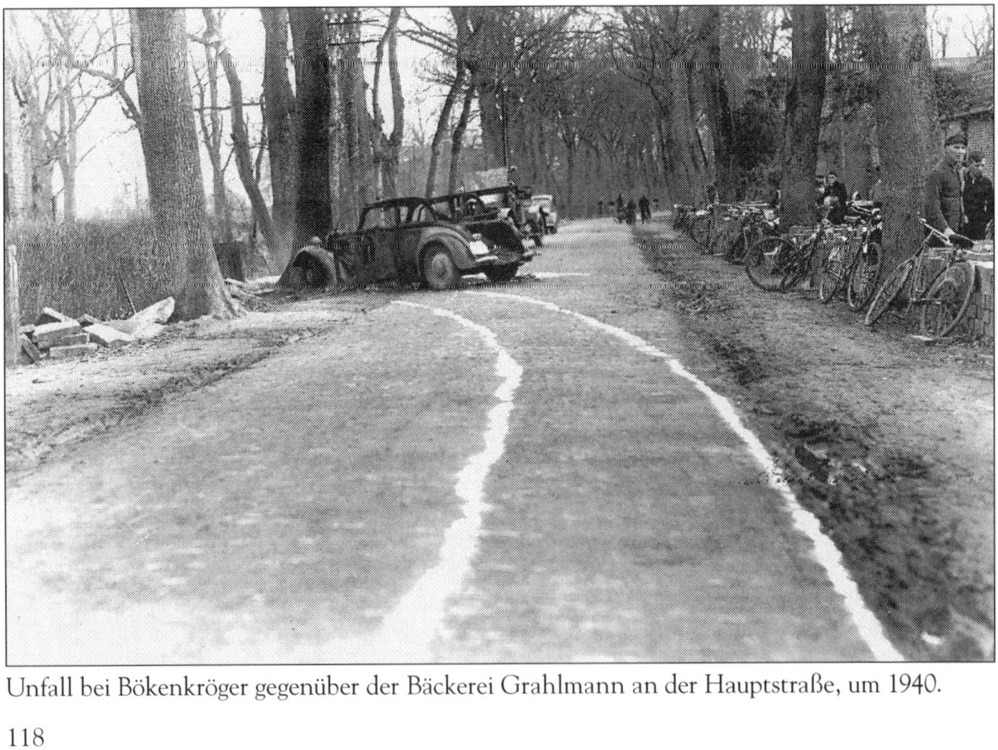

Unfall bei Bökenkröger gegenüber der Bäckerei Grahlmann an der Hauptstraße, um 1940.

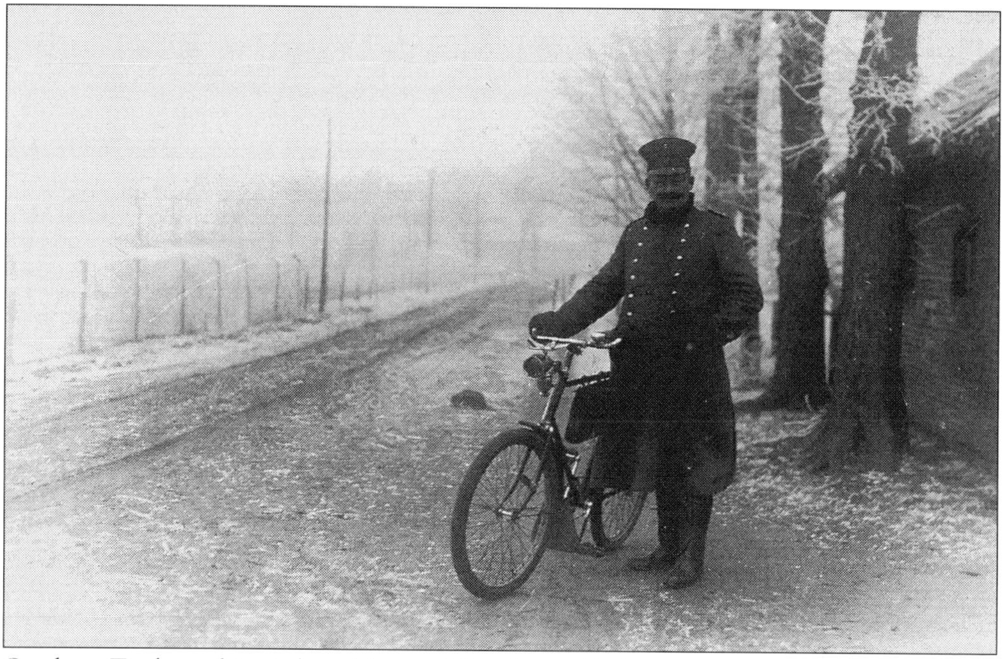

Gendarm Tiarks auf Ermittlungsfahrt und Streife, um 1930.

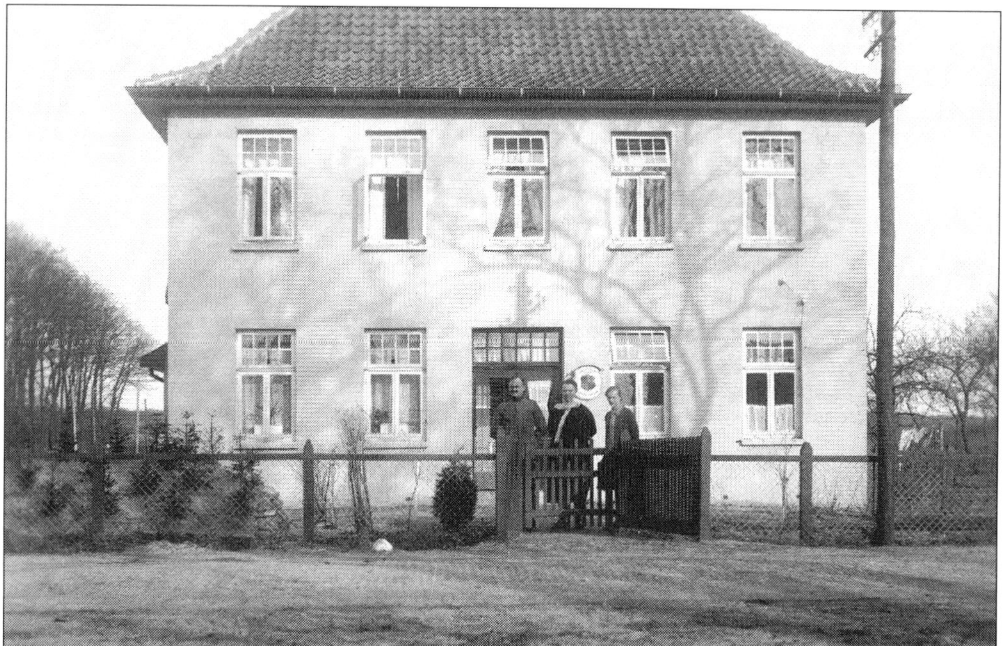

Polizeistation in Nord Edewecht I, um 1930. Auch heute ist hier noch die Polizei untergebracht.

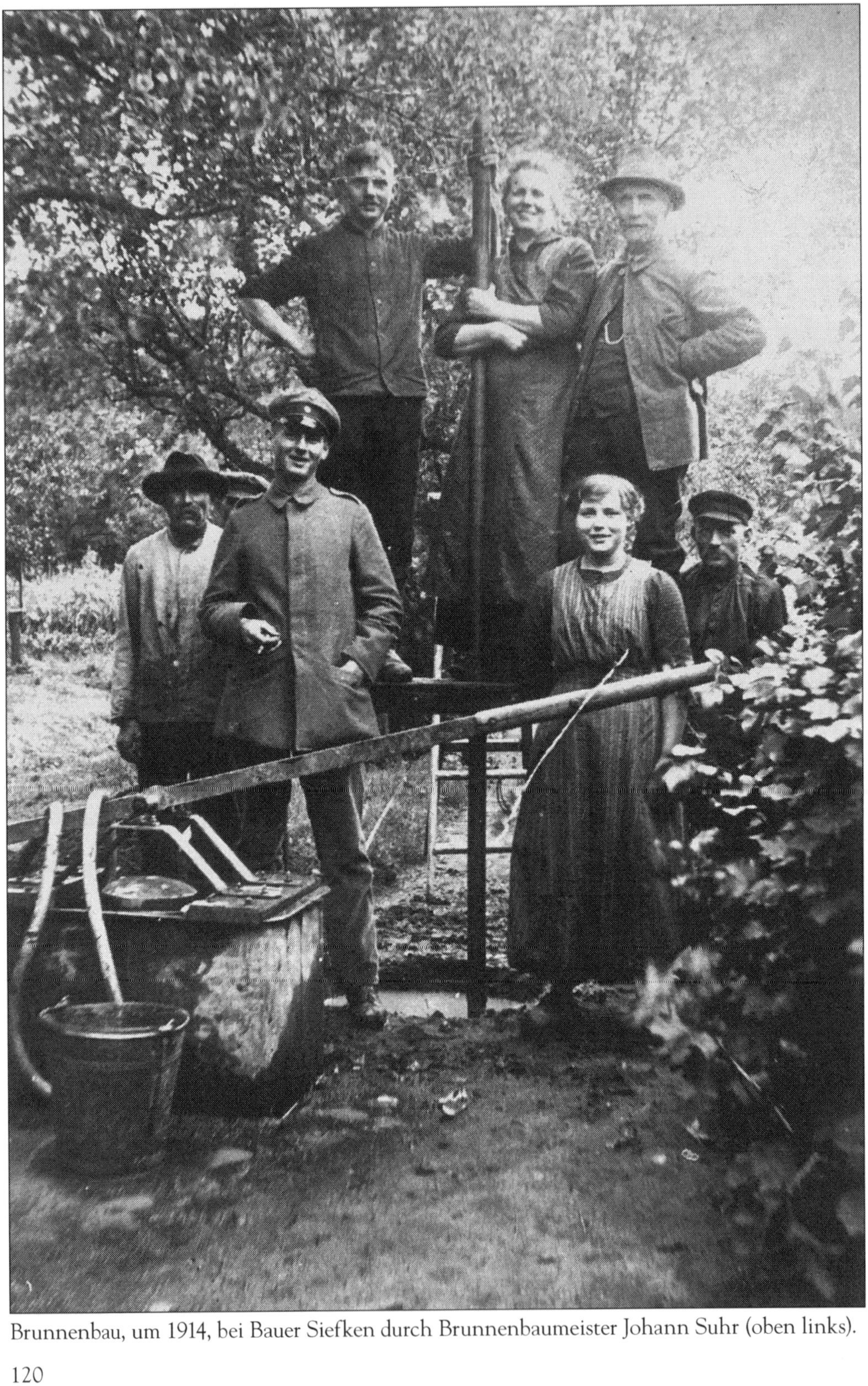

Brunnenbau, um 1914, bei Bauer Siefken durch Brunnenbaumeister Johann Suhr (oben links).

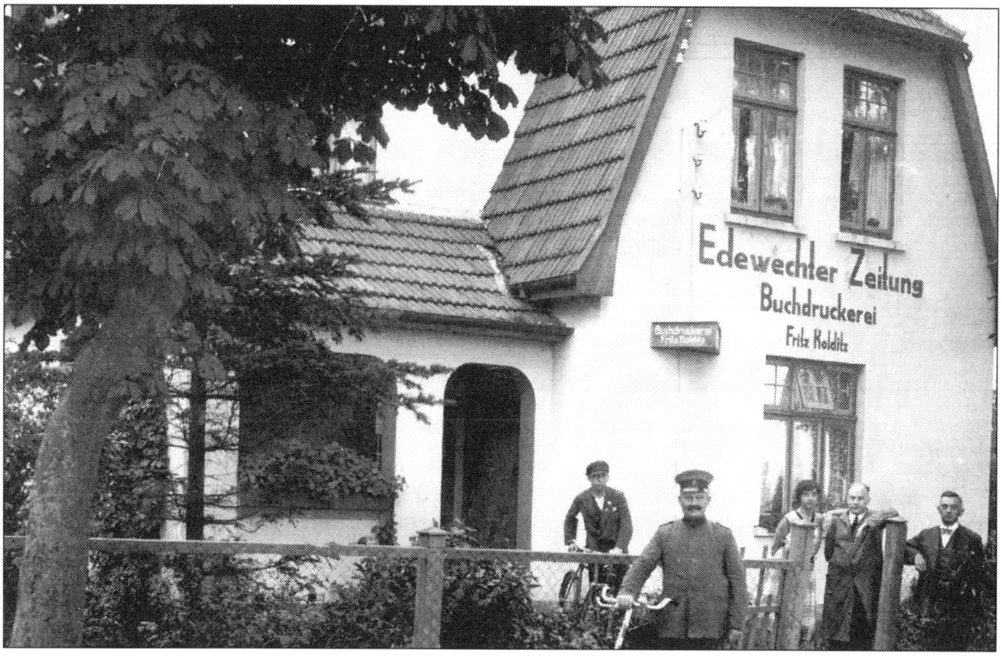

Die Edewechter Zeitungsdruckerei Fritz Kolditz in der Oldenburger Straße, um 1925.

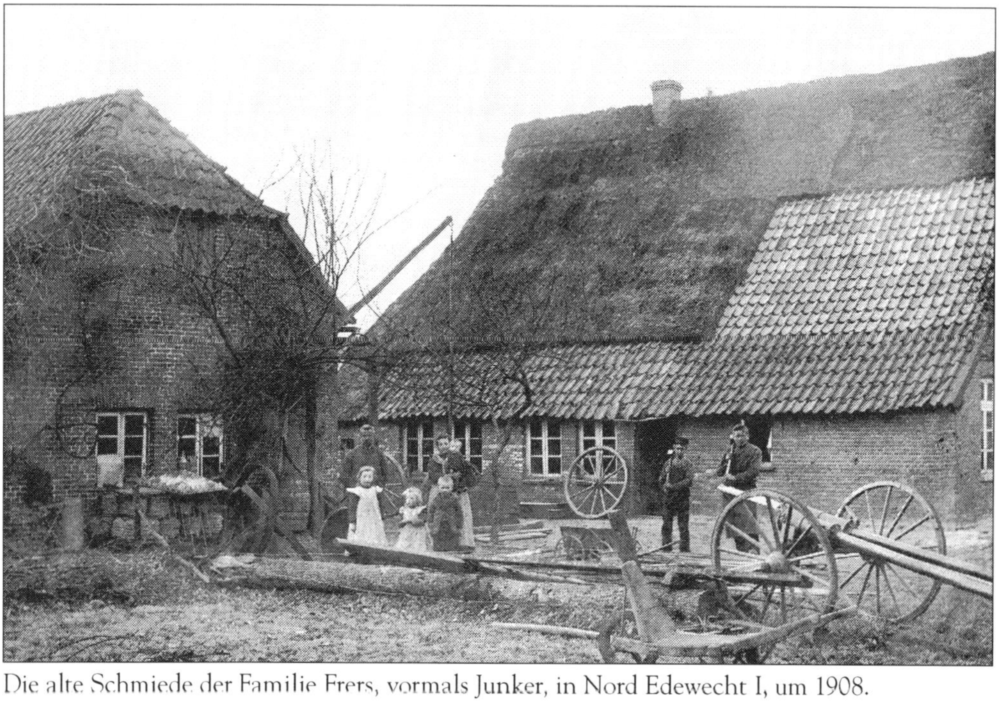
Die alte Schmiede der Familie Frers, vormals Junker, in Nord Edewecht I, um 1908.

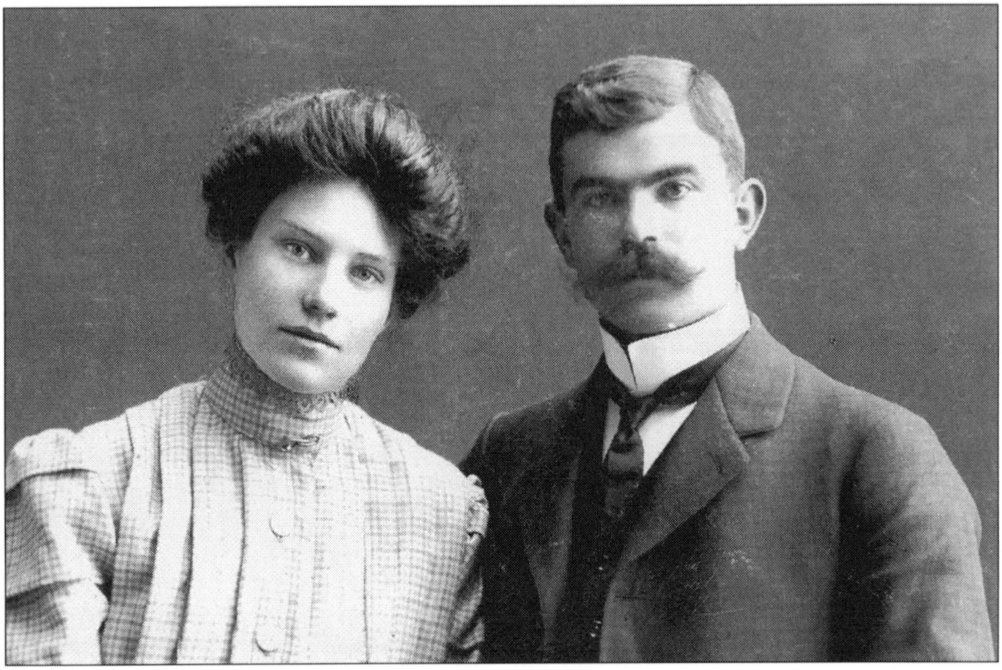

Fritz und Toni Oltmanns, Inhaber der Kornbrandwein-Brennerei Oltmanns am Markt in Edewecht.

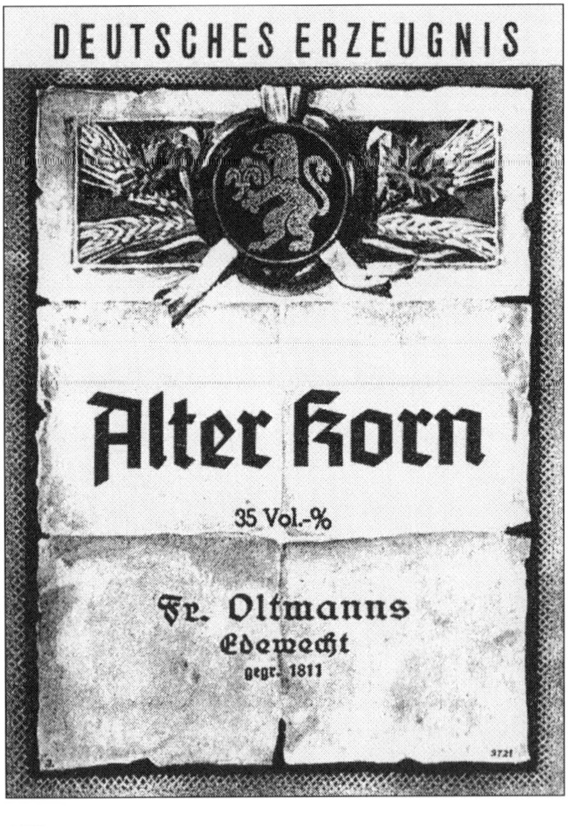

Dieses Etikett wurde Anfang der 1930er Jahre von dem Kunstmaler Franz Radziwill entworfen, der mit der Familie Fritz Oltmanns befreundet war.

Gegründet 1811

Kornbranntweinbrennerei **Fr. Oltmanns** Edewecht

Trinkt unseren Heimatschnaps
Oltmanns Alten Korn - Klaren

Telefon 169

Reklame in dem Büchlein zur 800-Jahr-Feier (1950).

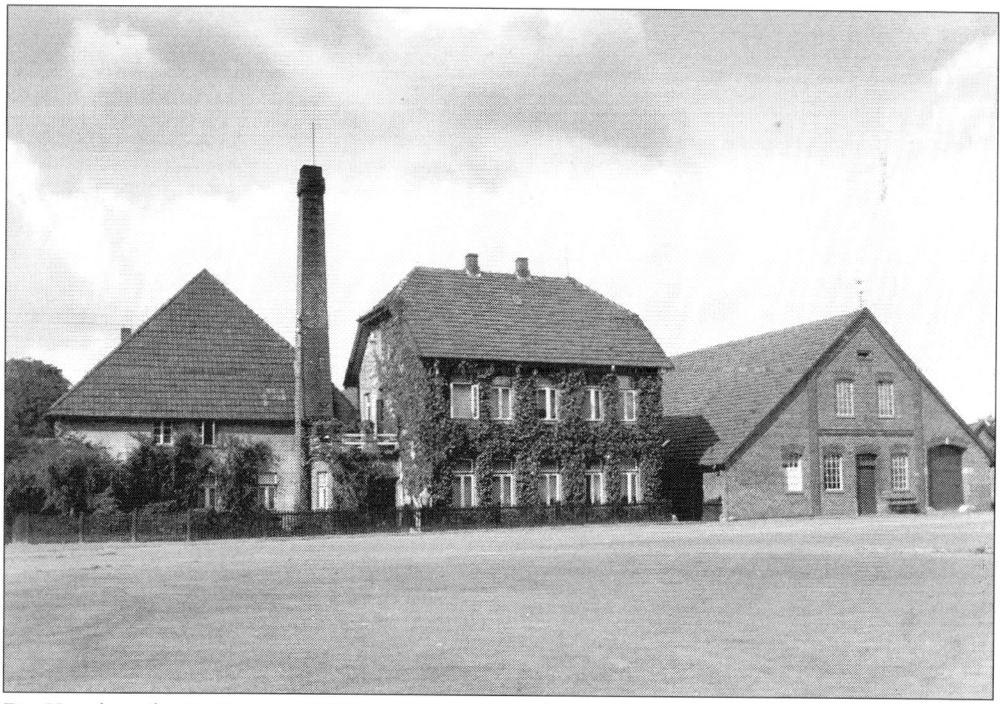

Die Kornbrandwein-Brennerei Oltmanns in Edewecht wurde 1811 gegründet.

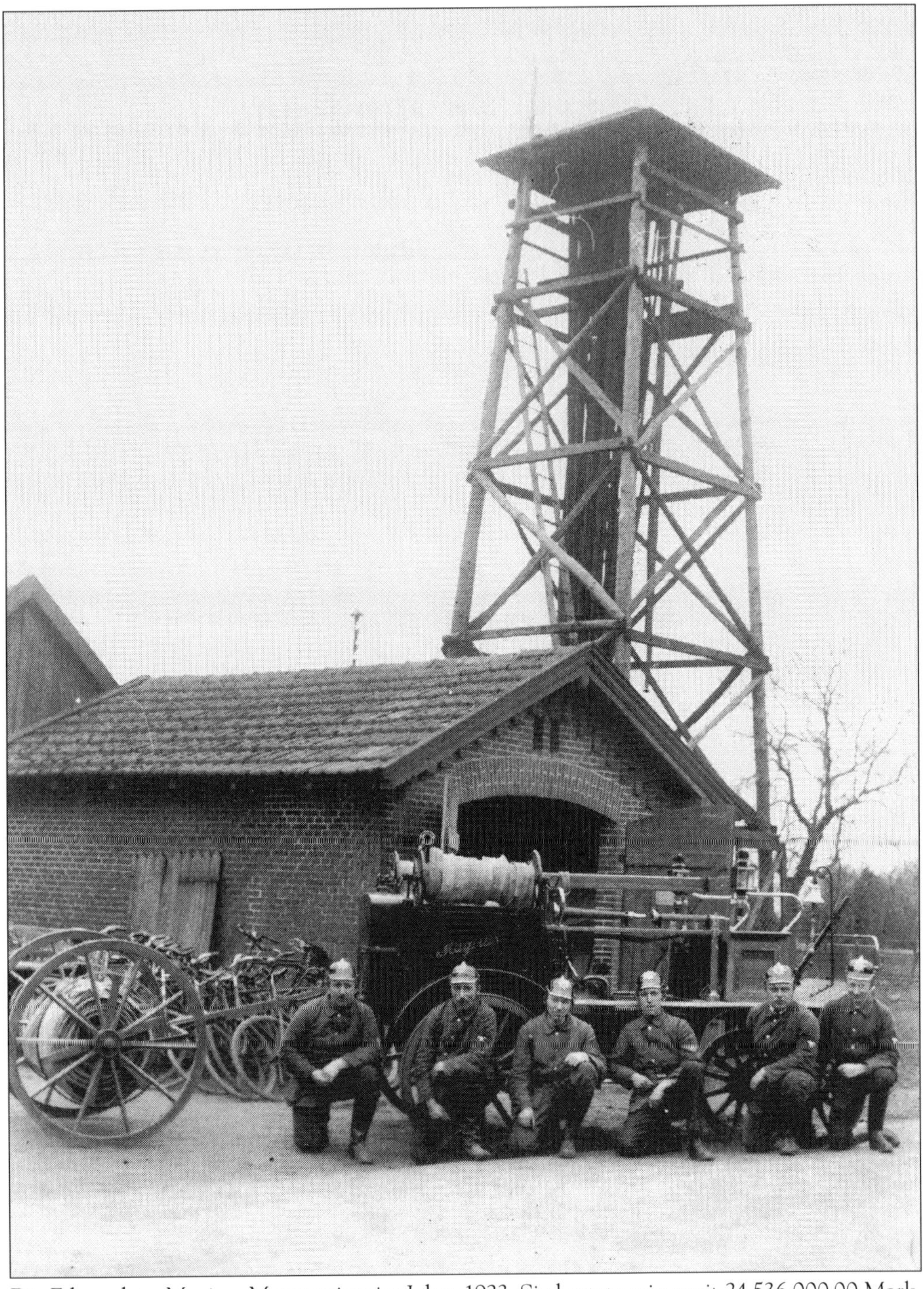

Die Edewechter Magirus-Motorspritze im Jahre 1923. Sie kostete seinerzeit 24.536.000,00 Mark. Leistung: 800 Liter pro Minute. Im Hintergrund: der Schlauchtrockenturm.

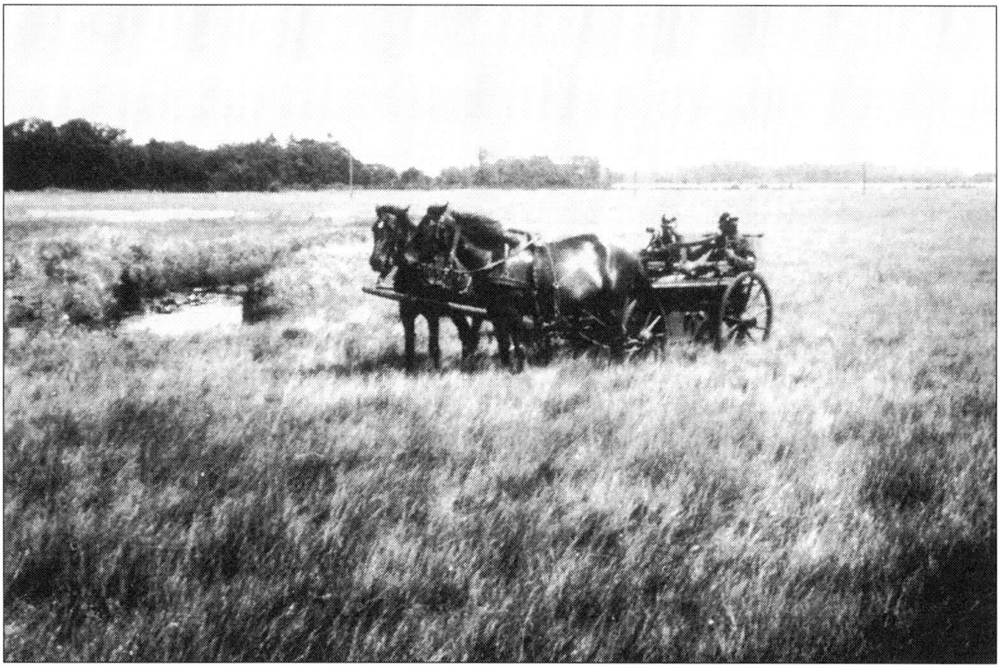

Die erste Edewechter Feuerspritze, Baujahr 1877, war noch bis 1942 in Jeddeloh II im Einsatz.

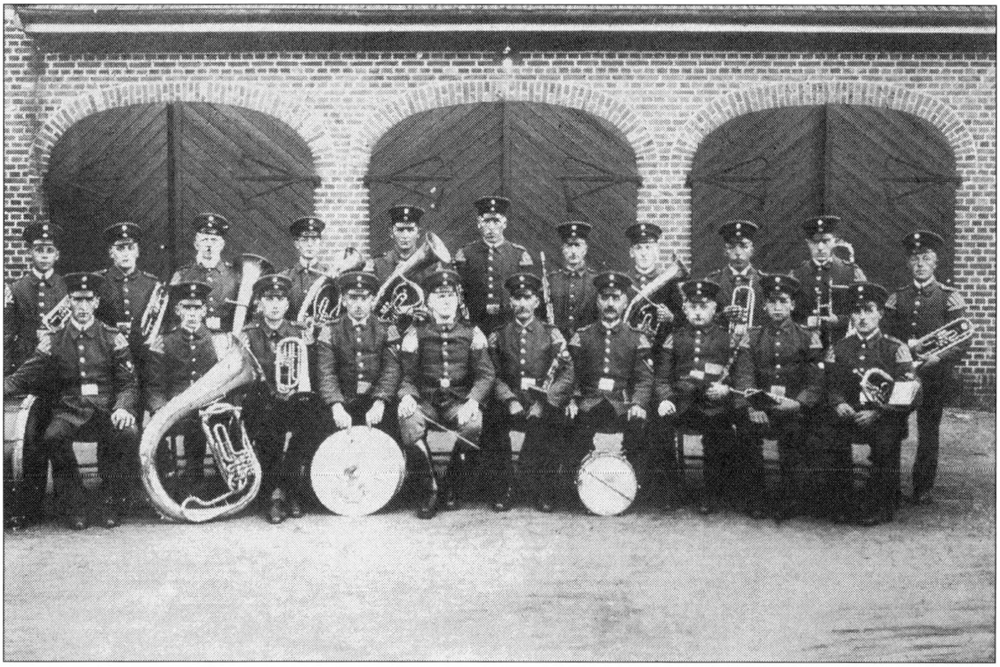

Die Edewechter Feuerwehr-Musikkapelle vor dem Westersteder Spritzenhaus in der Poststraße. Die Kapelle bestand von 1926 bis 1933.

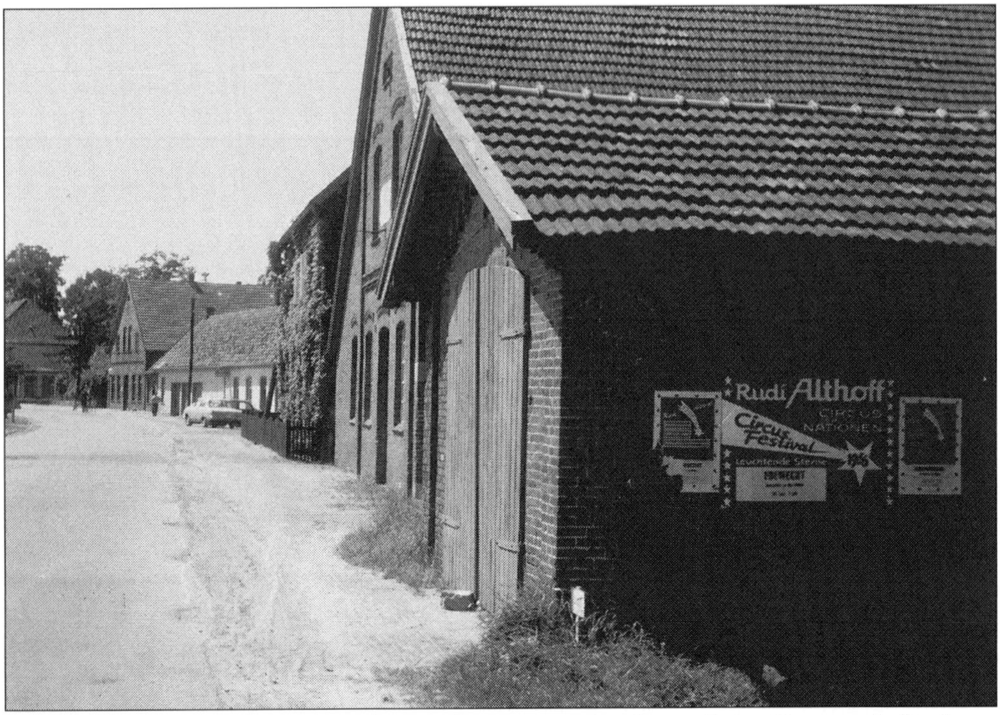

Das erste Spritzenhaus in Edewecht an der Hauptstraße, heute Ecke Hauptstraße/Rathausstraße, wurde 1877 erbaut.

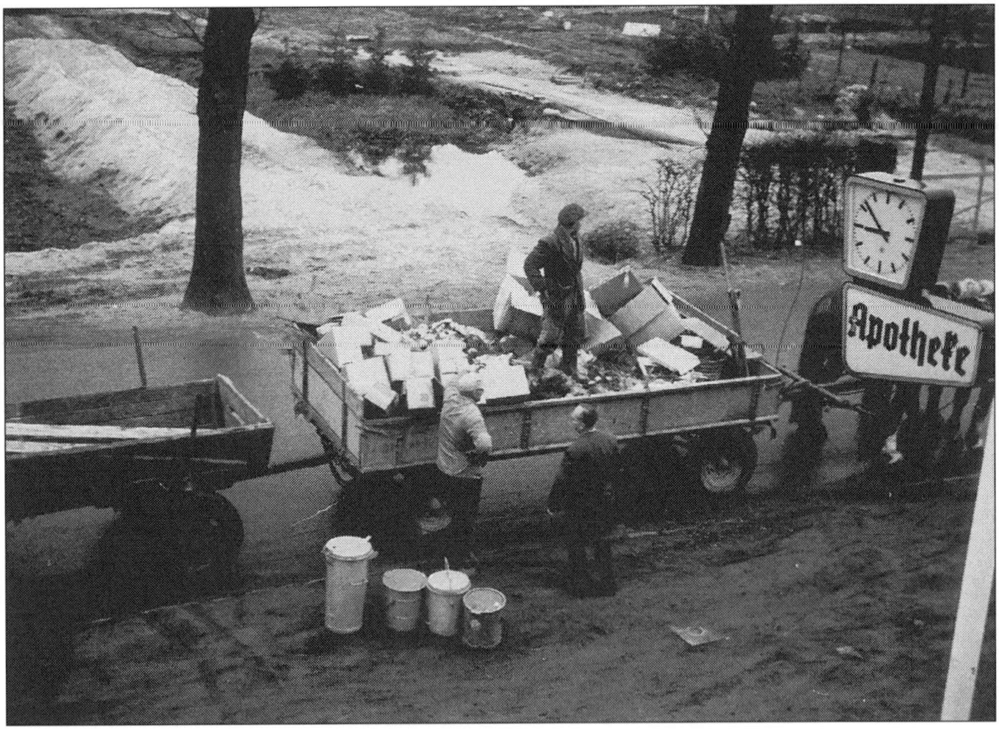

Die Müllabfuhr um 1960 mit Pferdefuhrwerk.

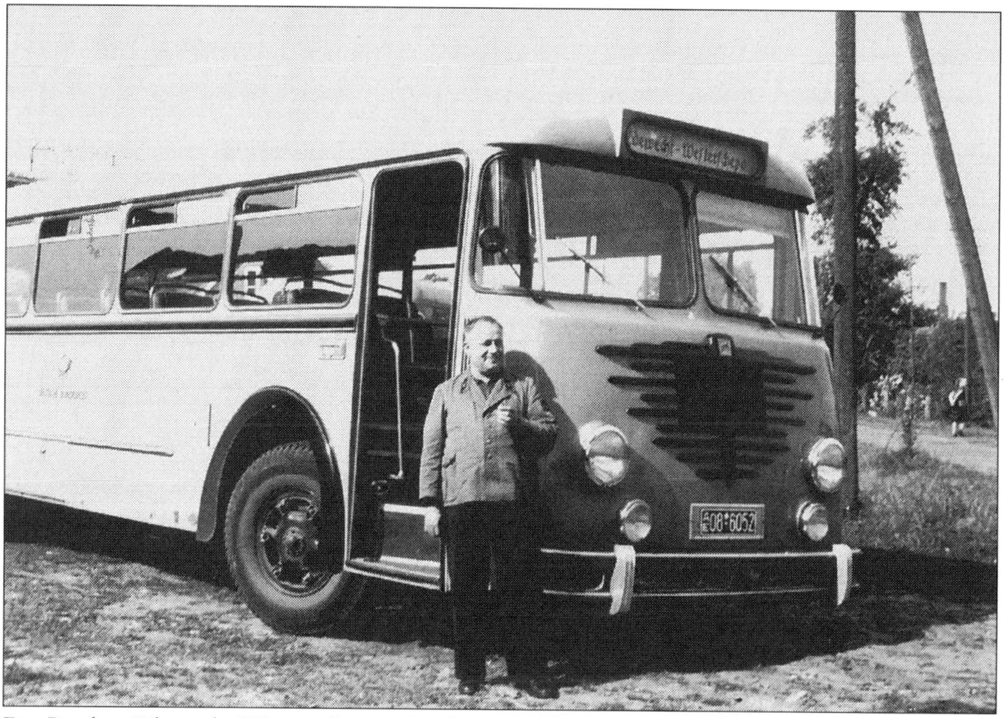

Der Postbus Edewecht-Westerscheps in Richtung Oldenburg mit dem Busfahrer Adolf Zahn.

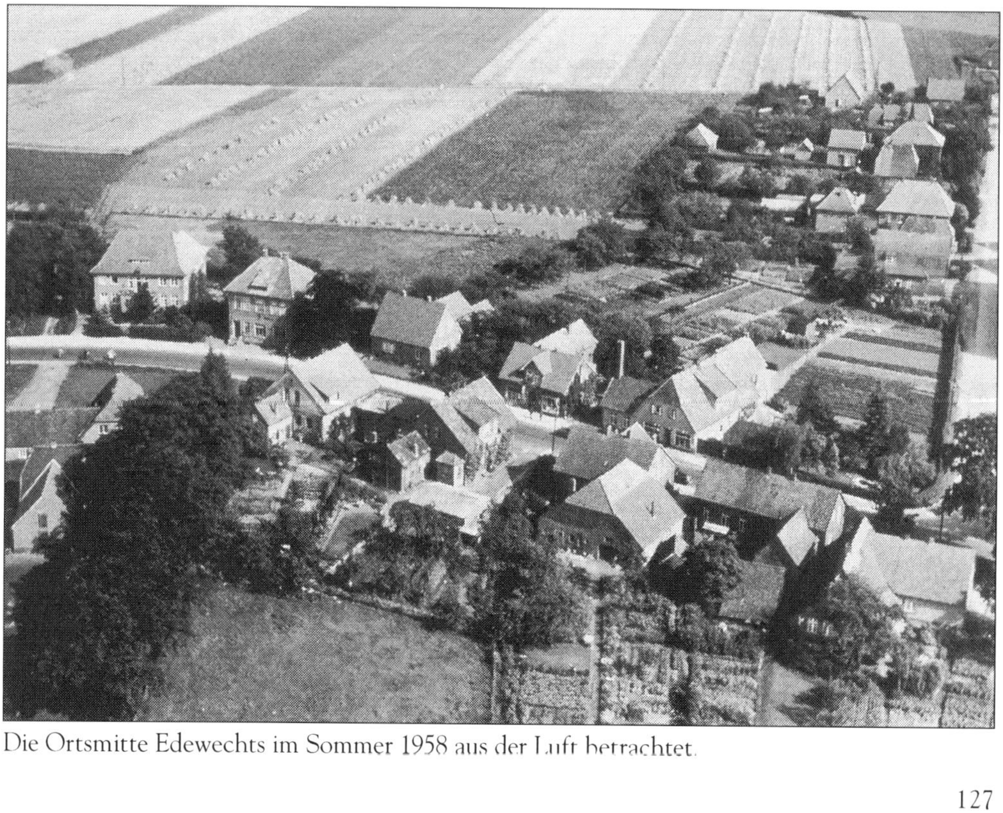

Die Ortsmitte Edewechts im Sommer 1958 aus der Luft betrachtet.

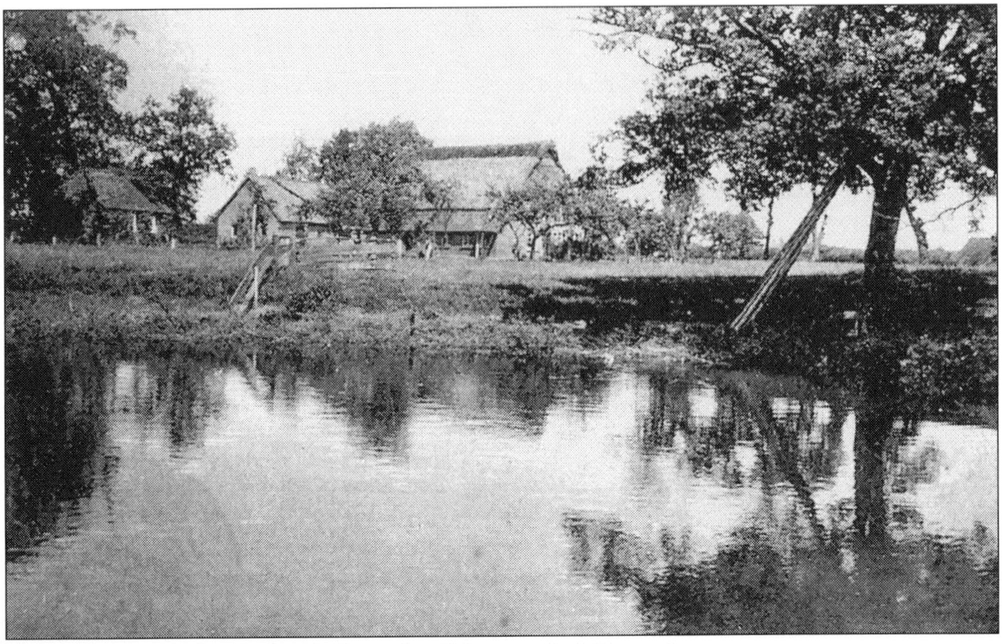

Romantische Ammerländer Idylle an der Vehne in Süd Edewecht.

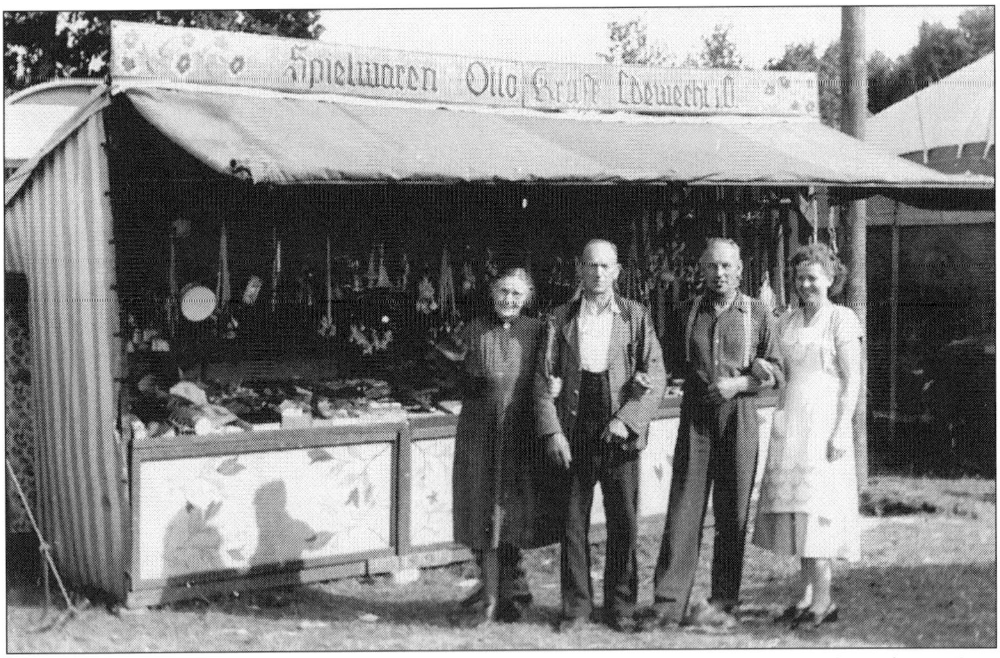

Otto Kruse und Frau Johanne (links) auf dem Edewechter Kramermarkt Anfang der 1950er Jahre. Rechts ist Fenna Rippen zu sehen.

Die Heimat entdecken!

Von Kiel bis Wien,
von Aachen bis Görlitz:
Entdecken Sie Alltagsgeschichten
aus Ihrer Heimatstadt!

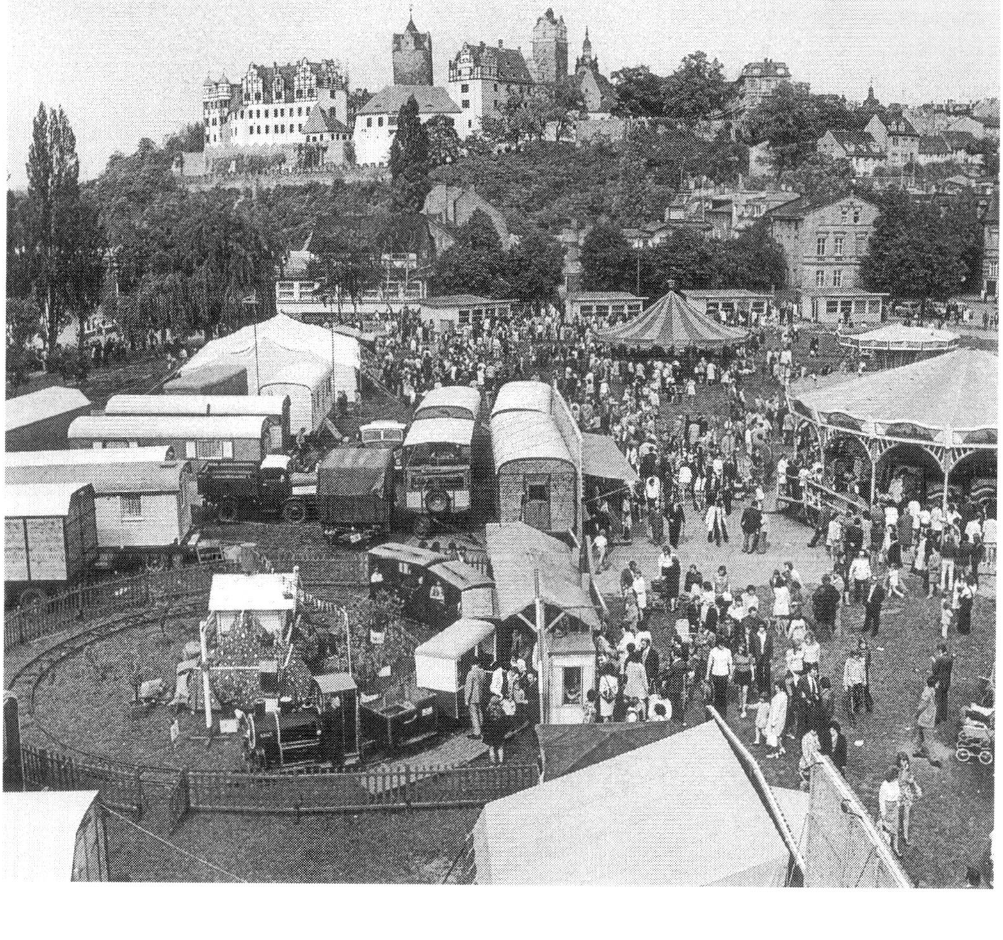

Leben in der Großstadt …

Tauchen Sie ein in das quirlige Großstadtleben vergangener Tage. Spazieren Sie über breite Boulevards und stürzen Sie sich ins Nachtleben. Erkunden Sie ihre Stadt durch die Fensterscheiben einer Straßenbahn oder des ersten Käfers und bewundern Sie prächtig geschmückte Schaufenster.

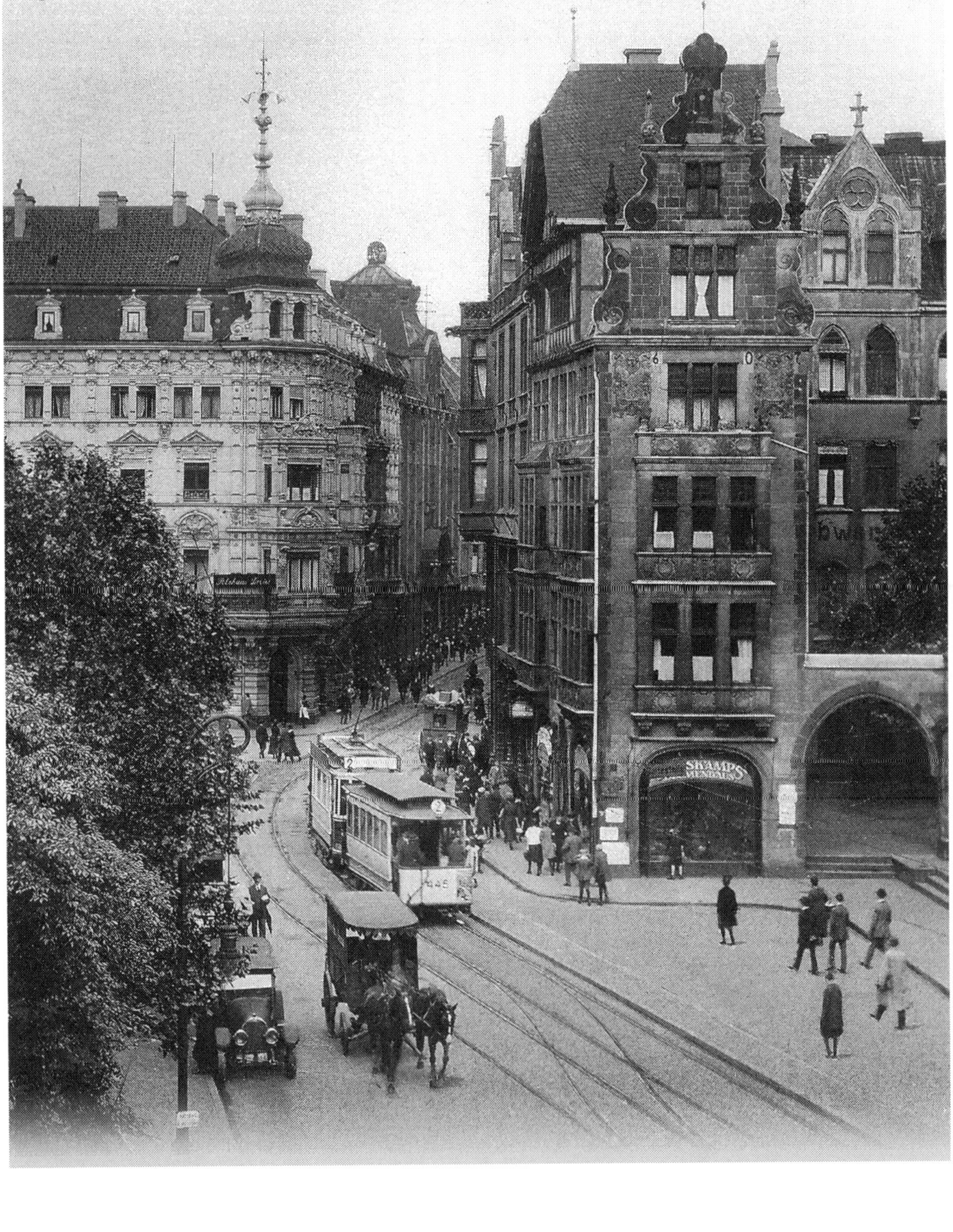

Erinnerungen an die Schulzeit …

Erinnern Sie sich noch an die Zeiten von Abakus und Schiefertafel, an Klassenausflüge oder den ersten Taschenrechner? Blicken Sie zurück auf große Klassen und gestrenge Schulmeister, entdecken Sie auf Klassenfotos Freunde und Bekannte von früher!

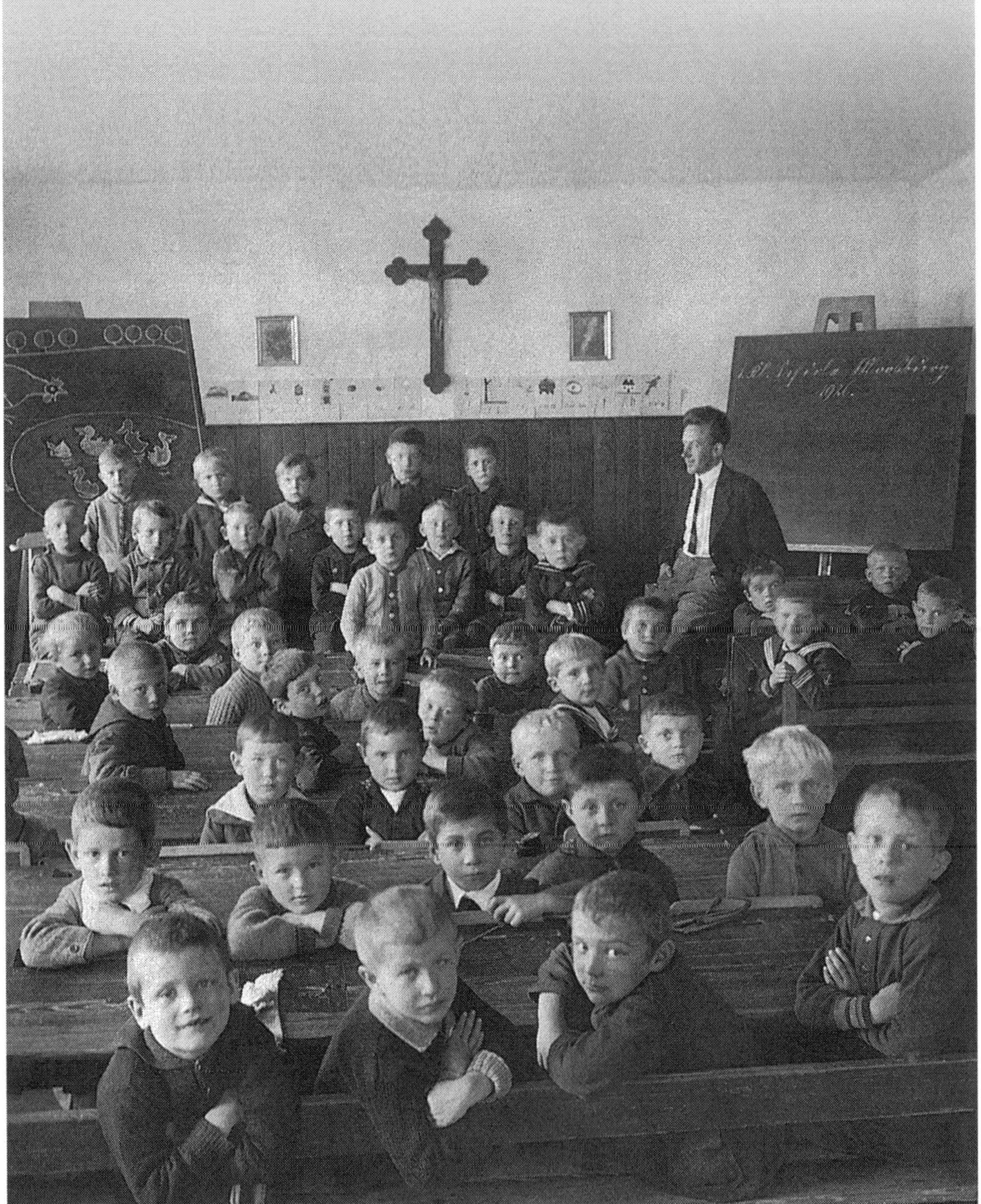

Gesellige Stunden im Verein …

Fußballclub und Schützenverein, Musikkapelle und Gesellenverein: Schauen Sie zurück auf Volksfeste und Turniere, Chorproben oder Prunksitzungen. Erinnern Sie sich an schöne Stunden und das gesellschaftliche Leben in Ihrer Heimat.

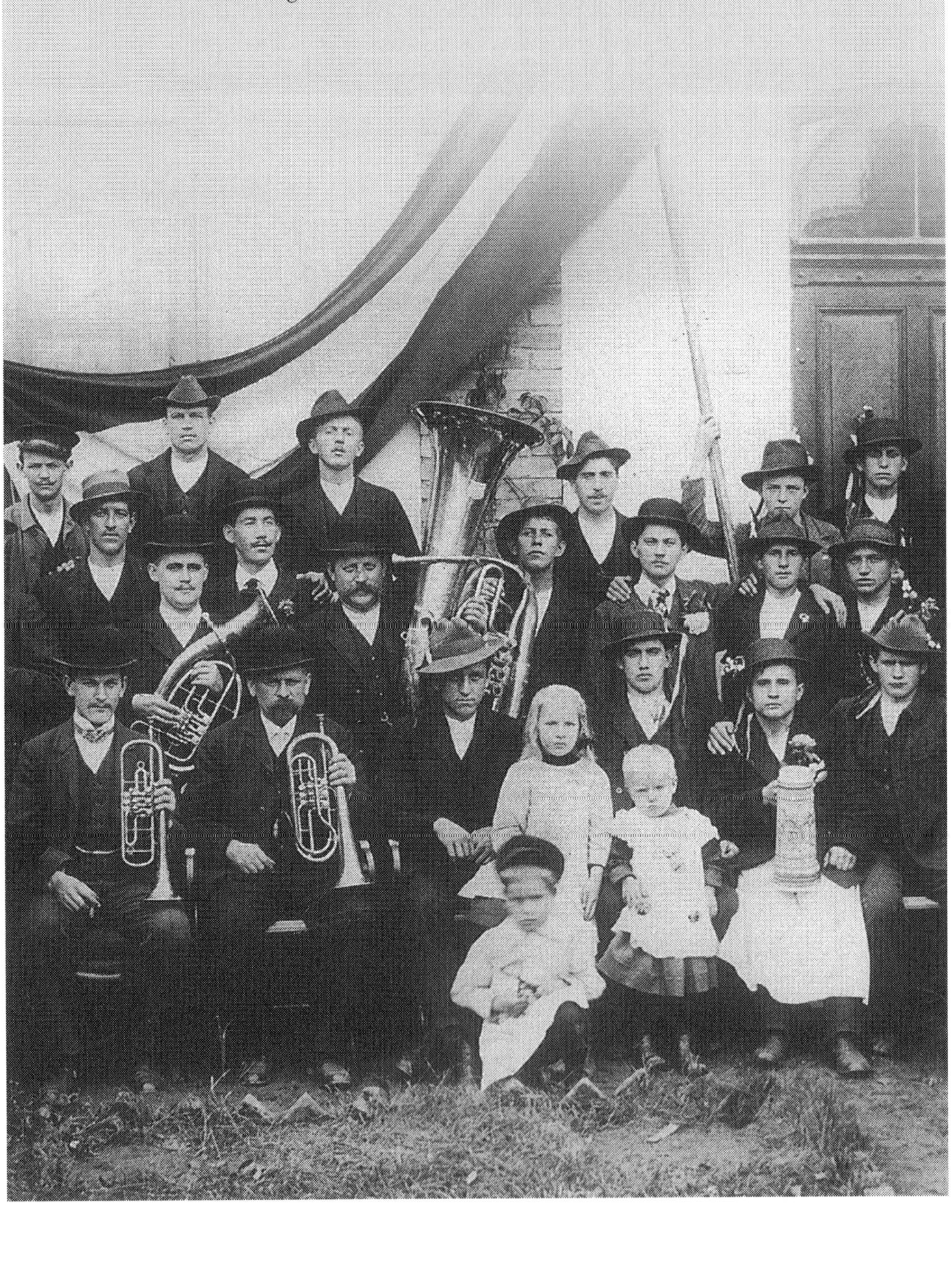

Druck:
CPI Druckdienstleistungen GmbH
im Auftrag der
Zeitfracht Medien GmbH
Ein Unternehmen der Zeitfracht - Gruppe
Ferdinand-Jühlke-Str. 7
99095 Erfurt

Zeitfracht Medien GmbH
Ferdinand-Jühlke-Straße 7,
99095 - DE, Erfurt
produktsicherheit@zeitfracht.de

FSC
www.fsc.org
MIX
Papier | Fördert
gute Waldnutzung
FSC® C083411